中国古代社会百态

古代军旅

赵　明/著

東方出版中心

内容提要

本书系“中国古代社会百态”丛书之一。

在中国古代，军旅是始终笼罩于刀光剑影、鼓角钲鸣之中的，它不仅是国家机器的重要组成部分，也是一种具有独特风貌的社会群体。全书共分九大类，从军旅装备、军人身份和来源、组织机构、将帅之道、战法谋略、军营生活等多角度入手，通过大量带有故事情节的生动事例，较全面、具体地介绍了古代军旅社会的主要活动及芸芸众生相，以及与此相关的饶有趣味的军旅文化。全书资料丰富翔实，内容生动有趣，既有知识性，又有一定的学术参考价值。

目录

前言

军旅生活是社会生活的一个有机组成部分，但又是社会生活的一个特殊产物。军旅不是和人类社会同时俱生的，它是在社会发展到一定阶段以后才产生的。由于军旅是国家存在的支柱之一，人们对军旅多怀着敬畏心态，对军旅生活充满了神秘之感，后世军旅集团与其他社会集团之间的距离也愈来愈大。

在上古时代，人皆为兵，个个习武，军旅之事是“全民”之事。所谓“全民”，当然是指全体自由民，奴隶是不算正式的社会成员的。在封建社会前期，虽然仍是义务兵役制占主体，但毕竟是少数人被征发为军，人民与军队已经隔了一层。到封建社会后期，以召募为主的职业兵普遍发展起来以后，军旅与普通社会群体的差别就更为悬殊，人们对军旅社会生活的认识也就不同一般了，对军人也另眼相待了。宋代对军人有“尺佬”之谓，即隶于尺籍之人。所谓“尺籍”，按汉代之制，凡有人立功杀敌，即将其功绩记于一尺长的竹版上，后来却演变为军籍，以区别于民户版籍，表明军民之间的这种隔阂、差别越来越深了。

其实，军旅生活既为社会生活之一，也同样具有一个时代的社会特征，反映出这个时代对社会物质和精神的要求。与其他社会生活所不同的是，它始终笼罩在刀光剑影、鼓角钲鸣之中，充满了火药味儿。就古代军旅生活的具体内容而言，则是包罗万象、十分广泛的。从军人手中所使用的武器、身上的甲胄，到军队的组织、类别、成分、训练、后勤、作战形式等等，都关乎军旅生活的荦荦大端。而统治者如何御将驭兵，军将士卒的身份、地位及其心态的变化，也都反映出古代军旅与社会政治之间密不可分的关系。除了上述内容以外，本书亦旁及军旅生活的其他方面，即指正规的军事化生活之外的内容，比如军人之间或军民之间的经济活动，婚姻、家庭等个人的私生活，更可展示军旅社会之百态，诸如此类，当是题中应有之义。

研究、揭示古代军旅生活，是非常有意思也是很有意义的工作。社会生活随着时间长河的流逝而不断变迁，时代的发展又使得文化传统绵延不绝，历史巨澜的冲刷，使不同时代的军旅生活方式迥然两异，常令人深感惊讶。同时，文化传统的积淀，又造成不同时代军旅生活中彼此相通的内容，给人以似曾相识之感。这些都给后人观察历史、观察社会带来一定的启迪。

当然，古代军旅中绚丽多姿的生活原貌，不可能像放电影一样从头再来一遍。“逝者如斯夫”，过去的历史的确不能还原，浩如烟海的史籍文献却能让后人肆意追寻古代军旅生活的遗踪。可惜的是，这些可贵的材料绝大多数仍然淹没在文山史海之中，不但需要大量钩沉索隐的细致功夫，而且还需要举一反三、触类旁通的领悟精神，才能仔细爬梳出古代军旅社会生活的线索。这样，就个人而言，非积多年之力，恐难以成功。或许正是这个原因，至今尚没有一部比较完整的古代军旅生活史面世，这不能不令人遗憾。

奉献在读者面前的这本小书，当然不是也不可能是全面展示古代军旅生活的著作，而是希望通过一个个比较典型的侧面，稍加整理，大致勾勒出中国古代军旅生活的基本轮廓，多少让读者朋友了解一些有关古代军旅的知识。如能取得一点效果，这本书的目的也算是达到了。

赵　明

1997年6月28日于南昌寓所

古代军旅

一　军旅兵器的兴衰

无论古代还是现代，兵器装备都是军队存在的重要物质基础之一。军旅生活如果离开了武器装备，就缺少了其最具特色的内涵。恩格斯曾经说过："暴力的胜利是以武器生产为基础的，而武器生产本身又是以一般生产力为基础的。"(《反杜林论》)任何时代，先进的生产力都最先从军事领域体现出来。原始社会的渔猎工具就是武器。《六韬·龙韬·农器》讲的其实都是兵器的功能。至今，高精尖的科技成果无不与国防、军事有密切的关系。

中国古代兵器的发展历程，大致以五代时期为限，此前是冷兵器时代，即以刀、剑、枪、矛、干戈、弓弩等为主，北宋以后出现了管形火器。兵器的发展变化，必然使战争形式发生变革，从而也使军队的编成、组织、通讯乃至军队的成分和军旅其他方面的生活，发生一系列的衍化。故兵器的兴衰实在是古代军旅生活中的第一要义。这里采撷兵器发展长河中的几朵浪花，从几件军旅主要兵器的兴衰中，略看古代军旅生活之一般。当然，后世武术界演绎的非实战兵器，则不再赘叙。

1 十八般武艺和兵器

中国古代的兵器种类繁多，据明代茅元仪《武备志》所收录的攻守器具统计，包括战车舰船在内，各种兵器就不下 600 余种，如果从历代兵器来统计，肯定不止此数。但是，真正实用于战场的并不太多。与古代兵器相联系的军事技术当然也就不可能有几百种。宋元以来，民间一直流传着“十八般武艺”之说。南宋嘉定元年(1208)，华岳著成《翠微北征录》，其中卷七说：“臣闻军器三十有六，而弓为其首；武艺一十有八，而弓为第一。”华岳所闻并非指军器和武艺的实数。“三十六”与“十八”皆为概称，因为军器显然并非仅仅 36 种。从华岳的说法可以看出，武艺并不等于军器，但又确实与军器有相当密切的关系。

最早明确指出十八般武艺名称的，是元代施耐庵《水浒传》第二回《王教头私走延安府　九纹龙大闹史家村》。80 万禁军教头王进因不堪高俅的迫害，弃官出走，来到史家村，露了真功夫，史家公子史进拜他为师，每天请王教头点拨武艺，十八般武艺一一从头指教。这十八般武艺指的是矛、锤、弓、弩、铳、鞭、简、剑、链、挝、斧、钺、戈、戟、牌、棒、枪、杈。武艺指的是军事技术，十八般武艺则是与上述十八般兵器相关的 18 种军事技艺，但由此而引出了“十八般兵器”之说。明代谢肇淛的《五杂俎》

◎《水浒》连环画第一册封面图画（人民美术出版社）

和朱国祯的《涌幢小品》所载的十八般武艺则是：一弓、二弩、三枪、四刀、五剑、六矛、七盾、八斧、九钺、十戟、十一鞭、十二简、十三挝、十四殳、十五叉、十六杷、十七绵绳套索、十八白打。这里的表述也很清楚，指的是军事技术，否则最后一种徒手拳术就不能列于其中了。这 18 种武艺，只有 17 种需要和兵器结合起来，最后一种虽然不用兵器，却是武艺中的精华和基础，清代周亮工的《闽小记》说："武艺十八，终以白打。"明代何良臣的《阵纪》也说："学艺先学拳。"可见徒手拳术在武艺中占有十分重要的地位。

然而，到清代，褚人获所著《坚瓠集》却将宋元以来的十八般武艺之说，概括出了 18 种具体的兵器名称，分别是：矛、锤、弓、弩、铳、鞭、锏、剑、链、挝、斧、钺、戈、戟、牌、棒、枪、杈。与《水浒传》相比，只是最后一种兵器不同，"叉"被换成了杈(钯)。现代人对十八般兵器的提法，可举《辞海》的解释，为"刀、枪、剑、戟、棍、棒、槊、镋、斧、钺、铲、钯、鞭、锏、锤、叉、戈、矛"，而武术界还有所谓"刀枪剑戟、斧钺钩叉，镋棍槊棒、鞭锏锤抓、拐子流星"之说。从古到今，无论是十八般武艺还是十八般兵器，具体的名称提法有八九种之多。严格说来，这些提法都不是军旅范畴的概念，至多是根据古代的兵器名称加以归纳演绎的兵文化术语。

在古代或现代的武打小说中，十八般武艺或十八般兵器是经常出现的，小说家以丰富的想象，造就了一个个武艺的套路、一件件兵器的招式，甚至弄得后世一些武术家们也如醉如痴地钻研、仿造。由古代兵器而产生一种文化心态固然可以理解，若仔细考察十八般武艺中兵器的组成，就可以发现，其中大多数兵器并不同时运用于战争，甚至不可能在同一军阵的编成中出现。例如，戈、斧、戟之类在先秦车战中还有一定的威力，秦汉以后基本上不再用于战场；镋钯(马叉)、狼筅也仅仅是明代某些边防部队中的装备;铳是火器,在元代以后开始广泛运用于战争,但点铳放炮不应当属于传统冷兵器的武艺范畴。再者,这十七八种兵器中有些其实就是同类,如棍与棒、鞭与简(锏)、斧与钺基本上是同一种兵器,枪、槊、矛也没有太大的区别。槊就是长矛,而枪则由矛发展而来。所以说,十八般武艺或十八般兵器之说,与军旅实战并没有多大的关系。在历代战争和兵家要籍中,也从来没有这种提法。

当然,以十八般武艺或十八般兵器来概括古代军事技术,特别是古代兵器,对于民间的习兵练武则是一个推动。它向人们展示了古代兵器和武艺的千姿百态、五彩缤纷。各种兵器和武艺之间的关系是既有共性,也有个性,既互相联系,又各成体系,纵横交错,五花八门。习兵练武者只有将其融会贯通,才能得到中国古代武术的真谛。就军事而言,这些除了强健将士的体质,使之在力量、耐久性和灵敏度等方面都得到锻炼以外,意义并不太大。就连清末武举,亦在光绪二十七年(1901),正式将有关冷兵器及其军事技术的考核撤销,"率以武科所习弓、刀、石、马步射无与兵事,废之"(《清史稿·选举志》)。这当然是因为火器已经在战场上具有压倒一切的优势,冷兵器及其武艺已基本上完成其历史使命。所谓的"十八般武艺",在现代军队中也只能作强身、特技之用,真正在战场上派用场的还是先进科技创造出来的新型武器。

2 "干戈"和"五兵"

在古代,"干戈"一词通常是指战争。如杜甫《寄题江外草堂》诗云："干戈未偃息，安得酣歌眠!"文天祥《过零丁洋》诗中也有"干戈寥落四周星"之句。这个词义当然是从"干"和"戈"这两种兵器引申过来的，干是盾，属防御型兵器，戈则是进攻型兵器。兵器无论怎样变化，基本功能总不出于两大用途：进攻和防御，战争的基本形式也就是由攻与防构成的。干、戈分别是这两大类兵器的代表，二字连用起来即是古人对兵器的总称，进而引申为战争的代名词。因为，干与戈是早期兵器中最重要的防御与进攻的武器。

"干"本来指树干、树枝，人们在上古之世以它来抵御野兽和敌人的进犯，当然也可以用于进攻。后来在使用过程中，人们逐渐在分杈的木干上缠上藤条，作为隐蔽防护之用，也就有了盾，才成为单纯的防御武器。《山海经》中描写刑天和天帝争权，被砍了头，仍不屈服，以两乳为目，以肚脐为嘴，依然挥舞着干戚战斗。陶渊明诗《读〈山海经〉》歌颂他说："刑天舞干戚，猛志固常在。"干是防御武器盾，戚则是进攻武器斧，两类兵器的分工是很明确的。

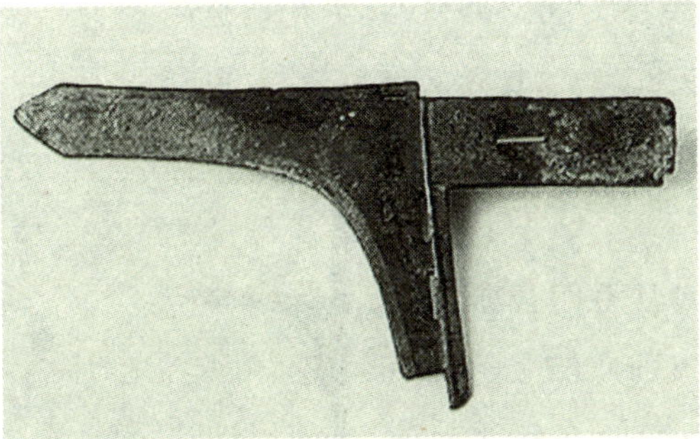

◎秦子戈（春秋后期，故宫博物院收藏）

"戈"是最早出现的一种长兵器。其原始形态就是模仿兽角和鸟喙形式，将兽角或石刀绑在木杆上，起到延长人的手臂的作用。其基本性能是钩割或啄刺敌人，是古代所谓"五兵"之首，也叫作勾兵或啄兵。在距今 3 500 年以前，青铜戈已经出现了。商周时期盛行车战。戈适应了车战时要击伤并从对方战车上拉下敌人的需要，因此也就成为当时最主要的进攻用兵器。《尚书·牧誓》载：武王在牧野之战前夕，曾下令麾下的出征将士"称尔戈，比尔干，立尔矛"，意思是"举起你们的戈，排好你们的盾，树起你们的矛”，戈居三兵之首，可以想见其在军旅中的重要作用。战国以后，步兵、骑兵代替车兵成为军队的主力，戈的钩割作用减少，而以刺击作用为主的矛或枪则大显神威，戈的地位逐渐为矛所取代。

先秦时五兵是指戈、殳、戟、酋矛和夷矛这五种进攻型主要兵器，后来将弓矢取代了夷矛。“矛”字始见于《尚书·牧誓》。在考古发掘中，新石器时代遗址中有过不少的石矛和骨矛出土，可见其历史之悠久。商代出现了青铜矛，形体宽大，制造精良，形式美观，雕镂精致，既是实战兵器，又是艺术珍品。它在战场上的作用主要是直刺和扎挑敌人，俗名为“枪”。西周以后，矛的形体向细长演变。战国时已出现了铁矛。《荀子·议兵》说，楚国南阳的铁矛十分锋利，刺到人身上，就像黄蜂扎、蝎子蜇一样狠。到汉代铁矛基本普及。三国两晋时期又出现了专供骑兵用的长矛，称为“矟”，又称槊。魏武帝曹操横槊赋诗的场面，被写进了小说，搬上了屏幕。矛一直是冷兵器时代军队的主要装备。但也有学者认为，矛和枪虽然为同一类兵器，毕竟还是两种。晋代以后，枪头改为短而尖的形式，比矛轻便而锋利，更利于作战，所以，枪兴而矛衰。照此说法，枪也不过是矛的改进形式而已。

五兵中的戟是戈、矛两种兵器的叠加形式。戈有钩割的作用，在戈前面加上矛头，使之既能勾又能刺，就成了戟。在河北藁城台西村商墓和湖北随县曾侯乙墓中都曾出土过将戈、矛装在同一根木柄上的武器，这应是戟的原始形态。由于戟比戈的杀伤效能高，自出现起，很快成为继戈之后军队的主要武器之一。西周时期的青铜戟为

◎战国三戈戟（湖北随县出土）

整体铸成，铸造工艺复杂，技术要求很高，但使用起来戟头却容易和柄相脱离，所以，春秋时期又重新回到戈、矛分铸联装为戟的形式，这样的戟直刺有力，横勾也不易脱落。然而，由于战国以后钢铁兵器制造飞速发展，戟的质地由青铜过渡到钢铁，而且制造工艺得到改进，合铸的钢铁戟头又出现了，汉代仍然盛行于军队，迄至西晋，并出现了手戟和双戟。三国前夕，司徒王允以貂蝉为美人计，让董卓、吕布父子反目。董卓有一次撞见吕布和貂蝉幽会，怒不可遏，他就是用手戟掷击吕布的。手戟就是短戟。晋代张协曾作一篇《手戟铭》，高度赞扬戟的精美锋利，说它可以与越国的名剑相媲美。南北朝以后，由于重甲骑兵的发展，盔甲制作日益精良，戟的勾啄杀伤力减小，于是逐渐退出了战争舞台。

先秦五兵中还有一种叫殳，也称杵。《尚书·牧誓》说："武王伐纣，战于牧野，前徒倒戈，血流漂杵。"杵即为殳。杵本来就是杖、棒之意。在青铜兵器产生之前，木殳是主要的打击兵器，青铜兵器出现后，因其数量比较少，所以，大部分战士仍在使用殳。湖南长沙浏城桥楚墓曾出土过殳的实物，长 3.1 米，有棱无刃，说明春秋时期木制的殳仍在使用。此后，殳的质地和形状都有了改变，从单纯木制发展为套有尖角形的铜头，这样，殳就不仅有打击的作用，而且也具有刺击的作用。战国时期，有的殳还改为铁制，称作铁杖和铁掊，后世武器中的棒、棍等，都是殳的演进。

值得一提的是，先秦时许多兵器因为战争形式演进而被新的兵器所取代，不再用于实战，但它们并没有立即从军旅中消失，而是有着其他的功能。戈在车战消失以后，就成为一种仪仗兵器，在典礼或禁卫中起装饰、威慑作用。戟的功能在晋以后除了作仪仗以外，还可作为一种权力的象征。皇帝派使臣、大将专征、专伐，常常赐用棨戟，以代斧钺。棨戟是在戟上罩一赤黑色绸制戟衣，以示隆重。到隋唐以后，不但军官可以戟为仪仗，高级官吏普遍请求皇帝允许门前立戟，以显尊荣。门戟既然成为一种摆设，不能再用作兵器，宋代干脆以木戟代之。明清时代，在宫殿、各州官衙和文、武庙（孔庙、关帝庙）门口，都设置门戟。这种供仪仗之用的戟，造型华丽，多带戟刀（即刀牙形的戟侧小枝）。由于戟头形如“画”字，所以又称为画戟或方天画戟，这就是古典戏剧中戟的形象，但这已经不再是军队中的实战兵器了。

3 弓·弩·箭

古代军旅中有一种产生较早、具有很大作用的武器——弓弩。弓弩属于抛射型兵器，杀伤力远较刀、枪、剑、戟等手兵器为强。弓弩包括弓和弩两种形制。弓最为原始，流行的时间也最长，所以，在兵器史上，关于弓的故事也最多。从后羿射日的神话，到纪昌学射的传说，还仅仅是先秦有关射箭故事的一小部分。人们以丰富的想象和构思，赞美这古老兵器的巨大作用和神奇般的力量。

弓箭产生于狩猎时代，《易经·系辞下》载：黄帝、尧、舜之世，“弦木为弧，剡木为矢。弧矢之利，以威天下。”所谓“弧”就是用树枝或竹材弯曲而成的单体弓身，“矢”就是用削尖头部的木棍作箭，再利用绳的弹力将箭射出。尽管原始的弓箭还比较粗糙，但在当时已是非常复杂的工具。恩格斯说：“弓箭对于蒙昧时代，正如铁剑对于野蛮时代和火器对于文明时代一样，乃是决定性的武器。”(《家庭、私有制和国家的起源》)拥有弓箭之利而取得部落联盟首领的地位，也许是三皇五帝的一大优势。据考古发现，在距今 28 000 年前的山西朔县峙峪的旧石器时代晚期遗址中，就发现了石制箭镞，长约 2.8 厘米，用很薄的燧石制成，前锋锐利，经过精细的加工，显然，弓箭起源的历史应该更早。

到春秋战国以后，弓箭的制作已经积累了一套完整的经验，关于选材、配料、制作程序和规格等等，都有严格的规定。据说做一张好弓，有的竟要 3 年的工夫才能完成。当时的弓分王弓、弧弓、夹弓、庾弓、唐弓和大弓 6 种。王弓、弧弓用于守城和车战；夹弓、庾弓用于田猎和射鸟；唐弓和大弓则是训练用弓。各种弓的形制大小，依人的身长和体力而定，各分为上、中、下三类。第一类，弓长 6 尺 6 寸，叫做上制；第二类，弓长 6 尺 3 寸，叫做中制；第三类，弓长 6 尺，叫做下制。到汉代，弓的种类分为虎贲弓、雕弓、角端弓、路弓、疆弓等，这些弓都镶有铜饰或玉饰，较先秦时精致美观。唐代的弓分为长弓、角弓、稍弓和格弓四种，长弓用于步兵，角弓施于骑战，稍弓、格弓则供狩猎和禁卫之用。宋代之弓有黄桦弓、白桦弓、黑漆弓、麻背弓之类，但这些不同种类的弓，其区别在于制作原料的不同，在形制方面并无多大差别。明清时代的弓，至今尚可见到实物，其形制和宋代差不多。弓的大小规格，大体上是步兵用的弓大于骑兵用的弓。

弓的强弱主要在于拉力。一般弓的拉力约为一石五斗，一石一般是 120 斤(宋代为 92.5 斤)，一石五斗之弓，就要有 200 斤左右的力才能拉开。拉力愈大，箭射得越远、越有劲。因此，练习拉弓是射手的基本功之一。《史记·李将军列传》说李广“世世受射”，而且，“广为人长猿臂，其善射亦天性也，虽其子孙他人学者,莫能及广”。他在右北平太守任上时,有一次出猎,“见草中石,以为虎,而射之,中石没镞,视之石也。复更射之,终不能复入石矣”。所用之力究竟多大不可知,他在猛然之间见到“老虎”,惊急之中,以平生之力射镞入石,膂力可谓惊人,不过也只是偶尔为之,非常力所能。南朝也有一位善开强弓的大力士将军羊侃,《梁书》载:“羊侃臂力绝人,所用弓至十二石,马上用六石弓。”

◎秦始皇陵兵马俑坑出土弩复原模型

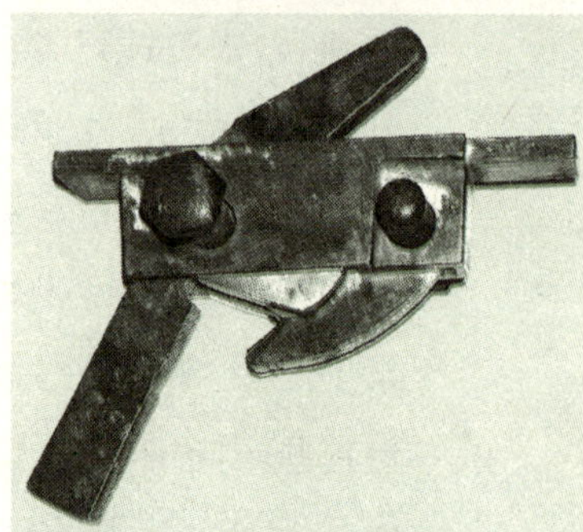

◎秦铜弩机

拉弓需要有很强的臂力,才可能使射出的箭穿透百步以外敌人的铠甲。除了少数神射手以外,绝大多数将士都不可能拉开几石以上的强弓。即使有拉开之力,又要用眼瞄准,而且过分用力使双手颤抖不易射中目标,于是,人们对弓箭进行改进,从而发明了弩机。《事物纪原》称弩机是战国时楚琴氏发明的,安装在弓臂上,用以延时发射箭矢。弩就是有臂之弓,弩臂后部沟槽内装弩机,类似于现代枪炮击发装置。从长沙楚墓出土的实物来看,弩机的制造相当精巧,外面有一个匣(称郭),匣内前面有挂弦的钩(称牙),钩的后面和瞄准器照门(称规或望山)相连,照门上刻有定距离的分划,匣的下面有扳机(称悬刀)。发射时,先将弓弦后拉,挂在钩上,对正目标瞄准后,一扣扳机,箭即射出,继而命中目标。由于将拉弓和瞄准分为两个步骤进行,所以,射弩不需要什么技巧,稍加练习,就可掌握要领。

战国时弩出现以后,列国纷纷制造,性能也大大提高,弓弩手也大大增加。《史记·孙子吴起列传》载：公元前341年的马陵之战，齐军在马陵道两侧，埋伏了1万多名弩手，当魏军经过时，万弩齐发，大败魏军。《战国策·韩策》载：韩国强弓劲弩最出名，有谿子、少府、时力、距来等弩，射程皆达600步。《荀子·议兵》说魏国考选武卒，要背上十二石之弩，可见弩的运用在当时是很普遍的。

汉代以后，除了有用臂拉开的擘张弩之外，还有用脚踏开的蹶张弩。蹶张弩是一种由粗壮强弓制成的弩，可能在战国时已经发明，到汉代定型。它使开弦力量增大，提高了射程，加大了杀伤力。东汉时期，弩的种类增多，主要分强弩和小弩两种，小弩不如强弩射程远、杀伤力大，但比较灵活，便于近战。安帝元初二年(115)，虞诩在平定西羌的战斗中，曾将强弩埋伏在阵内，故意发射小弩，羌兵见箭力不强，蜂拥而上，虞诩遂命用强弩集中发射，枝枝命中，羌兵仓皇败退。诸葛亮在蜀时，为了战争的需要，曾在原来连发弩的基础上加以改进，研制成一种叫"元戎"的新式连弩。这种连弩是在一个弩槽里一次放入10枝铁箭，由一个孔向外出箭。使用时，只要把10枝箭都装好了，张好弓，扣一下扳机就射出一枝箭，同时槽里又落下一枝箭，再上弦，再发，再落，可连续发射10次，提高了弩的发射速度，但射击距离近，杀伤力并不太大。

两晋时期，弩继续朝着强弓大弩的方向发展。义熙六年(410)，刘裕就曾用所谓万钧神弩击败卢循。唐代的轻型弩为臂张弩和角弓弩。强弩则有木车弩、大木车弩、竹竿弩、大竹竿弩和伏远弩等。这些弩都需要用机械张弓，箭射出时，"声如雷吼"，有的还可以同发数箭，射程达700步，宋代的床子弩有的竟达千步。这种强弩多半用于攻城，或者装在兵车、战舰上使用。弩虽然比弓射得远，命中率高，但不如弓轻便，发射速度也不及弓快。因此,弩并没有完全代替弓在军旅中的位置,两者长短相辅,同为古代战场上的主要兵器。

弓弩所使用的箭变化较大。最初的箭可能没有镞,后来以兽骨、石头或蚌壳制成箭镞,安装在箭杆的头部,以增强其杀伤力。为了使箭在空中飞行时克服空气阻力,以保持飞行方向,后来又在箭杆的尾部装上羽毛（箭羽）,这样箭的形制才趋于完善。在铜铁出现以后,箭镞改用金属,从郑州商代遗址和安阳殷墟出土的大批铜镞来看,商代的箭在制作技术上已有相当高的水平了。铜镞的出现并没有立刻取代石、骨之镞。陕西西安张家坡的西周文化遗址中,出土铜镞 62 枚,而骨头和兽角制的箭镞却有 310 枚之多。到汉代,箭镞才不再以石、骨制作,除了少量铜镞外,全为铁镞或钢镞。

从战国时期开始,箭已经分化出很多不同的形制和用途。《周礼·夏官·司弓矢》称有八矢,称作“枉矢”、“絜矢”、“杀矢”、“鍭矢”、“矰矢”、“茀矢”、“恒矢”和“庳矢”。枉矢、絜矢专供战斗用,在箭镞和箭杆连结处可以绑火球发射,用于攻城,称作“火箭”,其余或为田猎射鸟,或为训练之用。汉箭的形制基本和战国时的相同,但箭镞加长,而且还发明了毒箭。关羽就曾中流箭,伤愈后,因毒气在内,时常作痛,后有“刮骨疗伤”之说。此后,箭的发展变化随着弓弩的演进而发展变化。弓大弩强,箭亦相应改进,但其形制与要求和战国秦汉时大体相当,只是箭杆的长度和箭镞的长短大小及式样上稍有区别。

弓弩射箭的最大特点,是能在较远距离上杀伤敌人。比起用长、短手兵器面对面地厮杀,它体现出无可替代的优越性。在军旅中,弓弩手占据很重要的地位。作战时,在战斗队形的排列上,横队一般是“左骑、右步,中列强弩”,纵队则是弓弩手在前,长兵器手在中,短兵器手在后。双方对阵,先以弓弩发射,接着长兵器刺杀，最后以短兵器投入格斗。弓弩不仅在冷兵器时代为主要作战武器，即使在火器出现以后，仍然为军队的主要兵器之一。因为弓弩比早期的管形射击火器要轻便，射击速度比火绳枪快，又基本上不受场地等条件限制，所以，宋元以来，火器和弓弩长期在军中并用。直到新式的铳枪使战斗效能提高以后，弓弩才基本上随着其他冷兵器一起退出了战场。

4 "百兵之君"

在古代兵器中，剑被称为"百兵之君"，也就是兵器之首、之主了。关于剑的传说有很多，相传春秋后期吴、越两国有著名的铸剑大师干将、莫邪和欧冶子等人。越国的欧冶子铸出了五口名剑，三大二小，一曰纯钧，二曰湛卢，三曰盘郢（一说胜邪），四曰鱼肠，五曰巨阙，锋利无比，可以砍金断玉、吹毛断发，价值连城。其中湛卢宝剑已达到通灵变化的境地，还能自行飞走。吴国的干将、莫邪是一对夫妇，他们"采五山之铁精，六合之金英，候天伺地，阴阳同光"，最后夫妇俩"断发剪爪，投于炉中，使童男童女三百人鼓橐装炭"，才铸成了两口宝剑，分为雄雌，雄曰干将，雌曰莫邪。这些虽都是文献记载的传说，但是，近几十年的考古发掘却证明，它们并不是空穴来风。事实上，在春秋战国时期，中国的铸剑水平确已相当之高，技术相当成熟了。

今天能够找到的最古老的剑是西周时期的青铜短剑。20世纪50年代中后期，在陕西长安张家坡第206号西周墓中出土了一把很短的青铜剑。这把剑全长27厘米，不到一尺，犹如一片柳叶。剑身中间没有脊，也没有剑格和剑首，说明剑的形制

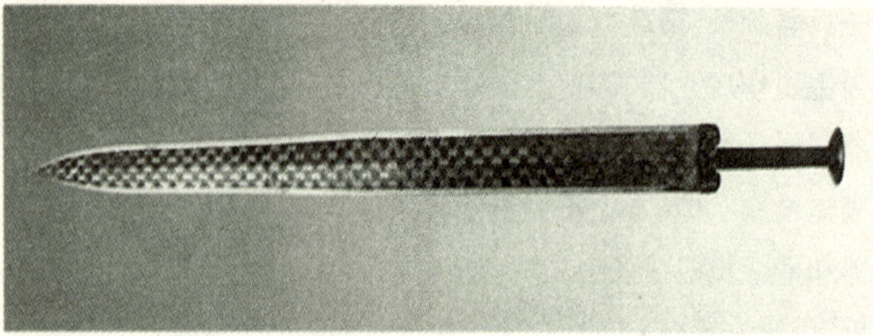

◎越王勾践剑(湖北江陵望山出土)

还不完备,类似匕首、铜刀等单刃兵器。这种短剑只能用于自卫防身,因此《释名·释兵》说:"剑,检也,所以防检非常也。"从春秋时期起,随着青铜冶炼技术的发展,剑的铸造有了飞跃性的进步。青铜含铅量增加使剑的韧性增强,所以剑的长度也逐渐加长,约在50~60厘米之间。1965年,湖北江陵望山1号墓出土的越王勾践剑,通长55.7厘米,柄长8.4厘米,剑宽4.6厘米,剑身为铜锡合金并经硫化处理而呈现菱形花纹,剑格(剑柄与剑刃相接处)两面也用蓝色琉璃镶嵌着精美的花纹。中间剑身靠剑格处,镌有8个错金鸟篆体铭文:"越王鸠浅自作用剑。"剑主人鸠浅就是卧薪尝胆终于灭吴的越王勾践。此剑虽然已有2 400多年的历史,出土时仍完好如新,光彩照人,锋刃异常锐利。今人以十几层叠成一札的白报纸作击刺试验,当即一挥而断,可见剑的质量已达到很高水平,足以用于战场上的厮杀格斗。

随着钢铁冶炼技术的发展,更为坚硬、锋利的钢剑逐步取代了青铜剑。最早出土的钢剑是1976年在长沙杨家山第65号春秋晚期楚墓中发现的。分析表明,剑身经过热处理,为含碳量0.5%左右的中碳钢。战国时期,钢剑普遍出现,因钢的韧性更佳,所以,剑身加长至80~100厘米,有的甚至长达1.4米,长剑成为战国秦汉时期佩剑的趋势。孟尝君的门客冯驩就曾弹着长剑唱歌说:"长铗归来乎,食无鱼。"秦始皇陵出土的剑,几乎全是长剑。这种钢制长剑在战国时可能还是一种杀伤力很强的新型武器，并不多见。据《史记·苏秦列传》说，韩国的剑用龙渊之水淬火，手持这种利剑的士卒，一人足以当百。南方的炼剑技术继承了春秋以来的传统，可能比北方更为先进。秦昭王担心楚国的一个重要原因，就是楚国的钢剑锋利无比。他忧心忡忡地说："吾闻楚之铁剑利而倡优拙。夫铁剑利则士勇，倡优拙则思虑远。夫以远思虑而御勇士，吾恐楚之图秦也。"先进的兵器往往是决定战争胜负的关键，秦昭王的担心不是没有道理的。但由此也可知，钢剑出现以后，并未立即取代青铜剑在军队装备中的地位。有相当一个时期，还是铜剑和钢(铁)剑并用的。

大约在西汉时期，铁剑已经取代了铜剑。但是，经过长期的战斗实践，证明剑虽然有砍、刺两种作用，在砍杀效能和坚韧度上却不如刀，主要原因是剑身薄而轻，砍杀时容易折断。所以，在战场上，剑不是主要的攻防武器，它的功能逐渐从实战的短兵器过渡为武将的一种佩饰，或者成为贵族和其他人士等级身份的一种象征，剑的铸造也从注重其实战功能转变为注重其外观造型。

秦汉时期，剑就是武将的短兵器，既有攻击、防身作用，也可作为一种军事权力的体现。佩剑可说明其地位的不同。刘备当上皇帝以后，曾经自夸："吾以提三尺剑取天下也。"楚汉相争的鸿门宴上，除张良外，舞剑的项庄、项伯以及樊哙、项羽、刘邦、范增、夏侯婴等一干将帅都身佩宝剑。三国时，曹操有"倚天"、"青虹"二剑，削铁如泥，十分犀利，一口赐给夏侯恩，一口自己随身佩带。刘备曾令人采玄铁铸成 8 口宝剑，除自留一剑外，其余 7 剑分赐给太子刘禅、鲁王刘永、梁王刘理、丞相诸葛亮、大将关羽、张飞、赵云等 7 人。崔豹《古今注》说孙权经常佩带的宝剑有 6 口，分别是白虹、紫电、辟邪、流星、青冥和百里。

佩剑的范围逐渐由武将扩大到整个上层社会，剑除了在战场上仍作为一种辅助兵器以外，更重要的是起到华丽的装饰作用。不同装饰的剑，反映了不同的身份地位。《晋书·舆服志》说："汉制，自天子至于百官，无不佩剑，其后唯朝带剑。晋世始代之以木。贵者犹用玉首，贱者亦用蚌、金、银、玳瑁为饰。"

隋唐时期的剑为追求美观，使剑刃变为宽长，剑格和剑首作云头状，剑身有的作六角形，有的为圆形，与现代戏剧中看到的剑大体相同。朝廷中无论文武，高级官吏的服饰须按照官阶高低而佩带不同的剑。隋代朝仪规定：一品官佩玉具剑，二品官佩金装剑，三品至五品官佩银装剑，六品官以下不带剑。侍臣"剑履上殿"是皇帝恩赐的一种礼遇，除此以外，王公以下上殿面君，都要就席解剑，然后升阶而登。侍中以下、通直郎以上，陪位时一律佩带木剑，作为一种身份的象征。隋唐以后，军队中已不用剑作战，而在社会上，不仅军将可以佩剑，文人雅士、道士隐逸及缙绅之流，都爱随身佩剑、舞剑，将剑作为防身和健身的武器。从这个意义上说，"百兵之君"，风光犹存，直至现在，剑还在传统体育项目中占据重要的一席之地。

5 关公手中的兵器

武圣关公是大家熟悉的人物，红脸长髯、赤兔马和青龙偃月刀成为他的形象特征。据《三国演义》描绘，关羽的青龙偃月刀重 82 斤，又名"冷艳锯"，威力无比，第 27 回讲关羽"马骑赤兔行千里，刀偃青龙出五关"，过五关斩六将，千里之行，尽显英雄本色，全凭着赤兔马和青龙刀。民间更是将关公刀视作宝物，将关公舞刀的武艺视为一绝，民间歇后语称：“关公门前耍大刀——不自量力”，即“班门弄斧”之意。

然而，历史上的关羽究竟使何兵器，却是一桩无头公案。《三国志·蜀书·关羽传》没有关于他用何种兵器的记载，而说他“策马刺(颜)良于万众之中”，既为“刺”，也可以是使矛、使戟之类，当然，使长刀也未尝不可。不管关羽究竟使用什么兵器征战，但从东汉来看，在军队中，上自统帅，下至战将，普遍都有佩刀，关羽、张飞也不例外。陶弘景《刀剑录》就将他二人热衷于铸刀之事记载下来。《世说新语·容止》还讲了这么一个小故事：魏王曹操接见匈奴使者时，自惭形秽，不够雄壮，便让崔季珪(琰)冒名顶替自己出面接见，而自己却站在一旁执刀侍立。后来，曹操派人暗中打听匈奴使者对魏王的印象，使者回答说：“魏王雅望非常，然床头捉刀人，此乃英雄也。”“捉刀”即出典于此。后世“捉刀者”有两义，一是指文场上代笔之人(盖因上古书简须以刀刮削)，二是指军队中主帅左右的卫士。可见，刀是古代军旅中的常备兵器之一。

刀的使用可以追溯到遥远的史前时代。北京周口店旧石器遗址中发现了各种形状的石刀和骨刀，锋刃都很尖锐。到了传说中的黄帝时代，石刀的磨制技术已相当高超，被称为“玉兵”。青铜器发明以后，铜刀也就产生了。据1983年2月16日《光明日报》介绍，在甘肃东乡林家马家窑遗址和永登连城蒋家坪马厂文化遗址，分别出土了两件青铜刀，距今已4 000多年。这种早期铜刀，是仿照石刀、骨刀制作的，还未脱离石刀的形式。从殷墟出土的商代铜刀，则较前大有进步，大致有三种形式：一种是直脊的，一种是弯脊的，一种是直脊而首部上弯的。大多数为青铜短刀，长不足一尺，只能用来切削物件、屠宰牲畜，不宜用于战阵格斗，至多只能充作防身自卫之用。但也有一种青铜大刀，直背凸刃，刀尖上翘，铸有精美的纹饰，连刀脊上也有透雕的花饰，出土数量很少，看来也非一般士兵的兵器，可能是方国君主权威的象征。

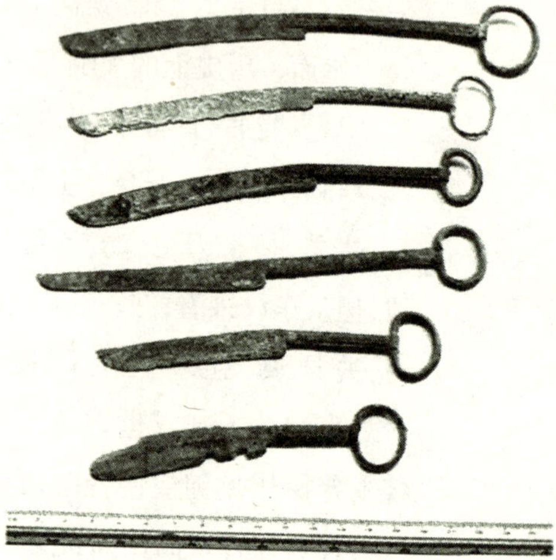

◎两汉时期的环柄刀

春秋战国时期，军旅中使用的短兵器主要是剑而不是刀。但是，到战国末年，车战逐渐被淘汰，骑兵驰骋于沙场，快速冲杀时需要有一种便于砍杀而不易折断的短兵器，来取代重量较轻、只宜直刺而不宜砍杀的剑。刀因为有厚厚的背脊和锋利的刃口，正好满足了骑兵的要求，所以迅速发展起来。西汉时期，战场上出现了一种专用于劈砍的短柄长刀，刀柄为扁圆的环形，称为环柄刀或环首刀。这时的刀，刀身比先秦时加长，一般在 1 米左右，也分为两类，一种供战斗使用，一种则专供官吏佩带。佩刀也成为身份等级的一种象征。根据《后汉书·舆服志·刀制》所载：皇帝、诸侯王、公卿百官以及宫廷卫士的佩刀形制、装饰，都有比较严格的规定，不得逾制。

由于东汉以后帝王公卿由佩剑转为佩刀，因此佩刀的制作，特别讲究镶饰美观，有的仍以青铜为之。但是，战斗用刀已普遍以钢铁制造，而且质地精良。1974 年山东苍山县出土的一把东汉永初六年（112）的钢刀，刀上有错金铭文“卅湅大刀”字样，表明该刀是经过 30 次锻打而成。北京钢铁学院曾经对它进行科学分析，也证明了它是由含碳 0.6%~0.7%的炒钢（将矿砂反复炒炼而成）反复折叠锻打制成。碳的分布相当均匀，质量达到很高水平。此外还有百炼钢刀，就是将刀坯反复加热折叠锻打上百次，这种工艺主要用于制造高质量的兵器。用它制出的刀，非常锋利，曹植《宝刀赋》形容这种刀能“陆斩犀革，水断龙舟”。由于军事的需要，到东汉末期，这种锻造技术已很普遍，刀的数量也较往昔增多，每次制作常达数千把甚至上万把。如蜀主刘备曾令蒲元一次督造钢刀5 000口，魏、吴造刀数量据记载更不在蜀之下。刀已成为当时军队使用的主要武器。

刀主要用于短兵相接，像小说中关羽所使的长柄刀并不太适用于战场格斗。最早见于记载的长柄刀，大约见于《晋书·刘曜载记》，说陈安“左手奋七尺大刀”，这显然是长柄刀。唐宋时期，长柄大刀也用于战阵。《新唐书·李嗣业传》载：“初用陌刀，而嗣业尤善，每战必为先锋，所向摧北。”“陌刀”就是一种长柄大刀，据说两面皆有刃，通长1丈，重15斤，在当时有很大的威力，为此唐军中专门组成陌刀队，还设有陌刀将，李嗣业和田珍分别担任过左、右陌刀将之职。宋代刀的形制有了变化。刀头从狭长改为后斜形，并加上护手，去掉了大环和不适于实战的饰品，而陌刀则成为长柄刀的泛称，其中包括掩月刀（偃月刀）、凤嘴刀、眉尖刀、掉刀等各种形制。明人茅元仪在《武备志·军资乘·器械》中说，宋代有8种通用的军刀，到了明代，只有4种形式，即“长刀、短刀、钩镰刀、偃月刀。后一种以之操习示雄，实不可施于阵也”。偃月刀一般分量较重，约在三四十斤至百斤，一般人挟此上阵，要耗费大量的体力，也不便于武艺的发挥，所以，只作为训练、考核刀法之用，或作为仪仗，在演习讲武时显示雄风。小说家让关公挥舞着青龙偃月刀过五关、斩六将，不过是要渲染作为武圣人的威风与气度罢了。

6　寒光照铁衣

“朔气传金柝，寒光照铁衣。”这是《木兰诗》中的一句。其“铁衣”指的是铠甲，但铁制的铠甲出现得较晚，制作铠甲的材料，除了铁以外，在此之前尚有藤、皮、铜等，在此之后又有布、纸之类。铠甲作为一种防身装备当产生于原始时代。《释名·释兵》说：“甲，似物孚甲以自卫也。”某些动物以甲壳护体，是物竞天择的自然产物，而人们从中受到启发而制成甲，以防御身体可能受到的伤害，则是经验的积累。传说“杼作甲”，杼是夏代少康之子，虽不可认定，但也反映了甲的产生是非常早的，很可能在夏代以前就有类似甲的护身装备。从民族学资料里我们早已了解到，许多当代的原始民族，就以藤、皮、木片等制成护身衣甲。我们的祖先同样也经历了这么一个制甲的过程。在安阳侯家庄殷代的大墓里就发现过皮甲的残痕，上有黑、白、红、黄四色图案。

皮甲流行于战国以前。最初的皮甲是将两张兽皮缝在一起，上部开孔，可以伸出头去，再用绳在腋下把前后两片连起来，用以保护胸和背。最早记载甲胄的文献是东周以后的资料，如《易经·说卦》：“为甲胄，为戈兵。”《尚书·武成》：“一戎衣，天下大定。”戎衣是军装，当然包括防护身体的铠甲。胄则是戴在头上的防护装具，即头盔，也叫做“兜鍪”。《左传》中记载甲胄的文字更多，有的记载了甲的材料皮革，如“韩韦之跗注”，据说，韩韦是指染成红色的皮甲，跗注是指甲裤长及脚背。楚国养由基是射箭能手，曾经将衣甲叠在一起试箭，一箭而“撤七扎焉”。

原来，整张皮甲穿在身上笨重不灵活，于是将皮革裁成大小不同的革片，然后再以绳扎缀成甲，所以一层甲称为一“扎”，“七扎”就是7层衣甲。制皮甲多以犀牛或鲨鱼皮为之。《荀子·议兵》说：“楚人鲛革、犀兕为甲。”鲛革就是鲨鱼皮或鳄鱼皮。此外还有用两种以上皮革制成的复合甲，《周礼·考工记·函人》中就有“合甲五属”的记载。

战国时期，由于铁兵器的出现，皮甲已难以护身，同时，短兵相接的步、骑战兴起，要求战甲更为坚固，于是逐渐出现了青铜甲和铁甲，但皮甲仍在战场上使用。战国墓葬中出土的甲仍以皮制为多，《史记·苏秦列传》中却有“坚甲铁幕”之说，学者们认为铁幕指铁制的“臂胫之衣”，即铁护臂、护腿之类。河北易县燕下都44号墓也出土了铁铠。据分析，当时的铁甲是以铁片制成鱼鳞之状或柳叶之状，然后经连缀而成。

◎西汉中山靖王刘胜鱼鳞铁甲（河北满城出土）

秦汉以后，由于冶铁技术的发展，铁甲胄逐渐成为单兵防护装具的主流，皮甲退居次要地位。陕西临潼秦始皇兵马俑所着之甲衣形制已经非常成熟，但由于是陶俑，难以分析究竟是以皮为主还是以铁为主。但是，1968年在满城西汉中山靖王刘胜墓中出土的一袭铁甲，竟由2 859块铁片缀成，修复以后是一领重达16.85公斤的鱼鳞甲，可见汉代铁甲的制作技术已相当成熟。此后，铁甲的发展表现为保护身体的部位越来越多。除了身甲和披膊以外，南北朝时期的铁甲，普遍增加了腿裙或膝裙，唐代又增加了吊腿，有的还增加了臂护。铁甲的附件也越来越多，种类名称更是不胜其烦。三国时曹植的《先帝赐臣铠表》

中有黑光铠、明光铠、两当铠等名目。明光铠是一种在前胸后背各有镜子一样明亮的大型金属片的铠甲，交战时可使敌人眼花目眩。两当铠由胸甲及背甲两片组成，在肩上用皮带搭襻，前后扣联，腰间再用皮带系扎。《宋史·殷孝祖传》说有一种称之为"诸葛亮筒袖铠"的铁甲，以 25 石之弩都不能穿透它。《唐六典》具体记载的甲胄的名目就有 13 种之多。此外，史书上还记载有纸甲，《新唐书·徐商传》说它"劲矢不能洞"。明代也有纸甲，是用布、茧纸和绵三者密密缝合，厚一寸，可挡铳矢。

甲胄的穿戴也有讲究，必须和其他的军装搭配。《国语·吴语》中就说白裳素甲、赤裳丹甲、玄裳黑甲。由于制甲的材料质地都较坚硬，披身装具重量可观，据说明代一个边防战士的披身装具竟净重 88 斤半。铁甲片淬火后，更是坚硬，容易磨伤肌肤，所以，必须要有适当的军衣衬于甲内。明代在穿铠甲之前必须穿"胖袄"。据《明会典》载："胖袄长四尺六寸，装棉花绒二斤，裤装棉花绒半斤。"夏天作战时，甲士内穿棉衣，外披铁甲，全身泡在汗水里，还要骑马驰骋，常常生出许多虱子。头上的铁胄也很沉重，在戴它之前，也要用头巾将头包好，否则是吃不消的。将士们的这种穿戴，看似威武，其实是非常难受的。清代的甲胄开始以绸、布、棉花和铁叶、铜钉等合制而成，要比明代以前的铁甲轻便得多，更适合战斗的要求，减轻了将士的负担。

在冷兵器时代，甲胄主要用以防护刀枪箭镞，起到了一定作用。但随着火器的出现，甲胄的防护能力就有限了，即使是钢胄铁甲也难以抵挡枪炮的火力。所以，明清时期的武将已经不再强调必须穿戴甲胄。清代后期，枪炮在军中普遍使用，古代的甲胄也就废弃不用了。当然，现代技术的发展使材料工业日趋进步，人们根据古代铠甲护体的原理，不断研制出新型的避弹衣，这或许可以称作古代铠甲的革命性发展吧！

7 拍竿破敌舰

公元589年阴历正月，长江上寒风凛冽，三峡滩险流急。隋朝军队已经作好了全面进攻南陈的准备，从长江的上游至下游出海口，分三路水军渡江。隋行军元帅杨素亲自指挥舰队从三峡顺流而下，“舟舰被江，旌甲耀日”，一路上乘风破浪，遇到陈朝水军舰只，即以巨大的“拍竿”击之，所向披靡，迅即攻占建康（今南京），取得了灭陈战争的胜利。这里所说的“拍竿”究竟是怎样一种兵器？这还得从古代战舰和水战形式说起。

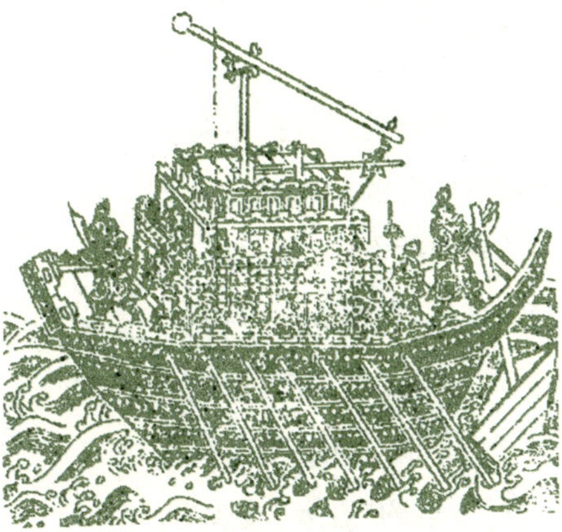

◎《武经总要》中装有拍竿的战舰

早在春秋战国时期，水战的规模就逐渐扩大，水战方式也逐渐显露出自身的特点。从出土的战国时期铜鉴和铜壶上所绘刻的水战图像中，我们可以比较具体而清楚地了解当时水战的基本情况。当时所使用的战船一般有两层，下层容划桨的水手，上层站有作战的水兵。作战时，水手奋力划桨以控制战舰，水兵则使用弓矢、长勾矛和长斧之类的武器进行攻防。这种武器决定了当时的水战战法必须是接舷战，如果没有两舷相接和登上敌舰的短兵格杀，则是难以决出胜负的。同时，在战舰两旁还有若干水兵泅水前进配合全面战斗。正因为古代的战舰一开始就分出动力部位和作战部位的上下两层，所以被称为“楼船”。

秦汉时期，楼船的制造获得了很大的发展。汉武帝曾凿昆明池训练水师，楼船达三四层高，大的可容纳上千人。这种楼船的作战部位扩大了，显然使进攻和防御的性能大大增强，因而为舰队的主力。此外，按用途来分，还有“先登”、“蒙冲”等作为冲锋、攻击的战船；有侦察用船“斥候”，有用于冲角的“冒突”，有用于快速进军的轻便战船“走舸”、“赤马”，等等。在水战手段上，除了原有的刀、剑、弓、矛之外，已开始将“弩”安装在“蒙冲”上，水兵也开始配备铁甲，攻防能力进一步提高。在三国时期，人们还把牛皮作为装甲裹在船外，并涂以桐油，称作“油船”，使战船的防护功能更强。时人张楫编著的《广雅》将“舰”列为战船的一种，遂使“舰”成为战船的专用名词。

东晋时，战舰上开始安装桔槔。桔槔本来是古人的一种提水工具，在春秋战国时就产生了。它利用杠杆的原理可使人较容易地抬高重物。在水战中，水兵正是利用这个原理举起巨大的石头拍击敌舰，成为水战中威力极大的利器。南北朝以后，这种拍击敌舰的武器就干脆称作“拍竿”了。据史书记载，南陈的徐世谱曾设计并制造了安装有“拍竿”的“拍舰”。而在隋灭陈的长江水战中，杨素在永安(今四川奉节)督造的“五牙”战舰，发挥了巨大作用。“五牙”舱面上前后左右装置了6个各高150尺的拍竿，在长江中游的湖北地区，隋军与南陈水军发生激战时，即以这种拍竿击碎敌舰10余艘，拍竿的出现，改变了过去水战必须是接舷战的模式。由于拍竿长大，有的可以抛石，类似于陆战中的“抛石机”，所以，两舰相遇，装有拍竿的战舰不等敌舰靠拢就可以发起进攻，而两舰接舷后，拍竿反而难以发挥威力。然而，这种重型水战攻击性武器，由于高大，必须设置在吨位较大的舰船上，自然灵活性就要差一些。拍竿一直沿用到南宋。杨幺起义军在洞庭湖水寨中制造了大型的车船，其上设置的拍竿高达10余丈，顶端系有巨大的石块，底部则以辘轳转动，可知拍竿较前更为先进。但是，这种武器到元代以后已不见于记载，当是宋元以来火器广泛运用于水战后取而代之的结果。

附带要说明的是，拍竿运用于水战，并不能完全改变古代水战中以近战为主的特征。在作战时，楼船、斗船等大战舰要最终赢得胜利，还须依靠巨大的冲击力接近敌舰，消灭敌舰上的有生力量。这样，古代水战中还创造了一种传统的常规战法——顺流冲角，并有专门实施这种战法的战舰。所谓顺流冲角，就是用坚实、犀利的舰首快速地冲撞敌舰，达到击毁、击伤敌舰的目的。为了使冲击力强，必须在顺风顺水的情况下采用。最初用于冲角的战船，就是利用硬木制成船首的。东汉时又有专门用于冲角的“冒突”战舰。在“冒突”的舰首装置有专门冲撞敌舰的设施“触冒”。在南朝，为了使冲角的战舰更为坚固，还用牛皮包住船首。到了宋代，水军中装备了更加强大的“铁壁铧觜”。这种战舰的造型有了改进，舰首采用了金属制成犁铧状，十分尖利，冲击性更强，即使是再坚硬的木船，也会被冲击得支离破碎，它代表了当时冲角战舰发展的最高水平。当然，自从火器运用于水战以后，冲角战舰也和拍竿一样，失去了它昔日的威风，古代水战的战法也就随之而变。

8 枪炮的祖先

中国是火药和火器的故乡。唐宋以前的火器主要是爆炸燃烧型火器，如火枪、火箭、火球、喷筒、火禽、火兽以及各种炸弹、地雷、水雷等，以冷兵器运载或预先安置在敌方营阵中，引起燃烧或爆炸，从而达到杀伤敌人的目的。南宋时，火器有了新的进展，逐渐过渡到抛射型管形火器，从原理上来看，这与近代的枪炮没有什么区别。所以，近代的枪炮虽然产生于欧洲，但究其始祖，仍在中国。

最早见之于史籍的管形火器叫“长竹竿火枪”，是南宋德安（今湖北安陆）知府陈规在一次守城作战中首次使用的。绍兴二年（1132），一股被金军战败转而为盗的乱军袭扰德安，为首的乱军叫李横，他为了攻下德安城，率人在城西北处建造了一个长6丈、阔2丈、高3.5丈的天桥用来攻城。而陈规则准备以火器焚烧的办法来对付。其中有一种火器以长竹竿为之，内装火炮药，两人共用一支，一人持竿，一人点放，是一种粗大的火枪。由于长竹竿火枪的枪身粗大，装填的火药较多，所以能定向对准一处，进行持续时间较长的密集喷射，且射程较远，容易喷中目标，火势蔓延迅速，杀伤力强。陈规在德安守城战中使用这种火枪，很快就将李横搭起的天桥焚毁，击退了乱军的进攻。这种火枪之所以较为先进，是因为其能自行发火喷射，不需要借助抛射型冷兵器将火种送至敌方，从而使火器的运用进入了一个新的阶段。

如果说陈规发明的喷火枪是最原始的管形火器，那么，不久后产生的突火枪，则可称得上最原始的枪炮了。据《宋史·兵志》记载，南宋理宗开庆元年（1259），在安徽寿春，有人在喷火枪的基础上创制了突火枪。突火枪也是以竹制成，与长竹竿火枪相比，主要是利用火药在管形容器中燃烧产生气体，从而以推力发射“子窠”，具有远距离击杀作用。这一方法和金军中的飞火枪有异曲同工之妙。南宋绍兴五年（1232），北方的金军同蒙古军作战时，用16层纸卷成筒状，长2尺许，内装火药及铁滓、磁末等，再缚于矛前。临阵时，先点燃纸筒火药，使铁滓、磁末随火喷发，烧灼蒙古军人马，然后再用矛格斗，称之“飞火枪”，因喷出的火花似梨花纷纷，故又称作“梨花枪”。但飞火枪还主要在喷火，而突火枪则主要在喷发子窠。子窠就是一种弹丸，据说突火枪喷出子窠时发出的声响如炮声，远闻百五十余步。这种发射弹丸击杀敌人的管形射击火器，在火器发展史上具有十分重要的意义。

管形射击火器应具备三个要素：一是管身，二是火药，三是弹丸。突火枪已经具备了这三个要素，因此学者们认为它是世界上最早自发运用射击原理发射弹丸的管形射击火器。他们还对照阿拉伯人在14世纪初使用的木质管形射击火器“马达法”的文字资料和图片，认为两者的形制构造相似，发射原理相同，由此可证明阿拉伯的火器制造技术是由中国传入的。突火枪在南宋很快得到推广，据《景定建康志》卷三十九记载，当时建康府在两三个月内，就制造了与突火枪原理相同的突火筒835件，说明它在部队中已广泛装备。

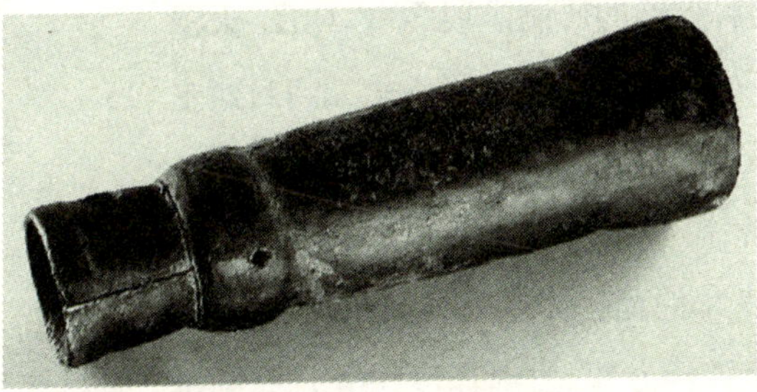

◎我国最早的有明确纪年的元代铜火铳（内蒙古蒙元文化博物馆收藏）

以竹筒制成的管形火器射程不远，威力不大，也容易被烧毁或炸裂，因此，人们开始探索以金属制造管形火器。1970年在黑龙江省阿城县出土了一尊铜制管形火器，其制作年代据认为不会晚于元代至元二十七年(1290)。当时，人们就已称这种金属管形火器为“炮”或“铳”，也称作“火筒”。小型的火铳可以打鸟，故又称为“鸟铳”。鸟铳的尾部在后来安上木柄，成为近代步枪的前身。近代农村武装中还有很多以鸟铳作为武器的，当然，其制作比古代要更为精良了。

明代很重视火铳的研究和生产。据兵器史专家对出土火铳上镌刻的纪年和序号所作分析，认为自洪武三十一年(1398)至正统九年(1444)的46年中，明军制造出的各种火铳在13万尊以上。从质量上来看，明代永乐年间制造的火铳，在工艺上要比元代的精良得多，火门上增加了方形盖，防止雨水、灰尘的侵入。为了准确计量填药量，还配备了装火药的铜匙以便计量，匙上刻有每尊火炮的填药量。特别要指出的是，明朝非常重视火器的运用，将各种火器视为“神器”，封各类火炮为将军，有大将军、二将军、三将军、四将军、五将军、铜将军、夺门将军等封号。这固然是对火铳大小型号的一种称呼，也反映了对这种“神器”的某种崇拜，正因为如此，每年春秋还要专门遣官祭祀火铳。在明朝京军中还有一支神机营，专门使用火铳作战，可以说是世界上第一支火器专业部队。

明代火器还有一个特点，就是从西方引进了新式大炮。中国虽然发明了原始的枪炮，但由于专制皇权的干预和儒家等传统思想轻视科技倾向的影响，火器的研制进展缓慢。相反，火器技术经过阿拉伯传到欧洲以后，适应了新生资本主义与封建主义激烈交锋的需要，从而获得了长足的发展，反而成为列强在中国进行殖民主义掠夺的利器。明代正德年间(1506~1521)白沙(今属广东)巡抚何儒从来华的葡萄牙船上看到一种火炮，它与明朝火炮相比，具有装填弹药方便、发射速度快和装有瞄准器等优点，便组织船上中国籍枪炮匠上岸仿造。因明朝称葡萄牙人为“佛朗机”，因而也以此名称呼这种新式大炮。据《明史》记载：“其制以铜为之，长五六尺。大者重千余斤，小者百五十斤。巨腹长颈，腹有修孔，以子铳五枚贮药置腹中。发及百余丈，最利水战。”后来朝廷加以推广，并作了改良，成批生产。几十年后，在万历三十二年(1604)，荷兰殖民者的战船在海上与明军遭遇，荷军以炮击之，明朝“官兵死者无算”，朝廷大为震惊，后来得到这种炮，因当时称荷兰为“红毛夷”，故名之曰“红夷炮”。红夷炮“长二丈余，重者至三千斤，能洞裂石城，震数十里”。它与佛朗机相比，口径大，管壁厚，威力大增，是一种前装滑膛炮。但明朝仿制红夷炮到天启年间(1621~1627)才开始，并在防守宁远战争中以此炮轰击后金军，使努尔哈赤身负重伤，不久死去，显示了极大威力。此战之后，朝廷更加重视红夷炮的制造，曾专门招收一批外国传教士督造红夷炮400多门，两广总督王尊德也仿制了500多门，使明朝的火器制造提高了一个档次。

清代因讳称“夷”字，所以将红夷炮改名为“红衣炮”，在清军入关以后也加强了对火炮的使用和制造。顺治元年(1644)，八旗中各旗都设有炮厂，前线用炮则由各省总督、巡抚奏造。康熙时曾让比利时教士南怀仁督造西洋大炮，并设立了八旗火器营，每名兵丁发鸟枪一支。满洲八旗每旗设子母炮5尊，其余大小炮都贮存于汉军八旗炮厂内。1975年在黑龙江省齐齐哈尔市发现一门“大清康熙十五年三月二日造”的“神威无敌大将军炮”。全炮重2 274斤，炮身长2.48米，口径0.345米，筒形炮身，前细后粗，并有5道箍，炮口与底部正上方有“星”、“斗”供瞄准用。它是前膛炮，每次发射装填3~4斤火药，炮弹重6~8斤。这门炮曾在康熙二十四年(1685)运抵雅克萨城，参加抗击沙俄侵略军的雅克萨自卫反击战，建立了卓著战功。

然而，由于清朝统治者处处对汉人进行防范，精良火器全都掌握在八旗军之手，绿营和其他地方武装只能装备陈旧低劣的火器。康熙五十四年(1715)，山西总兵请求造子母炮，康熙皇帝竟批道：“子母炮系八旗火器，各省概造，断乎不可。”到雍正年间，还进一步下令，除了盛京、吉林和黑龙江以外，其余各省一律将子母炮拆卸，另造他炮。在这种情况下，火器的进步自然处于停滞、萎缩的境地。中国虽然在500年前就发明并装备了管形火器，但到鸦片战争期间，仍然敌不过西方侵略者的船坚炮利，这与封建制度对军事科技的垄断是分不开的。

二　军队组织和功能

战争是一只残酷的猛兽，参战者无论是谁，只要稍有不慎，就可能会被它吞噬。为此，作为从事战争的工具，军旅必须有高度严密的组织，以此有效地保护自己、杀伤敌人。古代的军旅组织受兵器和战争形式的制约，和今日已有较大的不同。但不管怎么变化，构成军队组织的原理是相通的。今天的军队组织是过去军队组织的发展，甚至许多组织名称都沿袭了过去的用法。当然，古代军旅组织更多地体现了中国历史悠久的传统文化特色，而和近、现代军队组织形式在性质上根本不同。

军旅组织还反映出军队功能的某些特色。军队从事战争，为战争服务，受战争制约，但除了作战以外，它还担负着治安、劳作、经济生活甚至供养某个特殊阶层的使命，于是便出现了种类繁多的军旅名目。军旅的功能随着时代的变迁，也会悄悄地发生着转变。不仅各个朝代的军队组织和功能不完全相同，就是同一个朝代、同一支军队，也会时有变化。不过，万变不离其宗，其军事性质始终是贯穿其中的。

1 “队伍”的来历

军队，现在也俗称为“队伍”。“队伍”一词很早就产生了，与此同义的还有“军伍”、“行伍”、“卒伍”等，它们皆来源于古代军队的基层建制。

中国古代军队的编制系列大抵分两个阶段，以西周为界，西周以前殷商时代的军队编制，虽然不能详知，但从甲骨文中可以得其大概。《殷墟粹编》第597片载：“王作三师，右、中、左。”商代军队一般分为右军、中军和左军三个部分，而其最基层的建制是以10人为单位的，这就是后世所谓“什伍”之“什”。兵车大抵是每辆战车配有3人，居中为驭手，左右两边的是战斗员。故《尉缭子·制谈》说：“古者士有什伍，车有偏列。”

西周以后，军队编制虽然历代各有损益，但基本上属于“五五制式”，即以“五人为伍”，作为军队的基本建制。西周时期的军队以战车为中心，一辆战车称为一乘，是一个战术单位，配有兵士25人，其中包括甲士10人(3人在车上，7人在车下)，徒卒15人，此外，另有负责养马服役者5人(不在兵士之列)，总共30人。西周军队的建制已经比较完备，《周礼·夏官·序官》云：“凡制军，万二千五百人为军，王六军，大国三军，次国二军，小国一军，军将皆命卿。二千又五百人为师，师帅皆中大夫。五百人为旅，旅帅皆下大夫。百人为卒，卒长皆上士。二十五人为两，两司马皆中士。五人为伍，伍皆有长。”西周军队的实际编制并不一定如《周礼》所述这么整齐划一，但军、师、旅、卒、两、伍的建制当是形成了的。在这个编制系列中，伍即5人，为最基层的建制单位。军必有伍，军是由若干个“伍”组成，所谓“卒伍”、“队伍”、“军伍”、“行伍”之称，即源于此。

有人认为，《周礼》所记载的军队编制，实系春秋时期的状况。此后，战国、秦汉的军队基层建制仍以伍为单位。所以，《韩非子·显学》称：“宰相必起于州郡，猛将必发于卒伍。”汉代实行五人为伍，二伍为火（即“什”），五火为队，二队为官（或作“屯”），二官为曲，二曲为部，二部为校，二校为裨，二裨为军，这样的建制，计一军为 3 200 人，各级都有统领。《后汉书·百官志》云：“将军领军，皆有部曲，大将军营（统帅之意）五部，部校尉一人（有时部不设校尉，仅以军司马领之），部下有曲，曲有军侯一人。”据有关考古资料、史籍记载，部还分左、右部或前、后部，曲也分左、右曲或前、后曲。曲下之官（屯）则有长，队有率，火（什）、伍也分别设长统领。

隋唐以后的军队编制突破了“五人为伍”的格局，唐代军队的最基层建制是“火”，也就是 10 人编制；宋代军队则为队，每队 50 人，由于队是火的整倍数，积火便成了队。所以，唐宋军队的队列形式是基本相同的，都是以 50 人的队为单元，队有队头，副队头各 1 人，执旗 1 人，傔旗 2 人，合 5 人。又有火长 5 人，如此，每队仅有士兵 40 人，分为 5 火，每火仅有士兵 8 人。到明代，卫所制度编制军队的方法是：卫由卫指挥使率领，分前、后、左、右、中 5 个千户所；千户所由千户率领，每千户 1 120 人，辖 10 个百户所；百户所由百户带领，每百户 112 人，辖两总旗，各 50 人；总旗下辖 10 小旗，每小旗 10 人。这时的小旗也相当于唐宋的火，而总旗则相当于队。

清代军队因其性质、种类的不同，基层编制单位变化较大。例如八旗制度在创立之初为牛录制，“初定出兵校猎，不论人力之多寡，各随族党屯寨而行，每人各取一矢，十人设一长领之，其长称为牛录额真”。后努尔哈赤将牛录扩编为300人,5个牛录则为1个甲喇,5甲喇为1固山(即旗),共有黄、白、红、蓝、镶黄、镶白、镶红、镶蓝八旗。绿营兵的编制则更为复杂,营虽是基本建制,但又分级统领,总兵以上均为标,如将军的军标、总督的督标、巡抚的抚标、提督的提标、河道总督的河标、漕运总督的漕标等,是绿营的主力,各种标的营数不等。但各省内重要州府设镇,由总兵镇守,总兵直属部队称镇标,次要州府设协,由副将驻守;重要县城设专守营,一般由参将或游击、都司、守备等官防守;重要村镇设汛,一般由千总、把总备御,但汛兵不立营制。在营以下,又一般分为前、后、左、右四队,每队分9棚,每棚连正目、副目、正兵、副兵共14个战斗人员。后来湘、淮军的基本编制也是在绿营的基础上改造而成,营下有棚、哨等单元。尽管经过几千年的演变,古代军队的基本单位已经完全不同,但“队伍”之说仍然反映了中国军队建制的基本特色。

2 “三军”的变迁

中国人民解放军的缔造者之一毛泽东的七律诗《长征》,是广为世人传诵的一首名作。诗中写道:“红军不怕远征难,万水千山只等闲。五岭逶迤腾细浪,乌蒙磅礴走泥丸。金沙水拍云崖暖,大渡桥横铁索寒。更喜岷山千里雪,三军过后尽开颜。”针对当时人们关于“三军”的理解,毛泽东特地为诗的最后一句作注解说:这里的三军,指红军的一方面军、二方面军、四方面军。不是海陆空三军,也不是古代晋国所作上军、中军、下军的三军。的确,“三军”在不同的时代和不同的场合,所指各有不同,

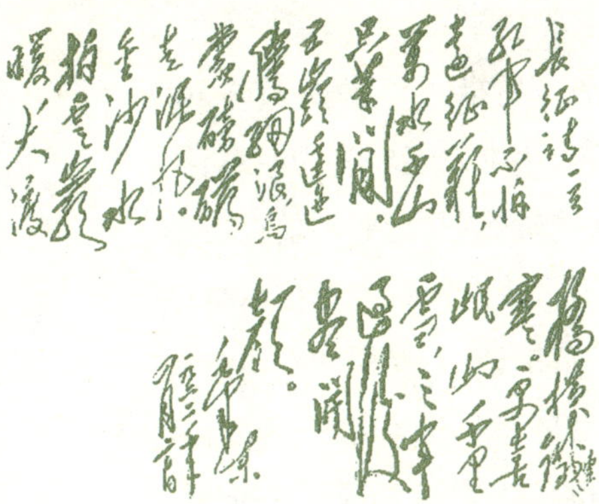

◎毛泽东七律《长征》手迹

这在古代军旅文化中也是值得注意的。

“三军”之称，由来已久。《论语·子罕》载孔子语：“三军可夺帅也，匹夫不可夺志也。”还有，春秋时著名的《孙子兵法》中也指出：“故三军可夺气，将军可夺心。”(《军争篇》)这里的“三军”当是泛指一般军队。除此以外，“三军”更多的是指古代军队的编制和作战序列。《周礼》一书，学者们一般认为是战国时的作品，当然也反映了西周以来的一些制度。其中就记载有关军的建制：“凡制军，万二千五百人为军，王六军，大国三军，次国二军，小国一军。”显然，这里的“三军”是指军队编制的数量。《左传》也赞成这种观点，认为大国只能拥有周天子一半的军队，周天子为六军，那么最大的诸侯国就只能拥有三军。

“三军”的另一种含义是指古代军队作战中的序列，战斗部队按顺序编为三军。例如，公元前632年，晋楚两国为争夺霸权而展开城濮之战，晋文公的兵力为战车700乘，编为中军、上军、下军三军，以中军最强。而楚军在这场战争中，则以申、息两地部队为主组成左军，以陈、蔡两国军队为主组成右军，而楚军的主力则自为中军，这三军也是部队的作战序列。春秋时，军以下的编制并不固定，还不是严格的建制单位。春秋中期，各诸侯国的中央直辖常备军，多数编为左、中、右或上、中、下三军，如齐、鲁等国也是一样。这一作战序列主要为适应先秦的车战，在很早就出现了。殷墟甲骨文中一条重要卜辞的内容是：“王作三师，右、中、左。”这三师也应当是作战的序列。与后世相比所不同的是，商朝的军队建制是“师”，称“三师”，而西周以后为

"军",称"三军"。

战国时期秦国的"三军"似乎另有所指。《商君书·兵守》中说:"三军,壮男为一军,壮女为一军,男女之老弱者为一军,此之谓三军也。"壮男出征作战,壮女负责防守,老弱则负责后勤供应。这三军应该是秦国经过变法后,将全国百姓都按军事化编制起来,实行所谓"农战政策"的结果,并不能视作完整意义上的军队,但由此也可推测,秦军也是有三军编制的。所以,从先秦军队的编制序列来看,诸侯国的"三军"之制是一个通例,而当时的军队极少编为二、四、五、六军的。在三军中,一般又以中军帅为主将,晋国称元帅,其余也各设将佐以利指挥。此后,历代都有军的编制和作战序列,但并不一定就是按"三军"来排列,这主要视国家的经济实力、人口多少和战争的需要而定。但"三军"作为一种军队的泛称,或古代军队的编制、序列,却长期流传下来。

直到清末,清政府为了挽救其垂危的统治,仿效西方国家,对军队进行改革,建立了新军。新军除了陆军以外,更有新式海军。"军"的概念中赋予了军种的内涵。到民国时期,国民党政府军分为陆、海、空三个军种,近代"三军"的含义就主要指军种,"三军"也就是陆、海、空三个主要军种的统称,或是代指全军的惯用称呼。

3　古代军中司令部

汉高祖刘邦在与人讨论楚汉战争中为什么自己能以弱胜强、一举消灭西楚霸王项羽时,说了一段十分精辟、为后人所叹服的话。他说:“夫运筹策帷帐之中,决胜于千里之外,吾不如子房(即张良);镇国家、抚百姓、给馈饟,不绝粮道,吾不如萧何;连百万之军,战必胜,攻必取,吾不如韩信。此三人者,人杰也,吾能用之,此吾所以取天下也。”刘邦会用人,在三个关键位置上都能人尽其才,这是他取得天下的重要原因之一。在战争中,离不开骁勇善战的大将统军征战,也离不开搞好后勤保障、稳定军心和民心的治国之才,一班运筹帷幄的“谋士”也尤为重要,这是决胜的一大关键。“帷帐”或“帷幄”,在汉代的军中指的是军帐、军幕,也作幕府,是军队出征时,将军(或主帅)的指挥机关,相当于后世军队的司令部或参谋部。

现代司令部负责对部队作战、训练、管理等行动的组织领导活动。古代军队兵种少,武器装备简单,作战指挥不像近、现代战争中那样复杂。但是,古人在组织和进行战争中,却早已形成了一套较为周密的、类似今天司令部的指挥机关。据考证,西汉的大将军幕府中的僚属就有长史、校尉、军司马、军司空、从事中郎、军正、军监、军史、军武库令等。骠骑将军幕府的僚属有校尉、司马、鹰击司马、军史等。车骑将军幕府的僚属有长史、从事中郎、军市令、千人、司马等。卫将军幕府的僚属有掾、舍人等。这些僚属的名称,虽然散见于《汉书》的表、志、传等史料中,还不能据以判断汉代军队各级司令部的全部情况,但大致可以看出当时幕府的两个基本职能:一是参谋,二是管理,这与近、现代司令部的职能是一致的。东汉以后,幕府的机构更为发展。两汉时期,古代军队的司令部已经成熟了,这从古籍《六韬》中亦可得到印证。

《六韬》托名吕尚(姜子牙)所作,又名《太公六韬》,大约成书于战国至西汉。全书共分文韬、武韬、龙韬、虎韬、豹韬、犬韬六篇,其中第三篇《龙韬·王翼》比较详细地描述了我国古代早期司令部的情况。书中说："王者帅师，必有股肱羽翼，以成威神。"所谓"股肱羽翼"，就是统帅的参谋、辅佐人员。如何选拔、配备、使用这些人员，是统军作战的重要条件。"凡举兵师，以将为命。命在通达，不守一术。因能授职，各取所长，随时变化，以为纪纲。故将有股肱羽翼七十二人。"这由72人组成的"司令部"是如何配备的，他们各自的职责又怎样呢？

◎秦始皇陵兵马俑三号坑指挥坑

这72人组成的司令部，首先有"心腹"1人，主要佐助出谋划策，应付突然，权衡利弊，通达权变，总持计划谋略，保全百姓生命安全，这相当于参谋长。其次有"谋士"5人，主要负责谋取安稳，解除危难，消除隐患，评论品德才能，严明罚罪制度，任命官职，判决嫌疑，决定可否；"天文"3人，主要掌管天文、气候的变化，推算变化的时间，考查符验，核对灾异，从而能掌握并利用天候变化之机；"地利"3人，主管军队的行止，察明地形的利弊条件，即远近险阻与平坦，水源的枯竭与山势险要之地，而不失战略上有利的地势；"兵法"9人，主要讲解评论各兵法的异同，作战成败的原因，选择训练的各种兵器，刺探举报不守军令法则之人；"通法"4人，主要计算部队给养消耗，储备积蓄物资，通粮道，致五谷，使三军不致困乏；"奋勇"4人，主要根据作战对象、任务，选择勇士与兵器，实施出敌不意的战略战术；"伏旗鼓"3人，主要任务是用旗鼓指挥军队，同时也负责用假符节和假号令来欺骗敌人；"股肱"4人，担负繁重而艰难的任务，"修沟堑，治壁垒，以备守御"；

“通才”3 人，主要任务是为主帅“拾遗补过，应对宾客”，以消除祸患，解决纠纷；“权士”3 人，负责施行奇谋诡计，做到不为敌人所识破，且不断变化，出敌不意；“耳目”7 人，主要负责来往于敌国之间，听其言论，观其变化，探取情报；“爪牙”5 人，主要负责宣扬军威武勇，激励全军将士冒险进攻；“羽翼”4 人，主要负责对外宣扬名节荣誉，威震远方，以动摇敌人的军心；“游士”8 人，主要是窥伺敌方奸佞，等候敌国变化，并趁机以为间谍；“术士”2 人，主要负责用诡诈的方法愚弄士众，使之听候调遣，统一行动；“方士”2 人，主要负责军内的医药和医疗；“法算”2 人，主管全军的驻营，分发粮秣，掌管财用的支出与收入。这 72 人中除了“心腹”相当于参谋长之外，其余都相当于某一方面的参谋，尽管他们的职能不可能和近、现代司令部中的参谋一样，但可以看出，他们已经具备了指挥机构的功能。

因此，从春秋战国开始，古代早期的“司令部”随着战争规模的不断扩大、战争形式的日益复杂，便应运而生了。到西汉，刘邦所说的“运筹策于帷帐之中，决胜于千里之外”的张良，就是起着总参谋长作用的“心腹”。以后，历代均有总司令部或总参谋部的机构。东汉末，曹操军队设有前、后、中、左、右军师，以及大将军军师，负责参谋工作。而唐代诸道的元帅府，宋元两代的枢密院，清代的军机处，均相当于总司令部或总参谋部的组织机构。到 17 世纪初，随着武器装备的发展，军队兵种增多，战争规模空前扩大，战争形式更不同于古代，欧洲一些国家军队开始建立专门的司令部，司令部的工作日趋复杂和专门化。中国军队在学习西方新军制的同时，也借鉴了古代的一些军制传统，今天的司令部正是古代司令部的演变和发展。

4 埋藏地下两千年的军队

1974年3月的一天，在陕西省临潼县秦始皇陵东侧，打井的农民忽然挖掘出了古代武士造型的陶俑。文物部门闻讯前来考察，从而揭开了举世瞩目的秦始皇陵兵马俑考古发掘的序幕。经过数年的考古发掘，共发现了三个秦兵马俑坑。俑坑的规模庞大，占地总面积约2万余平方米，里面埋藏着和真人、真马大小相近的陶俑、陶马7 000余件，实用的青铜兵器数万件。秦俑的形象丰富多彩，好似有血有肉，栩栩如生。有的须髯开张，性格刚毅威猛；有的眉宇凝聚，似有超人的大勇；有的一把长须，显得稳健风雅；有的侧耳凝神，神态机敏。不同身份和不同年龄的武士神情各异。尤其是兵马俑展示出来的军阵，活生生地体现了秦朝军队威武雄壮、气吞山河的气势，这正是秦朝军旅面貌的一个缩影。

◎秦始皇陵兵马俑一号坑

秦始皇统一中国以后，将郡县征兵制推向全国。由于秦始皇南征北讨，并戍五岭、御匈奴，对内又实行残酷的镇压，所以，需要的兵员很多，百姓的兵役、徭役异常繁重。当时全国约有2 000万人口，而经常被征服兵役和徭役者就有二三百万人。在京城咸阳，也有大量驻军，他们大致分为三类：一是侍卫军，负责宫廷内的守御，执掌宫殿门户的警卫，皇帝外出，则充车骑，由郎中令统领；二是宫门外的屯卫军，由卫尉统领；三是守卫京师的屯卫军，由征调来的郡国材士充任。目前发掘出来的秦兵马俑的规模和布局，与秦朝中央驻军相对照，当属第三类，即象征着驻扎在京城外的屯卫军。

如前所述，古代军队编制序列一般分为左、中、右三队，也称为“三军”，布阵、列营都以三军为基础，这在先秦史籍中就有很多记载。秦俑的出土，就给人们提供了这样一组完整的军事建制的实物资料。

秦俑1号坑当是右军，其东端有3列面东的步兵俑，每列68件，共204件，这是军队的前锋；后面接着是战车与步兵相间排列的38路纵队，每路长177米，这是军阵的主体；其南北两侧和西端，各有1列分别为面南、面北和面西的横队，这是军阵的两翼和后卫，用以加强警戒，防止敌人从两侧和后边的突然袭击，充分表现了军阵组织的严密。2号坑为左军，共有4个小阵勾连组合而成为一个曲尺型：位于最前面的第一个小阵，是由弩兵组成，方阵的四旁共有170余件立式的弩兵俑，中间有8列面东的蹲跪式弩兵俑，每列20件，共160件。在此方阵的左后角，有件头戴鹖冠、身披彩色鱼鳞甲、双手拄剑的将军俑，是此方阵的统帅。位于右侧的第二个小阵，有战车8列，每列8乘，共由64乘战车组成。车前驾4马，车后有武士3件，即御手和2名甲士。位于中部的第三个小阵，是车、步、骑结合组成的，计有战车 19 乘，步兵俑 260 余件，排成 3 路纵队，再以 8 件骑兵作为殿军。在此方阵的左后角有一指挥车，上有一将军俑，是此方阵的统帅。位于左侧的第四个小阵，是由骑兵组成，它的阵头是两列战车夹一列骑兵，战车每列 3 乘，骑兵每列 12 骑，阵体由 8 列骑兵组成，每列有骑兵 3 组，一组 4 骑，计 12 骑。这四个小阵有机地结合在一起，可谓大阵套小阵，大营包小营，阵中有阵，营中有营，浑然一体。3 号坑面积很小，估计是军幕，只有战车 1 乘，武士俑 68 件，负责担任警卫。3 号坑位于 1、2 号坑的左后方，是统帅左、右兵马俑军阵的指挥部。而 1 号坑中部北面有一未建成的废弃坑，总面积达 4 608 平方米，从其规模和位置来看，恰似中军，当是原来计划建设的象征着中军的兵马俑坑。这样，左、中、右三军，加上军幕，构成一组完整的军阵编列体系。

秦始皇陵兵马俑军阵充分展示了战国以来军队成分、武器装备和作战方式的基本状况，并表明与春秋时期相比，已经有了根本性的变化。战国以前，军队的主体是车兵，多由具有一定社会身份的贵族或平民充任，称作“甲士”。战争的主要形式是车战，步、骑兵不占主导地位。战国以后，随着生产力的发展和生产关系的改变，铁兵器广泛应用于战争，原来奴隶身份的农民也纷纷投入军队。战争的频繁促使军队大大扩充，活动范围也由平原延展到山陵谷地，野战发展成攻坚战。这样便最终结束了车甲纵横的车战时代，步兵已成为军旅的主体。据《史记·张仪列传》载，当时秦国军队步、骑、车三个军种的比例是：车兵 10 万，骑兵 1 万，而步兵则有 80 至 90 万。秦俑的排列，证实了文献的记载。

从秦俑军阵来看，秦代军队有步、骑、车、弩四个兵种。作战时，以步兵为主，混合布阵，这即所谓“步为腹心，车为羽翼，骑为耳目,三者相待,参合乃行”的布阵原则。步兵已成为进行战争的主力,车兵失去了它往日的殊荣,退居两翼,降为担任远屯、警戒、掩护军队翼侧的偏师,骑兵则作为机动力量,配合步兵作战。各兵种接受统一指挥,协同行动。从气势宏大、数量众多的秦俑可以看出秦朝强大的战斗力，它生动地再现了秦军“带甲百万,车千乘,骑万匹”这样一种兵强马壮、气势磅礴的阵容,歌颂了秦军叱咤风云、“横扫六合”、“北却匈奴,南平百越”的恢宏业绩。

5 拱卫京师的南北军

东汉光武帝刘秀年轻时在长安见执金吾车骑甚盛，因叹曰:“仕宦当作执金吾，娶妻当得阴丽华。”阴丽华是南阳新野(今河南新野南)人,以美丽著称。刘秀称帝后,果然将其立为皇后。当然,执金吾再风光,也比不上当皇帝神气。可是,执金吾是一种什么样的官,令刘秀当年如此倾慕呢?这还得从汉代中央军的配置说起。

汉承秦制,汉代的中央军大致分成三个组成部分：一是以郎卫(期门、羽林)为主体的宫廷禁军;二是以南军为主体的宫城近卫军;三是以北军为主体的京师卫戍军和京畿屯兵。

郎卫之“郎”,在汉代其意就是现在的“廊”字,郎卫也就是在宫廷殿廊中宿卫之郎,是皇帝身边的侍卫近臣,转化引申为一种职务。郎官有很多种,统称“诸郎”。诸郎平时持戟守卫殿门、殿廊,遇有大的朝会,便立于殿阶两旁,担负着警卫的重任。

如果皇帝出行,诸郎则充当车骑扈从。郎卫多通过资选、荫任途径而选高官、富家的子弟充任,不是军队中一般的士卒,其身份、地位较高,也常常被选拔为官。汉初郎卫的长官为郎中令,后来改名为光禄勋,是九卿之一,属于中央高级官员。汉武帝时期,为了进一步加强宫廷禁卫,又在光禄勋属下增设了期门、羽林两支禁军,也属于皇帝身边的高级侍卫队,除了宿卫、护驾以外,有时也被派往边境作战。

汉代中央军中最具特色的要属南、北军之制。南军是守卫未央宫的屯卫兵。未央宫位于长安城内西南角,是汉高祖七年(公元前200年)由丞相萧何主持建造的主要宫殿。它倚龙首山建前殿,立东阙、北阙、武库、太仓等,周围28里,是京师的政治中枢所在,故是屯卫军主力重点守卫的地区,并因其主力所处京师的方位而得名。南军除了守卫未央宫以外,也守卫长乐、建章、甘泉等宫。南军的士兵称卫士,长官是卫尉,也是九卿之一。卫士由郡县选调,定期更番服役,在宫殿周围分屯驻守,警夜巡昼。和郎卫相比,南军属于宫殿外围卫戍部队,警戒的范围比郎卫大,人数也多,但从身份、地位和与皇帝的关系来说,卫士就不如郎卫了。

驻屯在京师和畿辅的中央军中,实力最强的要属北军,因屯驻该军主力的营垒位于未央宫以北,与南军相对,故称"北军"。北军在汉初由中尉统领,到汉武帝时,中尉更名为"执金吾",这就是刘秀年轻时十分羡慕的一个职位。刘秀之所以羡慕这个职位,是因为执金吾负责京师的巡逻和天子宫外仪仗,属下的缇绮(骑兵)多出身于富裕家庭,"舆服导从,光辉满道",不了解内情的人,真以为执金吾既得亲近皇帝,又控制着京师军事,权力大得很,威风凛凛。其实,中尉改称执金吾以后,基本上是一种仪卫部队的统帅,实际执掌北军的叫"中垒校尉”。

中垒校尉也是汉武帝以后设置的，他和汉初的中尉一样，都是北军的最高长官，担负京师及附近地区的保卫任务。北军的士兵通常征自三辅地区(即京畿之地，辖境相当于今陕西中部地区)，番期一年，与南军相比，士兵人数更多。据《汉书·王温舒传》记载，当时为建造通天台，缺乏劳动人手，一次就查出脱役的“中尉卒”数万人，全部被罚作劳役。西汉前期，中尉还一度指挥着三辅地区的郡县兵，因而握有相当大的军事实力。控制了北军，也就控制了京师长安中央军的主力。汉初，陈平、周勃等老臣平定诸吕之乱，就是先夺得北军的兵权才得以制胜的。

刘邦死后，吕后专权，朝廷大权基本上被其内侄、侄孙把持。到她临终时，还封赵王吕禄为上将军，率领北军，封梁王吕产为相国，并领南军，控制着中央军权。周勃虽然是掌握全国军事的太尉，但并没有实际兵权。诸吕就想利用手中的军队，发动叛乱，但一时不敢动手。周勃、陈平知道诸吕的阴谋后，为先发制人，设计骗取了吕禄的将军印。周勃迅速拿了将军大印来到北军营垒，宣布了诸吕的谋反之罪，接管了兵权。这时，吕产还不知道北军已落入周勃之手，在未央宫想发动叛乱。周勃派朱虚侯刘章仅带了1 000余名北军士兵赶到，就将吕产杀了。接着，周勃又带领北军把吕氏的势力全部消灭了。

周勃夺军的故事充分反映出西汉南北军互相制约、互为表里的牵制作用。再加上郎卫，汉代中央军形成了以拱卫皇帝为中心任务的宫内、宫外、京畿三层保卫系统。它们层层相维，又互不统属，最后都归皇帝掌握，体现了封建统治集团集中军权的政治意图，是中国古代封建兵制的一个显著特点，对后世也颇有影响。

6 木兰替父从何军

“唧唧复唧唧，木兰当户织。不闻机杼声，唯闻女叹息。问女何所思，问女何所忆。‘女亦无所思，女亦无所忆。昨夜见军帖，可汗大点兵。军书十二卷，卷卷有爷名。阿爷无大儿，木兰无长兄。愿为市鞍马，从此替爷征’。……”这是北朝乐府《木兰诗》的开头一段。诗中描写了当时征发出兵时，女子木兰替父从军的情景，歌颂木兰的巾帼英豪形象。可是，木兰为什么能够替父从军，又从的是什么军呢?诗中没有写明。从历史上来看，北朝从西魏开始，建立了一支既有鲜卑族传统、又结合了汉族封建制度特点的军队，后来称作“府兵”。木兰从军当是从府兵出征。

◎木兰从军图(国画)

府兵之称来源于“军府”或“开府”。西魏大统八年(542)，控制了政权的鲜卑军阀宇文泰仿汉族军制，将原来鲜卑禁旅近5万人进行改组，初置为6军，每军统以1柱国，6柱国各管2个大将军，大将军下又各有2个开府，共为24开府，由宇文泰总领，开始形成了府兵系统。最初，府兵“教旗习战，无他赋役”，与土地、户籍无关，只是一种军事组织。不久，宇文泰召募关陇豪强从军，又扩充乡兵，并将他们陆续纳入开府系统。兵源的扩大，使开府采取了新的管理方式，在西魏末和北周初，府兵另立户籍，与民有别。北周武帝时，府兵的指挥权直辖于君主，因此，府兵军士称作“侍官”，地位较高。为了扩充兵源，还召募汉族百姓充任，当兵后除去其民籍，编入军籍，不再纳课役，以此鼓励汉族农民参加府兵。据历史记载，这一措施取得了很大效果，“是后，夏(汉)人半为兵矣”。从此，府兵大部分来源于农民，府兵中汉族成分也大大增加。当然选拔农民当兵，就使府兵由原来的“贵族兵”成为一般人都参加的义务兵。随着战争的日益频繁，征发的兵源不断扩大，在征发时也就比较马虎。《木兰诗》说木兰替父从军，竟然在军中多年也没有被人认出是女子，就是这一情况的文学反映。

隋唐两朝国家的正规军仍以府兵为主，但是有两个变化，一是对北朝的府兵制进行了一些改革，二是唐朝中期以后，由于社会经济关系的变动，府兵制逐渐废弛，继而退出了历史舞台。

隋代的军府称骠骑府或鹰扬府，唐代改为折冲府，都是取其英勇雄壮之意。军府中的将佐称为“府官”，军士称作“府兵”，作为一种专称，此时才基本上固定下来。在编制上，隋唐府兵隶属中央12卫，也就是12个军，另外，东宫六率(唐前期府兵的一个领导机构，其所领之兵虽由各府番上，名义上归太子统率，当有亲兵的性质)也统领一部分。军府则遍及京师附近的关内、河东、河南等地区。在唐初府兵发展的极盛时期，军府共有634个，其中有40%左右设在关中地区，因为这一带是京城长安所在地，一来可以重兵拱卫中央，二来便于控制，地方上有乱，可立即命将率军出征，按当时的话来说，叫做“举关中之众以临四方”，属于居重御轻的战略布置。在卫将军下的军府是府兵的基本单位，兵额由800至1 200人，分上、中、下三等府，有的专家认为，武则天时期还有一种 1 500 人的特等府。府下有团，每团 200 人；有旅，每旅 100 人；有队，每队 50 人；有火，每火 10 人。火是府兵最小的战斗单位，原意指在同一个火灶上吃饭的士兵，《木兰诗》里就有“火伴”的称呼，后来也写作“伙”。

从隋代开始，府兵也隶属于州县，“垦田籍帐，一与民同”，就是说，军府中的士兵也和均田农民一样，登记户口、分授土地，使府兵制和均田制紧密结合在一起。均田农民有向政府交租调、服徭役的义务，而受田的府兵不纳租调，只要按时番上、戍守，也就是轮流到京师或边疆去守御。临时发生战争，则从各府抽调兵士集中到前线，由朝廷命将率领他们征战。战争结束，“兵散于府，将归于朝”，可以防止将领长期带领作战的士兵，形成不正常的亲密关系，尾大不掉，不利于朝廷对军队的控制。

府兵虽说不纳租调，但是，他们番上、出征所需要的衣粮和一些简单的武器，必须自己提供。这在《木兰诗》中就有反映。木兰替父从军，要去买鞍马才能成行。诗中说她：“东市买骏马，西市买鞍鞯，南市买辔头，北市买长鞭”，说明当府兵需要有一定的经济基础。所以，唐代规定，要抽取家庭较富裕、人口较多的农民补充府兵。每三年征兵一次，凡 20 岁以上的健壮丁男，都是简点的对象。简点的标准以资产、财力和丁口为据，“财均者取强，力均者取富，财力又均，先取多丁”。府兵服役期是从 21 岁至 60 岁，除了番上、戍守和征战以外，役期人丁平时在家务农生产，农闲时集中训练，为预备役。

中唐以后战争渐多，府兵军事任务频繁，而均田制却日渐废弛，本来就受田不足的府兵，要自备衣粮、兵甲去出征、番上，“番役更代多不以时”，影响农业生产，使兵役成为一种沉重的负担，府兵乃纷纷“亡匿”、“耗散”，从均田农民中简点补充也成为一纸空文。府兵厌恶军事，“侍官”成为府兵对番上宿卫者的一种恶毒诅咒，因为番上宿卫的府兵都被军官将佐所私役，当作奴隶使唤，所以京师人很瞧不起，甚至吵架相骂时，也以"侍官"作为人身攻击的话语。府兵地位非常之低，"百姓耻之，至蒸熨手足以避其役"，称之"福手福足"。在中央卫军和东宫六率中又充斥着一些市井无赖，他们"富者贩缯彩，食粱肉；壮者为角觝、拔河、翘木、扛铁之戏"。这样的军队根本就不能作战。所以，在安史之乱中，唐军兵败如山倒，甚至连京师长安也给丢掉了。后来，还是借用沙陀等少数民族的精锐骑兵，又给各地藩镇招兵买马的大权，好不容易才把叛乱平息下去，唐朝也元气大伤，经济凋敝，政治腐败，国土四分五裂，边境烽火连天。唐朝盛世已经一去不复返了。

府兵制是一种比较成熟的身份性封建义务兵制，从它的产生直至废弛的过程中，可以了解隋唐封建社会的盛衰变迁。因此，研究兵制史的学者们认为兵制是社会制度的一个重要方面，军旅生活也就是社会生活的一个缩影。府兵制废弛以后，代之而起的，是唐末五代和宋朝的大规模募兵，军旅士兵逐渐走上了职业化道路，这也是社会经济生活的变化使然。募兵制的普遍出现，与封建社会后期的若干特点有密切的关系。

7　北宋的军种

《水浒传》是一部明代的古典小说，讲的却是宋代的故事。书中有个豹子头林冲，武艺高强，尤其是枪法不凡，为 80 万禁军教头。不了解宋代兵制的读者或许以为这是一个了不起的官。其实，所谓"八十万禁军教头"反映了两个概念，其一，北宋的军事体制中的禁军数量之多是历代没有过的；其二，教头只是一个教习武艺的低级武官。而将这两者扯到一起，给人造成的错觉是林冲乃80万禁军中之佼佼者，这显然是小说家有意识的渲染。北宋的80万禁军是一个很可观的数字，但并不意味着北宋兵力的强大，而是相反，随着其禁军数字的扩大，战斗力反而下降。这是一个饶有兴味的话题，跟宋代军队的组成及养兵制军的指导思想有密切的关系。宋代军队除了禁军之外，还有厢军、乡兵和蕃兵之类，其功能、地位都完全不同。

首先看禁军。禁军也作禁兵，本是指皇帝身边的禁卫军，也就是亲兵。汉代的禁兵就指警卫宫殿和皇帝出巡的卫戍部队，但后世也指守卫京城的部队，如唐代的禁兵分属南北衙，属南衙的为诸卫兵，属北衙的为禁军。唐末五代，无论是宦官专权还是藩镇割据，都曾利用禁军的武力为支柱。例如，唐代的宦官就占据了护军中尉一职，控制了神策军，从而将唐后期的许多皇帝玩于股掌之上。而宋太祖也是沿袭了五代军阀的一贯做法，以殿前都点检的身份统帅禁军，造成了陈桥兵变而“黄袍加身”。所以，从唐朝中后期到宋朝初年，如何控制禁军就成为一个大问题。

宋太祖十分清楚这一点，他做了皇帝以后，丝毫也没有放弃对禁军的控制，反而从两个方面加强了自己在禁军中的领导权力。一是从其统领的禁军中，选出骁勇者升为上军，老弱怯懦者予以淘汰，并按照宰相赵普的“罢藩镇，收其精兵”的方针，诏令天下长吏，“择本道兵骁勇者，籍其名送都下，以补禁旅之厥（缺）”；同时诏令各地召募精壮勇士，派遣长吏、都监教练武艺，俟其娴熟，即送京师，编入禁军。又诏令各方武将，从统一诸国的降卒中，拣练精兵补入禁军。由中央掌握的禁军，战斗力便大大超过地方，地方藩镇失去了威胁朝廷的武装力量，有利于全国的统一。二是将禁军统帅权力分散，过去赵匡胤就做过殿前诸班都点检，统帅禁军一切，此时岂容得别人染指此位，干脆将其废除，另设殿前司、侍卫步军司和侍卫马军司，合称为“三衙”（也称“三司”），互不统属，鼎足而立。三衙的将领则用一些资历较浅容易驾驭的人来担任，而且时常加以调动。这些将领虽然统率军队，但军队的调遣和移防等事，则须听命于直接由皇帝控制的枢密院。

宋初，禁军约 20 万，有一半驻在京师，其余分散驻扎在诸道，体现了居中御外、内外相制的军事指导思想。所以，北宋的禁军名义上是天子的亲兵，实际上是由皇帝亲自掌握的中央军。派驻在地方上的禁军称作“驻泊”或“屯驻”，有的称作“就粮”，意思是虽然驻于地方，或接受地方粮饷供应，但中央军的性质没有改变。为了防止禁军在某地驻屯时间过长，成为将领的附庸，还实行所谓“更戍法”，禁军的驻屯地点，每隔几年便更调一次，而将领却不随之更动，美其名曰“勤筋骨、习劳苦”，其实就是要使“兵无常帅，帅无常师”，这当然使将领无法拥兵作乱。但是，它带来的弊病却不小。将领与部队之间不熟悉，既疏于训练，又不便于指挥，部队的协同和机动性都相当差，打起仗来，常常十分被动。在战争中，将领完全听命于皇帝的战略调度，甚至要将阵图飞马报朝廷批准，才能够行动，否则，即使打了胜仗，将领还要受罚。随着时间的推移，北宋不断召募农民为兵，尤其是在灾荒之年募饥民为兵，因为军队按月发给粮饷，所以称之为“养兵”。这样，禁军人数迅速上升。太宗时达 35 万余人，仁宗庆历年间达 82 万余人，为禁军最高员额。所以，《水浒传》说 80 万禁军并非完全虚构，然而，北宋后期因空额较多，禁军实际人数有所下降。

再看厢军，也就是州郡地方兵，也属于国家正规军。但是，由于地方上强壮之兵、勇敢之人都被选拔充入禁军，厢军的兵员素质就非常差，它的来源一是禁军落选者，二是召募的新兵，三是刺配充军的罪犯。这样的军队难以用来作战，所以，厢军的主要任务是从事各种役作，如修筑城池、制造武器、建桥修路、建造船舰、疏浚河道等等，具有工程兵的性质。也有部分厢兵负责官员的侍卫、迎送及运输和夫役，甚至被官员和贵族所私役，地位低下。他们俸给微薄，加上层层克扣，所得津贴只能维持简单生活。因此，厢军一般都褴褛枯瘠，命运极为悲苦。

在禁军和厢军之外，还有乡兵和蕃兵。这两种军队都不是北宋的正规军，从编制到兵役制度都与正规军不同，但战斗力并不亚于禁军，更不用说高于厢军了。

乡兵的主要任务是辅助禁军戍守，并供诸路随时调用。乡兵一般选自当地落籍的民户，有时也采取召募的办法，当兵后就在当地集中训练、防守，但不脱离生产，而且，粮饷兵仗由乡里自筹供给，国家不予负担，具有民兵的性质。但两宋的乡兵也有很多名目，不同地方的乡兵，均要在手背上刺上“义勇”、“弓箭”、“弩手”、“土丁”、“土兵”等名目，类似于禁军和厢军所刺的番号。由于乡兵在本乡本土，熟悉地理环境，又是保卫自己的家园，所以，在抗御少数民族军队侵扰的战争中，往往骁勇强悍、斗志坚韧，成为保家卫国的一支劲旅。宋代文学家苏辙就曾评论乡兵的战斗力说：“以实较之，土兵一人，其材力足以当禁军三人。”可见乡兵战斗力之强。

蕃兵的性质与乡兵相似，是一种非正规的边防地方武装，所不同的是兵源来自边疆少数民族部落。庆历二年(1042)，宋仁宗出于对西夏作战的需要，对河东、陕西两路内属羌族部落召募兵员，从而创建了蕃兵。北宋的河东路(治所在今太原市)、陕西路(治所在今西安市)，与西夏接壤，在边界居住着众多的羌族部落。他们互不相属，各自为政。将他们募为蕃兵，并未打乱其部落体系，而是将其大小部落首领封以官爵，仍统领本部应募的丁壮，将其有效地组织了起来，在戍边战争中也起了一定作用。

宋代的禁军、厢军、乡兵和蕃兵的划分，构成了其全国武装力量的基本体制，这在历代中央军、地方兵和边防兵的武装力量体制中，是较具特色的，主要是以中央军驻屯地方、控制地方，而又难以形成地方割据势力，为后世国家军事部署提供了经验。当然，北宋过分地集中军权，也带来许多负面效应，教训也是深刻的。

8 耕战结合的屯田军

俗语说："养兵千日，用在一时。"如何在和平时期尽量减少养兵的费用，但又要保证一支战时足以捍卫国家的军队，确是使历代统治者头痛的事。北宋豢养了一支号称百万的常备军，花费了大量的钱财，史称"冗兵"、"冗费"，可在对辽、西夏和金朝的战争中却一败涂地。而明太祖朱元璋在建国之初却夸下海口，说："吾养兵百万，要不费百姓一粒米!"朱元璋是穷苦农民出身，他当然知道朝廷税赋征派给农民造成的负担，要供应一支庞大的常备军，不知要从农民身上榨取多少血汗。所以，明初就制定了卫所军屯田自养的政策，在一段时期内还的确起了不小的作用。

历史上的军屯很早就产生了。西汉宣帝时期，老将赵充国平定西羌就采用过"屯田之策"。当时，汉军远征西域，在对羌作

◎新疆汉代戍边军民屯田遗址

战中虽然取得一些军事上的胜利，然而一时难以将其彻底消灭。况且，当时北有匈奴，东北有乌桓，俱未平服。征羌的汉军每月用粮达数10万斛，全靠内地输送，费力费粮，难为长久之计。为了确保西北边防的长期安定，赵充国多次上疏，论述在边疆屯田之利，终于获得宣帝的同意。于是，朝廷撤退了征羌的骑兵，仅留了一万名步兵在边郡屯田。所谓屯田，也就是召集军队或农民有组织地进行农业生产，以军队屯田就称作“军屯”。军队屯田之事早年也有过，例如汉武帝元鼎年间，在张掖、酒泉、河西等六郡，开辟官田，发边塞士卒60万人，就当有且戍且耕的军事性屯田；汉昭帝始元二年(公元前85年)亦曾发将士屯田张掖郡，而赵充国建议的军屯当是规模较大的一次。军队在边郡实行屯田后，以农养战，取得了很好的效果。过去由于供给困难，万余里西北边防只有几千名将士戍守，屯田后，军队一边耕作、一边守卫，不但戍边官兵的粮食可以自给，朝廷无须再千里转输，减轻了内地百姓的负担，而且，留下的万余名屯田兵也大大加强了戍边的军事力量。赵充国的军屯之策，使当时羌人袭扰边疆的问题得到了解决，也使边疆大片荒地得到了开发，促进了西北边区的经济发展。因此，这一措施对后世产生了深远的影响。

东汉末年，军阀割据，兵连祸结，使得本来十分繁华的中原一带土地荒芜，人口凋零，也影响到军队的后勤供应，许多军阀的部队就缺乏军粮。袁绍的军队乏粮，便以桑椹、蚌蛤之类充饥；曹操的军队曾专门派人四处掠夺粮食，但也十分有限，抢来的食品中竟然夹杂着人肉，可见社会上缺粮是个客观的存在。

要解决这一问题，就必须发展粮食生产，但是老百姓连生命都得不到保障，到处流离逃亡，躲避战争，又怎能安心生产呢？为此，曹操于建安元年(196)，在许下(今河南许昌附近)募民屯田，接着又实行了军屯。军屯士卒以营为单位，每营60人进行屯田生产，且耕且守，由度支都尉、度支校尉和度支中郎将分级进行管理。屯田收入一部分解决屯田兵自身的口粮，其余上交国家，增加了国家的粮食收入。募民屯种的民屯实际上也是按军事编制来组织，不隶属于州郡，只不过屯田客没有军籍罢了。正由于屯田的推广，才稳定了军心，稳定了曹魏的后方，这是其后来统一北方的一个重要因素，常为后人所称道。

以后历代都实行过军屯，只是规模大小、组织形式各不相同，屯田的地区和目的也不完全一样。例如赵充国的屯田主要是在地广人稀的边境，曹操的屯田则在中原，当然也是因为战争导致了大批荒地的出现。而这两次屯田都是为解决战争的急需。后代除了仍有应付战争急需的边疆屯田以外，更注意发展平时用以养兵的军屯。这一点做得比较好的，就要属元朝和明初的军屯了。

元朝的屯田遍于全国，军屯不仅在边防地区设置，而且腹地军屯也为数众多。在设有军屯的卫、所中，士兵分正军和屯军两部分，前者专事防守，后者专事垦种。正军和屯军的比例达四比一，1卫约1万人，其中屯田军就达2 000人，后来屯田军更达到了半数，军屯的规模不断扩大。

明代的卫所屯田直接继承了元代的军屯，而且有很大的发展。卫所制是一种寓兵于农、守屯结合的兵制。按其编制，卫由卫指挥使率领，有5 600人，分前、后、中、左、右5个千户所；千户所由千户率领，每千户1 120人，辖10个百户所；百户所由百户带领，每百户112人，辖两总旗，各领50人；总旗下辖10

小旗，每小旗各领 10 人。各卫所在平时都有防御任务，也有屯田任务，根据任务、形势决定守、屯比例。一般来说，边地卫所是三分守城，七分屯种，内地的则是二分守城，八分屯种，屯田军的比例一般高出元代。军士屯田以分计，每军士 1 分，每分一般是 50 亩，根据土地的宽狭、肥瘠、远近也可上下浮动。有的地方也按军户授田，每屯军户止许 2 分。军屯的耕牛、种子和农具均由官方供给。屯军按分纳税，称“屯田子粒”或“屯粮”。屯田子粒没有一定的标准，因时因地而异，有亩收 1 斗的，也有规定除留种子外，交产量十分之二的。建文四年（1402）重定军屯科则，规定每军士除留正粮 12 石食用外，要交纳余粮 12 石，作为本卫所军官的俸粮。后来又将余粮减为 6 石。据史料记载，明太祖洪武年间，全国军屯田达 90 万顷左右，其中大部分是垦荒得来的。明朝初年，岁收屯田子粒最高的年份是永乐元年（1403），计得 2 345 万余石，而该年全国官民田税粮总额是 3 129 万余石，如果这些记载可靠的话，军屯的成效是非常之大的，朱元璋夸下的海口并不是完全吹牛。

然而，按卫所定制，军粮主要靠军屯，而兵源又主要靠世袭的卫所军户来提供，即以兵隶卫、以卫养军，这一套却很快就废弛了。主要原因是卫所屯田被诸王、公侯、监军太监、统兵将领、卫所军官甚至其他地主豪强所侵吞，他们又役使军丁如同仆役，使卫所军士纷纷逃亡，军户来源也得不到补充，整个卫所屯田和卫所制度大约到正统年间就基本上无法维持了，军粮也要从国库里开支，不但影响到朝廷的财政收入，也削弱了明朝的边防力量。这些都是封建制度中的腐败因素带来的直接后果。

当然，以军屯养兵、军屯且耕且戍的历史经验仍然值得后世借鉴。它提醒后世如何正当运用军队增加国民经济的实力，在军队后勤建设和军队企业产品的流通方面，应注意时代经济发展的特色和要求，军民结合，军地结合，使国防经济在整个国民经济中获得健康的发展。

9 “铁杆庄稼”

20 世纪 50 年代，周恩来总理曾经谆谆教导北京的干部子女，不要沾染上优越的特权思想，像满清八旗子弟那样，到后来一改父兄习武善战、吃苦耐劳的优良传统，变成了终日养尊处优的寄生虫，最终葬送江山。周总理的话是发人深思的，八旗子弟的沉痛教训，是应当为后来创江山、立大业的继承者们所牢牢记取的。

所谓八旗，是清代的一种社会组织和军事组织。早在努尔哈赤起兵时，就以满族一种血缘组织——牛录为基础，发展人口和兵力，逐渐创立了八旗。1601 年，努尔哈赤将 1 牛录扩编为 300 人，以牛录额真领之，当时共有 4 牛录，建 4 旗以示区别，“曰黄旗，曰白旗，曰红旗，曰蓝旗，以纯色为辨”。1615 年，努尔哈赤因征伐渐广，归附日众，又增设镶黄、镶白、镶红、镶蓝

正黄旗

正白旗

正蓝旗

正红旗

镶黄旗

镶白旗

镶蓝旗

镶红旗

四旗，共为8旗，并形成了稳定的编制，5个牛录编为1个甲喇，5个甲喇编为1个固山(旗)，正式创立了八旗制度。后来，又以满洲八旗为核心，将归附的蒙古人和汉人编入八旗体系，分设了蒙古八旗和汉军八旗，共有24旗。

八旗兼有军事、行政、生产的职能，各旗成员对旗主并有隶属关系。建旗之初，八旗兵丁平日在牛录内生产，战时按牛录编队出征。八旗兵实行的是“以旗统人，以旗统兵，隶乎旗者，皆可为兵”的世兵制。因此，凡年在15岁至60岁的男丁皆可为兵，即所谓“八旗子弟人尽为兵”，成为有别于其他社会成员的特殊军事集团。在一般情况下，满洲和蒙古八旗，每三丁抽取一人为兵，汉军八旗则十丁抽一，在特殊情况下，则抽调每牛录三分之二以上的男丁为兵，称为正军，其余男丁在牛录下耕种、服役，为牛录提供后勤保障，并作预备役，称为余丁。奴隶和余丁不纳入正规的八旗兵数内，但他们可以根据情况需要随家主出征，他们于战阵之间则奋力向前，到营则汲水造饭，夜则牧马匹，起到后备兵和后勤兵的作用。

由于八旗兵屯田自养，又有充足的兵源保障，加上满族尚武的习俗和英勇善战的品格，八旗兵具有很强的战斗力。1619年春，明朝以杨镐为辽东经略，征集全国精锐之师，又约朝鲜国发兵，计10多万人，号称47万大军，分4路进攻后金。努尔哈赤采取“凭尔几路来，我只一路去”的战略，充分运用八旗兵灵活机动的优势，首先在萨尔浒(今辽宁抚顺东浑河南岸)击败了明朝的西路和北路兵，然后迅速回师，于阿布达里岗(今辽宁新宾榆树乡老道沟岭)歼灭明朝东南路兵，朝鲜兵投降。明南路兵闻讯败退。前后仅5天时间，努尔哈赤大获全胜，以6万八旗兵击败了数倍于己的明军，取得了对明朝作战的首次大捷。此后，满族就是依靠这支八旗兵，攻占了辽东，越过长城，最后入主中原，夺取了全国政权。

随着战争的日益扩大，八旗的兵丁长年征战不息，牛录内的劳动人手紧缺，生产意义日益缩小，军事职能更为突出。入关以后，虽然几次大规模圈地，将京畿附近几省的土地分配给八旗贵族和兵丁，土地仍然抛荒。即使在战争结束以后，兵丁回到各自的牛录，也早已不习耕作，于是不断有人将土地典让、出售，以解决生活之困。有的则将土地出租，交汉人耕种，自己在城里坐享租税。但总的来看，八旗兵丁的土地愈来愈被王公贵族和其他大地主所吞并，他们仅仅靠有限的粮饷为生。

为了保持满族作为一个统治民族的地位，清政府进一步在组织上强化八旗的军事职能，将其分为两部分，在京师的称为禁旅八旗，在各省分镇的称驻防八旗，俱属朝廷正规军中的中央军。禁旅八旗为八旗之主力，又依次建起京营各部，先后建有八旗骁骑营、八旗亲军营、八旗护军营、包衣护军营、八旗前锋营、八旗步军营、圆明园八旗护军营、健锐营、火器营等等作战单位，各有其军事职责。八旗各佐领（即牛录）也按规定的方位驻扎在北京，使北京成为旗人的根据地。朝廷还进一步规定旗人除了当兵做官以外，不得自营生计，希望八旗子弟保持习武的传统，同时也加强了对他们的封建文化教育。这样，八旗就由过去的兵农结合的生产、军事和行政组织，变成了纯粹的军事行政单位。八旗兵丁成为世袭的职业兵，完全依赖朝廷支付的兵饷月粮过活，吃穿住行、生老病死一切负担全由朝廷包下来，从制度上来说就是拥有吃“大锅饭”的“铁饭碗”，而当时人们称这种旱涝保收的职业兵为“铁杆庄稼”。

八旗的养兵政策固然可以维护满族作为征服者的特殊地位，使之在汉族人面前高人一等，趾高气扬。但是，随即也带来严重的社会问题。首先是八旗子弟在承平已久的环境下不习阵战，虽有多次谕令严加训练，也是敷衍了事，旗兵射箭居然根本挨不到靶子，骑马会从马背上摔下，这类故事、笑话层出不穷。富裕的旗人有的爱好琴棋书画、诗词歌赋，算是优秀者，而至于嫖娼滥赌、花天酒地者则比比皆是。贫困潦倒的旗人，虽然只有日显微薄的俸饷维持生计，却放不下架子，宁愿靠举债度日，也要显得比较体面，便逐渐养成游惰习气，不但没有任何战斗力，反而滋生事端，出现了一批无赖、恶棍。其次，随着时间的推移，八旗生齿浩繁，人口日益膨胀，挑补入各营为兵的毕竟有定数，而荫补为官或由科举入仕者更是少数了。有职者少，需养者多，朝廷不得不对俸饷再三提高，以解决八旗兵养家糊口的问题，这给财政带来极大的压力。而这也不是根本的办法。绝大多数的旗人生活水平不断下降，直到清末，朝廷尽管采取过种种措施，也无法解决所谓“八旗生计”问题。鸦片战争以后，八旗制度逐渐解体。同治三年（1864），清政府不得不宣布“旗民生计维艰，听往各省谋生”，这才从法律上解除了八旗兵丁只有当兵一条路的片面义务。此后，各地从事商业、手工业的旗人日渐增加，工矿、铁路等企业中也出现了满族产业工人，八旗制度已名存实亡，“铁杆庄稼”再也“铁”不起来了。

10 从庄丁到湘军

中国古代的家族之庞大，堪为世界第一，遍布乡里的豪强大族，不但连田阡陌形成大的庄园，拥有很强的经济势力，而且，在他们的庄田宅院中，还拥有数量不等的私人武装。《水浒传》中描写了许多地主庄园内庄丁、家兵的情形，如史家庄、祝家庄、扈家庄、李家庄、曾头市等等。第47回李家庄管家杜兴对杨雄说，祝、扈、李三家村子里，“总有一二万军马人家”，“惟有祝家庄最豪杰”。就算李家庄势力不太大，在杨雄看来，也颇为雄壮，“真个好大庄院，外面周回一遭阔港，粉墙傍岸，……门外一座吊桥，接着庄门。入得门来，到厅前，两边有二十余座枪架，明晃晃都插满军器”，俨然为一军事堡垒。再看祝家庄，造在独龙山冈上，也是“四下一遭阔港”，山冈上城墙有三层，“都是顽石垒砌的，约高二丈。前后两座庄门，两条吊桥。墙里四边，都盖窝铺，四下里遍插着枪刀军器，门楼上排着战鼓铜锣”。还有那盘陀道，曲曲折折，易守难攻。这样一些描述并不全是无中生有，而是现实生活在小说中的艺术再现。

古代地方上的家丁、庄兵很早就出现了，最为甚者莫过于东汉魏晋时期。东汉的豪强地主庄园，外有高墙深沟，内有碉堡望楼，庄主皆以大批的“刺客、敢死士”作为自己的打手。另外，又强制依附农民组成家兵，或称“部曲”，平时巡逻守卫，看家护院，必要时还可以拉出去打仗。所谓“部曲”，本来是汉代军旅的基层编制单位，将依附农民按军队编制组织起来，就成为豪强的私属武装，后来，凡具有这种身份的农民，也叫作“部曲”。这种私家武装最初就是为抵御风起云涌的农民起义而建立的，而在镇压农民起义的过程中，又不断膨胀起来。东汉末年，各地的豪强地主互相勾结，扩充势力，如袁术的家兵即达二三万之众，成为镇压黄巾起义的主要武装力量。

东汉魏晋时期的豪强地主庄园也叫作“坞堡”。坞堡本来就是指坚固的军事防御工事，起源于西汉时期的西北边陲。边地筑坞的办法大约在王莽末年传入中原，当时的豪家大族乘动乱之机，纷纷修坞筑堡，以至跨州连郡。坞堡的主要功能是积存粮谷、屯驻军队，例如东汉末年董卓专权，“乃结垒于长安城东以

◎三国时期的青瓷坞堡（湖北黄陂滠口镇出土）

自居，又筑坞于郿，高厚七丈，号曰'万岁坞'。积谷为三十年储。自云：'事成，雄据天下；不成，守此足以毕老'"（《后汉书·董卓传》）。直到唐代，郿坞遗址旧基仍高一丈，周回一里一百步。据现代考古发掘的坞堡遗迹和其他资料分析，坞堡是由城的建筑形式演化而来，其共同特点是四隅建有角楼，围墙之中修有庭院。这一建筑形式在中原和南方的部分地区，直到唐宋时期还保留着。有的学者认为，今天赣南客家的围屋、闽西南等地的土楼、粤东一带的围龙屋，都是古代中原移民将坞堡这一建筑形式带来而留下的变种。

坞堡庄园中的成员或多或少都具有血缘关系，他们聚族而居，家族长就是坞主统帅，家族成员就是其家兵部曲。他们在家族长统治下，依据自己的坞堡庄园，雄据一方，平时务农，遇战则兵，自力更生，自给自足，有强烈的封闭性和军事割据色彩。由于血缘关系的维系，在生产劳动和军事作战中，都能同心协力，家族长在其中也具有很高的权威。因此，这种依靠族权建立起来的小社会，其武装力量十分巩固，直到近、现代还广泛存在于许多边远的乡村，如电影《红色娘子军》描写的南霸天的家丁就是一例。红军长征经过云贵地区时也多次遇到当地"土围子"阻拦，足以说明这种封建性庄兵制的顽固性。

古代的家兵、庄丁、部曲等等，都属于乡兵的一种。封建家族和官府之间本来就有千丝万缕的联系，是互为表里的，因此，官府有事也经常征发庄兵、家丁出征，作为官军的补充。这在历史上不乏其例，最著名者，莫过于曾国藩募集的湘军。1851 年，太平天国起义爆发后，清朝正规军八旗、绿营皆不堪一击。太平军直下南京。曾国藩看出清军腐朽而不可依赖，于是在家乡练乡勇“助剿”。后将这支乡勇改为官勇，订营哨之制，粮饷取自公家，称湘勇或湘军，成为镇压太平天国起义的重要鹰犬。湘军已经突破了地域的界限，但其统属关系依然保留着庄丁、家兵的传统。在编制上以各级将领为中心，先设官，然后由官招兵。一营士兵为其直属上司哨官、营官私人所属，营官又为统领私人所属，统领又为大帅私人所属。充任总督、巡抚或奉命为钦差大臣的人都为大帅。从湘军系统来说，曾国藩可以说是最高的大帅。这样的编制，使湘军“指臂相联，弁勇视营哨，营哨视统领，统领视大帅，皆如子弟之视其父兄焉”，显然是借用了家兵部曲的编制形式。当然，湘军的形成，也有其自身的特点。

湘军可以说是私家军队的鼎盛，这以后，虽有其余绪，但随着近代新式军队的形成，这种以血缘为纽带、固守一方的私家军队渐渐地退出了历史舞台，直到完全消失。

三　军旅兵种和战法

在冷兵器时代，战争形式相对简单。军旅组织中只有水、陆两大军种。从兵种来说，步兵以长、短兵器和弓弩手为主要杀敌形式，成为古代军队的主体。然而，在不同的时代或不同的地区，车兵车战或骑兵骑战也有其辉煌的一页。火器发明以后，还逐渐出现了专门的火炮部队。这些都构成古代军旅社会中多姿多彩的历史图卷。

各军、兵种的配合作战，在军语中叫作“协同”。古代军旅的兵种虽然不像现代军队复杂，但同样也有协同的问题。整个军旅社会犹如一部大机器，如何让它灵活运转使之适应战争的需要，是一个比较复杂的系统工程问题。这样一个愈来愈庞大的战争机器，少不了可靠而有效的零配件和润滑剂。于是，沙盘作业、烟幕战、间谍斥候等也应运而生，并在古代军旅生活中起着不可忽视的作用，有的还是古代中国的发明创造。当然，这里所举的一些例子，有的具有普遍性，有的则仅有典型意义。战争的千变万化，军事规律之难以把握，由此亦可见一斑。

1 "檀车煌煌 四原彭彭"

商代末年，纣王荒淫无道，西周趁势而起，牧野之战，武王伐纣。纣王军队倒戈，商朝顷刻瓦解。《诗经·大雅·大明》描写牧野之战的情形时说："牧野洋洋，檀车煌煌，四原彭彭。"在牧野（今河南淇县南）的战场上，到处是战马牵引的檀木战车，往来奔驰，耀眼夺目，响声如雷，震撼大地。据史籍记载，周武王率领的军队是"戎车三百辆，虎贲三千人，甲士四万五千人"，各盟国参战的军队共有"车四千乘"（《史记·周本纪》）。可见，在西周初年，车兵是军队的主体和核心力量。直到春秋时期，古代著名军事家孙武还说："凡用兵之法，驰车千驷，革车千乘"（《孙子兵法·作战篇》）。"驰车"和"革车"，都是指具有特殊功能的战车。这说明，在战国以前，各国交兵，凡稍具规模的战事，俱是以车兵而行车战的。《左传》中记载的城濮之战、长勺之战、鞍之战等等，都是先秦时期典型的车战。

◎西周至春秋时期的战车与甲士（绘画）

在古代，车是一种便利的运载工具，而马拉车在空旷的原野上狂奔急驰，其本身又具有强大的冲击威力。用戎马战车冲撞敌阵，其功能仿若现代的坦克、装甲部队，再配以弓箭、长殳的射、击，战斗威力可以想见。所以，车兵的出现，是随着生产力提高、战争规模扩大而必然采用的一种形式，它比步兵的格斗具有更大的优势。

相传，车发明于夏代，所谓“奚仲作车”、奚仲“为夏车正”之类的记载，说明了车的运用在中国有着很悠久的历史。但是，在夏文化遗址中还没有发现车的实物，因此，车是否已用于战争还不得确知。不过，商代的车兵已稍具规模。在河南安阳殷墟的5个车马坑中，出土了5辆战车，其中有4辆车是用两匹马牵引，1辆车用4马牵引，而且，每个坑内殉葬有3个人和3套兵器，他们当是车上的战斗人员。据此可以推断，商代战车是由2匹或4匹戎马牵引，车上有3个甲士，其中左、右二人为战斗员，居中一人为驭手。战车上这样的配置大致一直沿袭到春秋时期，但是，从西周到春秋，随着战争范围的扩大，有必要进一步调整战车的机动性能，除了车上的甲士之外，还配有徒兵随车行动。一般来说，一乘战车，车上甲士3人，一人驾马，称御者，也备有兵器；一人在右，持长矛（戟）主刺杀；一人居左，执弓矢主射击。将佐所乘的指挥车上，军将则居于车左的位置，这与过去基本相同。车下的徒兵是指附属于战车的步兵和一些杂役人员，他们还没有独立的建制，因此不能独立参加作战。徒兵的人数有很多变化，以士、徒结合计算，从一车10人、30人逐渐发展到75人不等。在车战时代，军队的基本编制单位就是以兵车计算，称作“乘”或“两”（两即辆），一乘即一辆兵车。所谓万乘、千乘、百乘，是指军事实力，也代表国力的强弱程度。如春秋时期，各国车兵规模逐渐庞大，晋、楚各达5 000乘上下，齐、秦各达2 000~3 000乘，按所动员的人数计算，兵力可达10万至30余万，大国的军事实力于车兵之数即可见其一斑。

先秦时期的车战发展至春秋时形成高潮。当敌我双方均以强大的车兵布阵对峙时，简单的冲击已经不可能，而必须要有一定的战法。如齐鲁长勺之战，鲁庄公就是听从了曹刿的建议，掌握了齐军车兵“一鼓作气、再而竭、三而衰”的规律，以弱胜强，击败了气势汹汹的齐军。又如公元前589年的齐晋鞍之战，双方战前先以车对阵，立营壁，然后遣使约期会战。会战之日，齐顷公所乘指挥车以邴夏为驭手，逢丑父为车右；晋师中军郤克所乘战车以解张为驭手，郑丘缓为车右。齐军首先发动进攻，齐顷公急不可耐，欲“灭此朝食”，不等戎马披甲就奔驰而出。而晋将郤克在战时一开始就负了箭伤，血一直流到战靴上，可是仍然不停地擂鼓催征；解张的手和胳膊也被箭射中，却拔出箭矢继续驾车，以致车的左轮都被鲜血染红了；郑丘缓虽为车右，但每遇到危险的地方，都下来推车。他们三人齐心协力，驾车擂鼓，奋勇直前。晋军见主帅战车如此，怎敢怠慢，终于将齐军打得大败。可见，双方在车战中要由指挥车以旗鼓为信号，主帅当先冲敌；两军相交，先是弓矢齐发，来到近前便是戈矛击刺。由于车战战术仍然比较简单，所以，作战时间一般都不太长。战车队形被冲乱，就意味着战败。

◎守城用的虎车（绘画）

车兵作战虽然有巨大的威力，但受到天气、地形等条件的限制，缺乏足够的机动性。到战国时，各国筑城修壕，传统的野战逐渐转向攻城略地的攻坚战，更加灵活的骑兵和独立建制的步兵日益兴起，车兵就显得十分笨重而不适应战争形式的发展，它已不再成为军队的主体。尽管战车仍以各种形式保留到封建社会后期，但总的来说，都隶属于步兵，作为一种攻、防武器来使用。宋明时期，战车改用人力，每车配备数名士卒专门推车，车前安装盾牌和几排大枪头，战时以此撞敌，平时则作为运载工具，很少再有车兵单独作战的情形，大多是将车、步、骑三个兵种联合组队。车兵在前，起到防御敌兵冲阵的作用，两军相交时，步、骑则可从车后突出，趁机杀伤敌兵。这种战法倒真正与近、现代步兵和装甲兵协同作战有类似之处了。

2 "胡服骑射"话骑兵

骑兵是一个古老的兵种。在冷兵器时代，骑兵对于步兵而言，更具机动性和冲杀力。试想，一队轻骑兵或重装骑兵，挥舞着马刀，疾速冲入步兵的阵营，且不说刀削人头如切瓜，光战马的铁蹄对步卒来说，也不堪蹂躏。直到近、现代，一些特殊的部队中仍然有着骑兵。

但是，在中国，骑兵的起源，却是一个具有重大意义的历史事件。有的学者通过对甲骨文的研究，认为商代已经出现了骑兵，这是很可能的。不过，直到春秋战国以前，关于骑兵的文献记载仍极为罕见。《诗经》、《左传》中记载的战争多是步战或车战；孔子是春秋末期人，他以六艺教授生徒，有礼、乐、射、御、书、数，其中御是驾车，但没有骑术。直到战国中期以后，骑兵的记载才开始出现。例如苏秦说魏襄王有骑 5 000 匹，楚威王有骑万匹。因此，尽管骑术或少量的骑兵可能出现较早，但是，真正组建起独立的、单一编制的骑兵兵种，则是战国以后的事，这也是生产力进步的表现。

骑马必须有适当的装具，如鞍、镫、辔等等。没有装具，对少数人以马为脚力代步来说是可以的，但要使大多数士兵既能灵活地驾驭战马在敌阵中前冲后突，又能手执兵器运用自如地挥舞斩杀，则非易事。因此，骑兵装具的发明和发展，对于这个兵种的出现具有相当关键的意义。马鞍产生于战国，类似于褥垫或垫座，名“鞍垫”。到西汉时已出现了高马鞍，中间低、两头高，与今制大体相同，可增加骑者的平衡和稳定性。马镫的出现较晚，从出土文物来看，秦兵马俑坑中的战马皆无镫。西晋时有短镫，东晋时已出现了至今仍使用的长镫，但此前是否有麻、革之类材料充作马镫，以助骑士解放双手使用兵器，也未可确知。

甲骨文中表示“骑马”这个概念的符号，楷化后即作“奇”字，说明殷代即有骑士。但是，除了马的装具条件以外，骑士的服装对于骑马征战来说尚有相当程度的限制。殷人的主要服装是上衣下裳（或裙），腰间用一根宽大的丝带束紧，类似于袍服。这种服装要上下马匹还要能骑御，的确是困难的。所以，在殷代，骑马当属奇异之事。据《战国策》和《韩非子》等文献的记载，大约在春秋末年，赵国已开始出现与车兵并列的骑兵，但这时的骑兵可能还不太多。

◎位于邯郸市的『武灵丛台』

到战国中期，在草原上惯于骑射的胡人，屡扰中原。为抵御胡人的进攻，赵武灵王下令推行改革，“胡服骑射以教百姓”，命国人改穿胡人服装，其样式是上身着短衣，长不过膝；下身穿长裤，束腰用有带钩的革带，足蹬短靴，头戴皮弁，干净利落，便于马上行动。这样，赵国就组建了一支精锐的骑兵队伍，并在边境设立骑邑，以训练和驻屯骑兵。这些措施在抵御胡人的侵扰中，取得了很大成效，赵国的军事力量大增，“西略胡地，至榆中，林胡王献马”，“攘地北至燕代，西至云中、九原”，“灭中山”(《史记·赵世家》)。因此，战国后期各国纷纷仿效赵国，建立或扩大骑兵，此后历代均以骑兵为一常备兵种，在古代战争中发挥着极其重要的作用。

骑兵的出现与春秋战国时期的社会变革还有着密切的关系。当时，争霸战争频繁，并不断向边境地形复杂地区蔓延，传统车兵的局限性越来越明显，步兵逐渐起而代之，成为军队的主力。晋将魏舒在与西北山区戎狄的作战中，“毁车为行”，即把车兵改为步兵，才取得了战争的胜利。赵武灵王“胡服骑射”也是出于同样的原因，就是要适应地形的变化，提高军队的机动性，因地制宜。因此，骑兵的出现促进了争霸战争、民族融合和中原统一的进程。赵武灵王的“胡服骑射”对中原的社会制度也带来不小的震动。传统中国是个衣冠礼仪之邦，儒家更认为服制是礼法，不能变更，否则就是对祖宗的背叛。赵武灵王提出改革时，也确曾遭到旧势力的强烈反对。然而，“胡服骑射”之后，赵国日益强盛的事实，证明了礼法制度必须适应现实的需要；而符合现实需要的事物，也必然得到社会的认可和接受。赵武灵王的改革，使胡服很快成为战国时期军服的普遍样式，并普及于其他社会阶层，短衣、长裤、皮靴这样的服式，成为后世一般民众的通常的服装，尤其是带钩，甚至成为皇帝、贵族礼服的一个组成部分，这却是在骑兵的产生和发展过程中一个意想不到的副产品。

3 舟师与水战

“大江东去，浪淘尽，千古风流人物。故垒西边，人道是，三国周郎赤壁。……羽扇纶巾，谈笑间，樯橹灰飞烟灭。”宋代文学大师苏轼的这首著名的《念奴娇·赤壁怀古》，令后代诗词爱好者传诵不已。词中描绘的赤壁之战，更是使人脑海中浮现出1 700年前在长江水道所发生的那幕惊心动魄的殊死拼杀。赤壁之战是中国古代战争史上的一场著名水战，曹操投入水、陆军23万，孙刘联军亦共有水、陆军5万，战争规模相当大。孙刘联军虽处于劣势，但他们能够正确地分析形势，周密地进行筹划和部署，采用了防御中进攻和速战速决的战略方针，充分发挥了联军水战的长处。他们细致地观察风向，果断地抓住战机，出敌不意地实行水上火攻，结果以少胜多，创造了古代水战史上最早也是最为出色的战例，说明在东汉三国之际，我国水军和水战已经发展到相当高的水平了。

水军和水战的产生，有赖于舟船的发明和进步。商代甲骨文中就出现了“舟”字和表示人们运用工具使船转动的“般”字。西周的金文中不仅有“舟”字，而且开始出现了“船”字。古代的舟和船含义不完全一样。舟是用于江河两岸过渡的工具，而船是沿河上下的航行工具。这些概念表明水上航行工具的种类、数量在周代已有明显的发展，为古代水军水战的产生创造了有利条件。

春秋时期，诸侯争霸战争愈演愈烈，一些傍海近河的诸侯国，纷纷利用自己的水上优势和日益成熟的造船、航运技术，组建起“舟师”开展水战。位于长江中游的楚国就曾多次用舟师攻打处于长江下游、太湖流域的吴国。公元前549年，楚国派舰队攻吴，《左传》称：“夏，楚子为舟师以伐吴。”这是我国史籍上明确记载的最早水战。吴国面对楚国的进攻，不甘示弱，也组建了强大的舟师。吴的舟师是按陆军车战编制序列组成，其战舰分为大翼（相当于重车）、小翼（相当于轻车）、突冒（相当于冲车）、楼船（相当于行楼车）和桥船（相当于轻足骠骑）。这些不同类型、不同用途的战船组成的舟师，俨然为一支完备的混合舰队。公元前525年，吴国就曾派公子光为“舰队司令”，率舟师溯江而上攻打楚国，结果失利，甚至旗舰“余皇”也一度被楚国所俘虏。

春秋时期的水战不仅在长江流域展开，在海上也爆发了海战。公元前485年，吴国派大夫徐承率舟师进攻济水流域、山东半岛的齐国。舰队从长江口出海，然后北上，远航奔袭。而齐国也有强大的舟师，没等吴国舟师临近，就在黄海海面拦腰截击，两国舰队在波涛翻滚的海上展开激战，结果吴国战败。这是我国史籍记载的第一次海战，说明古代水军的航行作战能力已达到较高的水平。地处钱塘江流域和杭州湾沿岸的越国舟师实际上也是一支海军，不但配有戈船和楼船等战舰，并且常常在海上训练或进行海战演习。公元前482年，越王勾践趁吴王夫差北上黄池（今河南封丘西南）与晋争霸之机，亲率主力沿江而上袭击吴国都城姑苏（今江苏苏州），另派范蠡、舌庸率舟师自杭州湾北上，进入淮河，切断了吴军归路，夫差不得已而求和。这是利用舟师进行战略配合取得成功的著名战例。据史书记载，越国成为春秋后期的霸主，在公元前468年由会稽（今浙江绍兴）迁都琅琊（今山东诸城东）时，随行而往的戈船就有300艘之多，可见舟师的发展已不是一般的规模了。

战国以后，水军发展更为迅速，据《史记·张仪列传》载，秦巴蜀地区也有“舫船载卒”，“一日行三百余里”；同书《苏秦列传》记载：“蜀地之甲，乘船浮于汶，乘夏水而下江，五日而至郢。汉中之甲，乘船出于巴，乘夏水而下汉，四日而至五渚。”《华阳国志》的记载更为明确，说司马错率巴蜀之众10万人、大舶船万艘，“浮江伐楚”。这些军事行动，虽然书中没有指出是秦国以水军伐楚，而且秦国的舟师自然也不可能会有 10 万之众，但在水上运兵，没有强大的舟师作保障，则是难以想象的。正因为春秋战国时期水军已发展至相当的规模，所以到秦汉统一王朝建立起来以后，水军才会成为全国军队编制中的一个正规军种。

秦汉时期水军正式定名为“楼船”或“楼船士”，水军基地基本上是在南方和沿海一带。楼船是至少建有两层高的大船，在当时主要运用于战争，船上之“楼”当是专为防御箭矢、瞭望观察或登高进攻而设计的，而楼下则有水手划桨使船运动。因此，楼船就是战舰。据载，汉武帝凿昆明池造船练舟师，所建楼船高 10 余丈，有三四层，大约可容千人。东汉马援率水军浮海出征交趾，一次就有 2 000 艘楼船随行，说明水军从战舰到组织规模都空前发展了。统率楼船士卒出征的将军称作“伏波将军”、“楼船将军”、“戈船将军”、“下濑将军”和“横海将军”等等，将军之下也设有校尉、司马等军官。水军平时也要进行操练和定期的校阅。从史籍记载来看，当时的水战也频频发生，还有跨海到今朝鲜和越南的军事行动。

赤壁水战以后，三国鼎立。吴国因地处东南沿海，格外重视水军的建设，在建安（今福建建瓯南）设有一个很大的造船厂，建立了一支拥有 5 000 艘战舰的舰队，并以此扩张势力。230 年，孙权派将军卫温、诸葛直率领万人大舰队，浮海到达台湾；233 年，吴将贺达率万人大舰队抵达过辽东，其中一支还到了鸭绿江口；242 年，聂友率 3 万人的庞大舰队南下，抵达海南岛，还通过琼州海峡，远航至越南南部地区。应当说，中国的海军建设在当时处于世界领先的地位。在以后历

◎汉代楼船复原图

次南北争雄的战争中，水军和水战都扮演着十分突出的角色。例如，西晋灭吴的长江水战中，“王濬楼船下益州，金陵王气黯然收”（刘禹锡《西塞山怀古》）。隋灭南陈，“益部楼船，尽令东骛”（《隋书·高祖纪》）。宋金的镇江水战、采石水战，宋元的襄樊水战等更是愈演愈烈。到明代，郑和下西洋的舰队航行在万顷碧波之上，浩浩荡荡，威武雄壮，成为古代航海史和海军史上的奇观。明末，郑成功收复台湾，与荷兰殖民者展开激烈的海战，并取得胜利。郑成功率领的海军训练有素，战斗力强，反映了我国水战的高超水平。只是到了近代，由于封建制度的腐朽和科学技术的落后，古代的海战方式已难以适应近代战争的需要，甲午一役，北洋水师几乎全军覆没，在中国水军战史上，留下了令人痛心的一页。

4　攻守城池有奇招

电影《地道战》中有这么一个镜头，黑风口的日本鬼子为了防止八路军、民兵将地道挖至炮楼底下，特地在炮楼地下埋设了一口大缸，鬼子、伪军不时到缸口听听地下的动静。这种侦听式的防备措施，并不是鬼子、伪军的什么高超发明，而是在我国古代早已有之，是守城方式的一种，称作“瓮听”或“地听”。一般是在城内要道，挖一个深井，约二丈许，然后用崭新而无裂缝的陶瓮覆于井口，并命士兵轮流值班，以耳贴瓮，倾听地下有无异样响动。这就是利用深井形成的声音共振的原理，放大敌军挖掘地道时产生的振动声，可以较早地发现并防御攻城敌军的行动。这是一种切实有效的守城方法。

古代攻城和御城的方法、器械多种多样，而且在春秋战国时期就相当成熟。《墨子》有《备城门》等有关战争防御的论述11篇，人们习惯地称它们为《墨子》"城守诸篇"，其中就记录了春秋战国时各国兼并战争所使用的具体防御作战战术，对攻、守城的设施和器械的制作、部署及使用等问题，也有较为系统的阐述，对冷兵器时代的作战防御思想和战术理论起了奠基作用。后世攻守战术多以此为模式加以创造和发展。《墨子》"城守诸篇"中许多具体的防御作战战术是《孙子兵法》中所没有的，据墨子的弟子禽滑厘所云，当时攻坚战术有12种，即"临"、"钩"、"冲"、"梯"、"堙"、"水"、"穴"、"突"、"空洞"、"蛾傅"、"轒辒"、"轩车"等，遗憾的是今本《墨子》只留下对付其中6种攻坚战法的防御战术，分见于《备高临》、《备梯》、《备水》、《备突》、《备穴》、《备蛾傅》等6篇。

所谓"高临"，就是垒土为高台，一则可观城中情形，二则可居高临下发起进攻。土台必须高于城墙，才可用弓弩、发石机等远距离攻击器械向城上进攻，摧毁坚固的城防工事，或者利用火攻器材，放纵火禽火兽，飞入城内，烧毁城中粮草积聚，杀伤守城士兵，为攻城扫清障碍。防御方法则是以高制高，在城上也起筑台城，力争地势高于敌人，然后配以"强弩射之，技机藉之"。

◎云梯车（绘图）

古代攻城没有巨大威力的爆炸性火器，难以将城墙摧毁，所以必须派众多士兵像蚂蚁一样接踵爬上城去，称之为"蛾傅"，也就是"蚁附"。要接近城墙是很不容易的，为此，设计出许多遮挡式攻城器械，掩护士兵抵近城墙，如头车、木牛车、轒辒车、尖头木驴车、狗脊洞子、牛皮洞子等。这些器械上有顶，底有轮，两侧有板壁，外蒙生牛皮，能抗御城上矢石的击砸。此外士兵还可以竹立牌、木幔、皮帘、半截船、厚竹圈篷等为掩护，发起冲锋。冲锋士兵抵城外壕沟，则以壕桥车搭于沟上通过，抵达城下，以各种云梯作攀城工具，云梯有单梯和车梯之分。单梯是最简单的登城器械，有飞梯、蹑头飞梯、避檑木飞梯等，虽然轻便，但只容单兵鱼贯而上，士兵既要注意登梯，又要持械作战，容易失足坠地，十分危险。车梯是车座与梯身组合的宽面攀登器械，样式很多，有云梯、行天桥、行女墙、翻梯云车、搭天车等，有的类似现在机场登机的舷梯。车梯可供多名士兵同时攀登，既减少伤亡，又加强了仰攻能力。防御云梯攻城的战术，包括行城拒梯（即增加城墙高度使云梯无法到达），还有火攻破梯或利用弩机、弓箭在敌人爬城迫近时射击拒敌。此外，城外预先布置的障碍物也十分重要。

除了攀登攻城以外，还可以利用挖掘式攻城器械，如地道支架、挖掘工具、凿钻器械等，通过挖地道、凿城基等办法，使坚固的城郭打开缺口，让攻城者穿隙而过。或者还可用撞击器械，如钩状车等，撞击城门，使之洞开，让攻城士兵蜂拥突入。防备的方法则是在城墙内侧挖凿一种暗门，内备烟火、大车轮、伏兵，敌人突入，则施放烟火熏燎，滚动大车轮轧敌，然后出伏兵袭击。对付城门被破，也是事先在城门洞上设置悬门等装置，敌兵来时，可放下悬门砸死前面的敌兵，也可缓阻后面敌兵的攻势。对付地道进攻，则要摸清敌人挖掘的方位，相应掘地道使之相通，然后施放烟火阻敌。地道战术在于奇袭，一旦被守城军队发现，也就失去了作用。

古代攻城守城的技术和器械有的还较为复杂，例如攻城用的饿鹘车，就是将安有长柄的耙钩和铲刀装在车架上，利用杠杆作用操纵耙钩和铲刀，将城墙挖成缺口，保障进攻部队从缺口处向城内突入。又如攻城常用的“临冲”，也叫“吕公车”，外面用生牛皮覆盖，车分五层，每层有梯子可以上下。车内配有各种武器和破坏工具，攻城时，将车推至城脚，车顶有天桥，可利用天桥冲至城上和敌人搏斗；车下面有撞木，用以破坏城墙。这些攻城器械设计巧妙，对古代土筑的城墙有较大的摧毁能力，而抵御攻城的器械则有加强城门和城垛防御的插板、暗门、搓碑、塞门刀车、木女头和木女墙等，还要准备汲水器和盛水器，以便敌人火攻时，用水将火浇灭。其他如钩取敌军士兵和器械的飞钩、铁提钩、绞车，供人员上下城墙用的吊机、吊车、下城绞车、绳梯、风扇车等，也是守城常备杂用器械。不过，所有这些攻守器械和作战方法，只有综合运用，才能显示其威力。当然，一旦火器大规模投入战争，攻、守城的战法就要大大改变，到明代后期，古代模式的攻守城器械也就逐渐失去了它昔日的光彩。

5　“聚米为山”见军情

大家知道，“马革裹尸”这个成语出自东汉名将马援之口，他说：“男儿当死于边野，以马革裹尸还葬耳，何以卧床上在儿女子手中邪？”表现了他老当益壮的昂扬气概。马援征战一生，为东汉王朝立下了汗马功劳。在古代的军旅文化中，他也作出了创造性的突出贡献。其中，以“沙盘”作业来分析敌情的方法，就是马援首次在战争中采用的。

沙盘是根据一定的比例尺，用泥沙等堆制成实地地形的模型,便于指挥员具体研究地形、敌情和作战方案。以沙盘作业,在军事上对定谋决策、取得作战的胜利,具有重要作用。据《后汉书》等史籍记载,这种方法,早在近两千年前的东汉时期,马援就用于作战运筹了。东汉建武八年(32),马援随光武帝刘秀西征凉州割据势力隗嚣。大军还未出关中,诸将就以“王师之重,不宜远入险阻”为由极力谏阻刘秀亲征。刘秀也犹豫不定,于是连夜召见马援商议定策。马援原来是隗嚣的旧部,对凉州情况十分熟悉。他向刘秀分析了敌情和地形,认为隗嚣内部已呈分崩离析之状,汉军西征必将摧枯拉朽,迅速取胜。为了进一步帮助刘秀认清形势,下定出征的决心,马援“又于帝前聚米为山谷,指画形势,开示众军所从道径往来,分析曲折,昭然可晓”。也就是用米堆成凉州一带的地形示意模型,具体指明进军的重要地势和路线,加之马援的解说,使双方态势一目了然。刘秀边看边听,顿觉明了,高兴地说:“虏在吾目中矣。”于是,刘秀命令按马援在“沙盘”上演示的计划挥师进兵,很快就占领了高平第一城(今宁夏固原),隗嚣闻风溃逃,汉军大获全胜。这场战争的胜利,得益于马援“聚米为山谷”的“沙盘”作业,虽然这还只是沙盘的雏形,但它毕竟是中外军事史上沙盘模型在作战中最早应用的实例,为中国古代军旅文化增添了光彩的一笔。

要制作沙盘,必须要具备丰富的自然地理知识和高超的绘图技巧。事实上,我国古代的地图制作也具有很高的水平,而且,它最初就是运用于军事,是和军事战争的需要紧密相连的。古代兵家十分重视地理因素在军事和战争中的作用。《孙子兵法》有《地形篇》,专门论述地形对战争胜负的影响,把地形分为“通”、“挂”、“支”、“隘”、“险”、“远”6项进行分析。孙子认为:“夫地形者,兵之助也。料敌制胜,计险阨远近,上将之道也。知此而用战者必胜,不知此而用战者必败。”《孙膑兵法·地葆篇》

则提出了作战时利用地形的一些原则，并对日照、风向、植被、土质等对地形的影响等作了论述。《吴子》一书中也有不少关于不同地形运用不同战术的具体论述。先秦兵家关于地形的思想论述，无疑对军事地图的产生起了催化作用。可以推断，先秦时期，至晚在战国时期，军事地图就已经产生和开始应用了。战国时著作《管子》有《地图篇》，对军事地图的作用有详细的论述。该篇作者认为，凡是带兵用兵的，都一定要先掌握军事活动地区的地图。因为路障塞险，河道阻截，还有大山、峡谷、小溪、丘陵等不同地形，以及草木芦苇的疏密、道路的远近、城池的小大，乃至城邑聚落、不毛之地等等状况，若不尽量了解清楚，就不能在行军作战时制定出适当的行动方案，无法运筹战争过程，也就不能取得军事行动的成功。对军事地图的作用有如此深刻的了解，显然是春秋战国时期军事地图已广泛地运用于频繁的兼并战争之中的结果。

目前我们能看到的最早的军事地图，是 1973 年 12 月于湖南马王堆三号墓出土的一幅西汉时期的“驻军图”，距今已有 2 100 余年，这也是世界上所能见到的最早的地图。这幅图以彩色绘制于绢帛之上，反映了汉初长沙王所在诸侯国的军队守备作战的兵力部署情况，实际上是一幅“驻防图”。据图来看，当时测绘水平相当高超，它对守备范围内的主要山脉走向、大的山谷通道、水系及其流向、居民点位置、岭和大的山坡、山口等地形

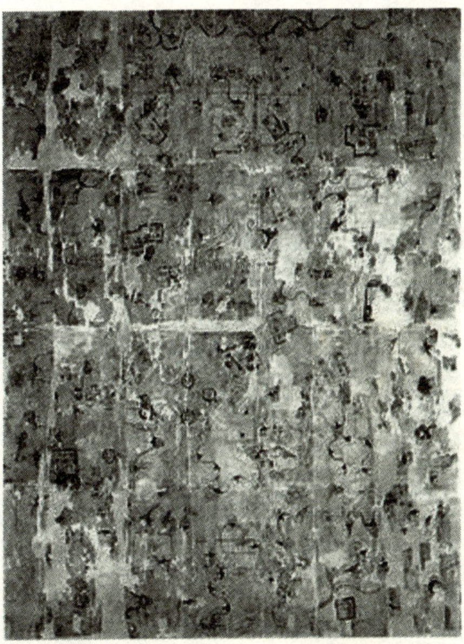

◎西汉时期的驻军图（长沙马王堆出土）

特征，都有相当详细的显示。还用彩绘标出河道、部队分布区域、军事工程道路等，其比例大体上相当于八万分之一至十万分之一。图的定向为上南下北、左东右西，正好和今天制图原则相反。这幅图的绘制方式，还反映了多线式部署兵力和重视组织指挥、利用地形条件的军事思想，具有十分重视指挥部设置、注意通信联络和后勤保障以及重视对居民点状况调查等特色。这幅“驻军图”，是一幅无论从地学基础知识、测绘理论、绘图技巧方面，还是从军事指导思想和指挥艺术方面，都可以说得上是十分成熟的军事地图。它说明我国军事地理学的发展在汉代已有较高的水平，无怪乎马援能随手“聚米为山谷”，从而创造出古代最简易的“沙盘”模型。

6　烟幕战的由来

使用烟幕弹作战，是近代战争中用以迷惑敌人、隐蔽自己的常用方法。据美国人普列梯斯(Augustin M. Prentiss)所著《化学战剂》一书认为，最早使用烟幕作战的，是瑞典国王查理十二。在1700年，查理十二率军抢渡杜温纳河，曾利用潮湿稻草的烟幕作掩护，使抢渡成功。普列梯斯认为这不过是一种偶然的结果，不能证明烟幕就此被作为一种策略而用于军事。其实在中国古代战争中，很早就有使用烟幕作战的记录，中国是最早使用烟幕于战争的文明古国。

早在远古的部落战争中，我们的先民就有利用烟幕来作战的传说。据说蚩尤能作“大雾”，使敌方军士昏迷。这种大雾如果属实的话，应当是一种人工烟幕。尽管这一说法难以得到证实，但是,见于史籍的最早记载,是在公元589年的隋灭南陈之战。隋军在作好了渡江的一切准备之后，于是年正月在西起巴蜀、东至海上的千里长江上分数路向陈朝发起了全线进攻。其中一路由大将贺若弼率领,由广陵(今江苏扬州)渡江,进占京口(今江苏镇江),接着向陈的国都建康(今江苏南京)挺进。隋军在抵达建康城郊钟山附近的白土冈时,与陈军发生了遭遇战。陈将鲁广达督军拼死抵抗,隋军四次败退,难以支持。在这紧急关头,贺若弼"纵烟以自隐",迷惑敌军。陈军以为隋军已败,便纷纷抢割战死的隋军首级,以便返城邀功。这时,贺若弼见陈军队阵已乱,又乘机率部反击,陈军溃散。贺若弼反败为胜,后来终于攻入建康。这里所说的"纵烟以自隐",显然是一种施放烟幕、隐蔽自己的作战方式,也是目前所知世界上最早使用烟幕的战斗,它比瑞典国王查理十二所用的稻草烟幕,要早1 000多年,而这种作战方法绝不是偶然的,在中国古代其他战争中也采用过。

五代时期,南方的吴越国和长江、太湖流域的吴国发生的狼山江之战,也采用了烟幕作战。史籍详细记载了这场战斗的经过。吴越天宝十二年(919)三月,吴越王钱镠以钱传瓘为水战诸军都指挥使，率领一支由500艘战船组成的舰队北上伐吴,建都于扬州的吴国则派出了彭彦章和陈汾率领的水军迎战。四月,两军舰队在今江苏南通附近狼山一带的江面上相遇,发生激烈战斗。临战前,吴越舰队作了周密的准备,各舰都装载有灰、豆、沙等物备用。水战开始时,吴军求战心切,乘风首先展开攻击。吴越舰队则避其锋锐,不和它作正面接触,而是绕出其侧后,待吴舰队疾驶过后,顺流尾随吴军待机进攻。彭彦章见攻击没有成功,就命令调转船头,逆风向吴越军袭来。而此时,钱传瓘指挥的吴越战舰已经巧妙地占据了有利的攻击阵位,他们趁风扬灰，使“白昼如雾，吴师迷方”。接着，又在“吴人不能开目”的情况下，迅速逼近敌舰，展开接舷近战。吴越战船上的沙、豆也发挥了作用。他们在自己船上撒沙，沙遇水使摩擦力加大，水兵容易站稳；而将豆子抛撒到吴国战船上，吴水兵踩上豆子，站立不稳，纷纷摔倒，舰队阵容大乱。这时，钱传瓘抓住战机，乘胜纵火焚烧吴舰，吴军大败，彭彦章负伤数十处，被迫自杀身亡。吴越舰队大获全胜，俘敌舰 400 艘，生擒吴军将校 70 余人，斩首千余人，使吴舰队全军覆没。这场战斗可以说是最早使用烟幕的水战，而且烟幕的使用与战术的配合十分巧妙、娴熟，反映出利用烟幕作战的高超水平。

7 从“火牛阵”说起

战国后期，燕齐两国发生大战。燕将乐毅于公元前 284 年统率燕、秦、韩、赵、魏五国联军攻破齐国，长驱直入，占领了齐都临淄及其他 70 余座城池，只有莒（山东莒县）和即墨（山东平度县东）由于齐将坚守，才未被攻克。齐国濒临灭亡。这时，燕昭王死，子惠王立。惠王疑忌乐毅，改派骑劫领兵，乐毅被迫出走。骑劫攻即墨不下，便放纵燕军残害齐军降卒，甚至掘坟焚尸，激起齐人极大愤恨。即墨守将田单知道士气可用，决心反击。他先派人向燕军诈降，使之麻痹；又用牛 1 000 余头，角缚利刃，尾巴扎上苇草，

◎火牛阵中的火牛图

灌以油脂，在一个晚上放牛出城，以火点燃牛尾。牛被燃急，猛冲围城的燕军。田单又以5 000勇士随火牛之后奋力拼杀，结果，燕军被牛践踏、撞击而死者，不计其数，骑劫也被杀死。后来，田单又乘胜陆续收复了失去的70余城。这是以火攻取胜的一个著名战例，田单的"火牛阵"也在中国古代战争史上传为美谈。

应该说，火攻是最原始的进攻方式之一。原始人攻击野兽就常用之，这是人们认识了火的性能之后，火在生产斗争中的一大贡献。在古代战争中，以火燃烧进攻敌人，"有震天之威"，往往可以用较小的代价获得较大的胜利。在战争史上，以火攻之法胜敌之例不胜枚举。如战国末年，秦将白起攻楚，"烧先王墓夷陵（今宜昌），楚襄王兵散"；东汉时，班超在西域"顺风纵火，前后鼓噪"，一举击败鄯善；三国时，周瑜、诸葛亮火烧赤壁，使曹操大败，仓皇北遁；陆逊则以火烧连营之术，令刘备损失惨重，狼狈不堪，一蹶不振；隋文帝进攻南陈时，根据江南"舍多竹茅，所储积皆非地窖"的特点，遣人多次"因风纵火"，使得陈人数战数败；北宋初年，潘美率兵统一江南，"取巨舰实以葭苇，顺风纵火"，大败南唐金陵水寨，继而占领金陵；明末农民军也曾利用元宵灯节之机，在凤阳城内外纵火，焚烧明皇陵，轻取明中都凤阳。故明代抗倭名将戚继光在《练兵实纪·杂集》卷二中就总结说："夫五兵之中，惟火最烈；古今水陆之战，以火成攻最多。"可以说，火攻是古代战争中最常用也是最容易取胜的攻敌方法之一。

在中国，将火攻运用于战争，源远流长，在形式上也有不少创造。早在春秋时期，著名军事家孙武就对火攻进行过总结。他的《孙子兵法》专门写有《火攻篇》。孙武认为："凡火攻有五：一曰火人，二曰火积，三曰火辎，四曰火库，五曰火队（隧）。行火必有因，烟火必素具。发火有时，起火有日。”即指出了以火攻敌的目标在于焚烧敌军的人马、粮草积聚、辎重给养、衣粮仓库和敌人的运输线。实施火攻必须具备一定的条件，发火器材必须常备不懈，此外，运用火攻还必须选择有利的时机，选准有利于起火的天气。孙武的这些火攻理论的总结，反映了先秦时期军旅中火攻战术的运用已经相当娴熟，而它对于指导后世的将领运用火攻、发展火攻，也有相当重要的意义。

早期的火攻形式，多半是“聚茅置火”，即利用茅草、枯枝等易燃物，或灌以油类脂膏，借助风势袭击敌人。唐代以后，随着石油的发现，火药的控制技术进一步完善，除了发火燃料不断更新以外，还出现了各种各样的火器，即以火药助燃或引爆的进攻型武器。但这些火器还不是后世所说的管型击发式火器，而主要是将燃烧物送至敌军中，使之燃烧，达到消灭目标的目的。

据唐代李筌《神机制敌太白阴经》卷四载，古人火攻之法有“五火之具”，即火兵、火兽、火禽、火盗、火矢。所谓火兵，就是直接派人到敌营纵火，往往是多处埋设燃烧物，然后约以时间，“一时举火”，使之难以首尾相顾，达到歼敌的目的。火兽之法，即在牛、羊、獐鹿、野猪等动物身上缚以火种，驱其纵入敌营。这种火攻往往突如其来，冲击力很强，未作工事防御则难以抵挡。田单的“火牛阵”即是一例。又如《宋史·赵遹传》载：政和五年(1115)，赵遹率兵攻打叛乱的晏州(今四川兴文县西)少数民族首领卜漏，就利用当地猴多的特点，派人“得猱(即猴)数十头，束麻作炬，灌以膏蜡，缚于猱背。暮夜，复遣土丁负绳梯登崖巅，……及贼栅，出火然(燃)炬，猱热狂跳，贼庐舍皆茅竹，猱窜其上，火辄发，贼号呼奔扑，猱益惊，火益炽，官军鼓噪破栅”。当然，这种火兽战术，需要在特定条件下施行，难以推广。火禽之法类似于火兽，就是利用飞禽实施远距离纵火。据记载，其法是先将胡桃剖分两半，挖空内仁，装以艾火等易燃物，然后将其系于野鸡颈下，用时，以针刺鸡尾，纵其飞入敌阵草木之中，胡桃壳内所藏艾火成为火种，引起燃烧。这种战术也不多见。《晋书·江逌传》说，永和九年(353)，殷浩北伐时，江逌曾用此法战败姚襄，但他是“取数百鸡以长绳连之，系火于脚，群鸡骇散，飞集襄营。襄营火发，因其乱，随而击之，襄遂小败”。所谓火盗，是派人伪装成敌军，偷入敌营纵火。《三国志·魏书·武帝纪》载：曹操与袁绍战于官渡，就派人“用袁军旗帜，衔枚缚马口，夜从间道出”，“人抱束薪”，在故市、乌巢“围屯，大放火”，烧毁袁军辎重、粮草，从而赢得了胜利。这一火攻方法运用较为普遍，而且它多半是偷袭敌军后方囤粮之所或运输线，对敌人威胁很大。至于火矢，古代也称火箭，就是在箭头绑上引火物射入敌营。唐以前的火箭大多是缚上油脂类发火物，这种火箭燃烧不快，火力不强，容易被敌人扑灭。唐以后，火药在军事上广泛运用，火箭威力才显示出来。

北宋时，分别有冯继升和唐福向朝廷献火箭。他们将油脂改为火药，并且加上引线，作战时，只要点着引线，用弓向敌人射过去就可以了，其杀伤力比一般的弓箭要大得多。宋代这种火箭的使用已相当广泛，在宋神宗元丰六年(1083)一次抵御西夏军进攻兰州的作战中，宋军曾一次就领用了火箭25万支，可见其运用之普遍。另外，宋朝人路振写的《九国志》里也记载了唐末郑璠用“发机飞火”攻克豫章城的故事。这种“发机飞火”，实际上是利用抛石机将火药抛向敌城，结果把豫章的龙沙门给烧毁了。这种抛射发火装置的威力比火箭更大，可以说是最早用火药制造的燃烧性武器了。

火药的爆炸性能使北宋以后的火攻有了新的发展。当时曾公亮主持编修的《武经总要》一书，就记载了一种叫“霹雳火球”的火器，用火点着后，能够发出像天上打雷一样的声音，这很可能是最早的爆炸性火器。北宋末年，金兵攻汴京，守将李纲曾下令发霹雳炮轰击敌人；到南宋时，这种爆炸性火器使用得越来越多。宋高宗绍兴三十一年(1161)，宋金采石之战中，宋将虞允文在水战中也采用了霹雳炮。霹雳炮点着后，一下子升入空中，然后又落下，掉到水中又跳起来在金军战舰上爆炸燃烧，声响似雷，炮中还散出大量石灰，像烟雾一样迷住了金兵的眼睛。这样宋兵趁势猛攻，取得了胜利，阻止了金兵长驱直入。爆炸性火器的发明，使古代的火攻战术发展至巅峰。后来，以火药为武器进攻城堡的作战方法，经过阿拉伯传至欧洲，对西欧中世纪社会历史曾产生过重大影响。

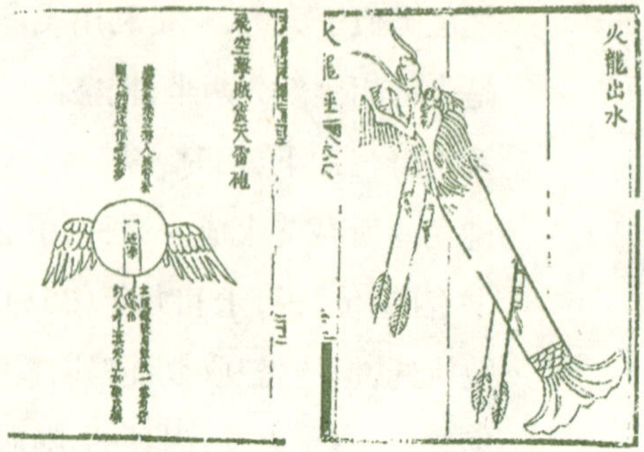

◎《武经总要》中的火器图

8　邮驿还需通讯兵

古代战争和现代战争一样，需要会商军情、通报敌情、下达命令、传递文书等，因此必须采用各种通讯手段，建立一个高效率的信息传递系统。这个系统在古代叫作“邮驿”。殷商时期，就出现了邮驿，甲骨文中有“逕”(即后来的“驿”字)、“传”、“馆”等字，说明当时已有专门传递军政情报的国家邮驿系统。至周代，邮驿已得到普遍的运用，并设有“遗人”、“野庐氏”等官员主持其事。春秋战国也不例外。以后历代相沿，军队的军务通讯主要就是利用国家这套邮驿系统实施的，后来形成了专门的通讯兵部队。

所谓邮驿，就是在主要的水陆交通线上，每隔一定的距离就设一馆舍，并备好食宿及交通工具。凡官吏出行，均由馆舍提供食宿；凡军政公文，也由其一站一站地转相传递。政府可派专人传送公文，只在每站食宿或换马，也可不派专人，而由驿卒一站一站地转送，遇有紧急公文，就必须日夜兼程、马不停蹄地飞速传递。这种馆舍，在宋以前一般称作驿馆、驿铺或传舍、邮亭，元以后一般称为驿站。元代也称“站赤”或“递铺”。

秦汉以后，邮驿制度不断发展完备。汉制 30 里置驿，后世承袭，至明清改为 60 里置驿。其中，唐宋元时期邮驿系统最为发达。据统计，唐代全国共置驿舍 1 639 所，其中陆驿 1 297 所，水驿 260 所，水陆相兼者 86 所，并按战略地位的重要与否给各驿舍配置不同的人员马匹，分等级拨给一定的驿田，全国邮驿人员有 2 万多人。唐宋的邮驿均归管理军事的兵部或枢密院统辖。尤其是宋元两朝，驿夫不再由当地百姓轮流服役担任，而是由士卒（元代由类似军户的站户）充任，实质上是将全国的邮驿系统全部军事化，成为名副其实的军邮，通讯兵系统基本

◎全国现存最大、功能最齐全的古驿站——鸡鸣驿（河北怀来）

形成。

用于军事的邮驿传递信息迅速。《汉书·赵充国传》载：西汉宣帝时，赵充国率军至西域抵御羌人的进犯，驻防在今兰州以西的金城地区。神爵元年（公元前61年），赵充国就如何进攻先零羌的计划上报朝廷，“六月戊申奏，七月甲寅，玺书报，从充国计焉”。两地相距近2 000里，6天时间即将上报的作战计划批回，可见其军邮速度之快。唐代有一种“飞驿”，据说日行300~500里，主要用于战争通讯。宋元则有专供紧急军情递送的“急递铺”或“急脚递”，沈括《梦溪笔谈》说：“急脚递最遽，日行四百里，唯军兴则用之。”这是一种特殊的军邮。另外还有金字牌急脚递，更是“十万火急”。相传，南宋初岳飞北伐大捷，而宋高宗则一日中连下12道“金牌”催其班师，即指此类。“金牌”实际上是用以表示急速传递紧急军事信息的标志牌，以木制成，朱漆，上书黄金字“御前文字，不得入铺”，光明眩目，过如飞电，望之者无不避路，一昼夜行500里，必须一站一站地飞马接力传递。与此相类的还有“青字牌”、“红字牌”，速度则不如“金字牌”急脚递。元代的急递铺较宋代更有特色，驿卒穿特定的防雨衣服，插羽毛，佩弓刀，执行任务时，驿马还要佩上响铃（或驿卒腰悬响铃），夜晚还要手持火炬以行。路人听到铃响光至，远远地避于道旁让路，而下一站的驿卒听到铃响，就要立即作好接转传邮的准备。

明清时期，邮驿虽然仍密布全国，但从明代开始又设置了专供军务通讯的系统——塘报。明代兵部在各省设有堤塘官，专管军事情报；各府县设塘马，配备塘兵，担任打探军情、传递军事信息的任务。这一系统原置于军中，称“刻期万户所”，实际上就是专门的通讯部队，后来发展到地方，改称塘报。戚继光《纪效新书》卷九载，凡作战，应向各方派出塘兵，逐一连接，其间隔以眼望见为准；军队行动，塘兵也随之而行。若发现情况，就一塘一塘地用旗号烟火迅速传报主将得知。塘兵具有一定的流动性，常年奔走于路途，因此必须配备雨具和灯笼等。由于塘报飞递军机，瞬息千里，而且保密性好，所以，后来由各省派驻京师的堤塘武官专录上谕送往本省，于是，塘报又有了新的内涵。

四　军将的地位与皇权

这是一个涉及古代军旅和古代政治特色的话题。中国古代军队带有很强烈的个人专制性。尤其是专制皇权建立并逐渐强化起来以后，皇帝总是将军队看成自己的私属，就像遍布乡野的豪强富绅多拥有自己看家护院的庄丁、家兵一样。皇帝把国家军队视为己有，就用种种手段加以控制。而那些觊觎皇权的野心家，则千方百计地设法掌握军队的实权。因而，在皇帝和军旅的领兵将领之间，无形中产生了猜忌、疑惧的隔阂。这不能完全归之于个人的秉性和品德，主要是由于皇权的专制性、排他性和军队所具有的武力强制性的对立统一使然。为了消除军队的这种武力强制对皇权的威胁，便出现了屠戮大将、分割兵权、掣肘牵制等种种不利于军旅的奇怪之举。反过来说，军旅的强制性又往往造成皇权的更迭，历史上有多少称王称帝的，不都是依靠手中掌握的一支劲旅，方能得逞于一时吗？登基之后，这些原来的军将、现在的君主，又要将为他卖命出力的属下将领一一解除兵权。这一奇特的社会现象在中国历史上反复发生，形成了古代政治、军事中的怪圈。

1　登坛拜将　威风凛凛

专制皇权对领兵大将的猜疑和控制往往有一个发展过程。从总的趋势来看，时代愈早，对将领愈是尊崇有加。这无论是从君主必须利用将领为其效劳来说，还是从战争规律来说，都是不过分的。因此，自古就有“将在军，君命有所不受”之说，也就是说，在战场上，将领有相对独立的指挥用兵的权力，甚至君主都不能过问。正由于既要赋予将领这些权力，同时又要保证这些权力为皇权服务，因此在任命将领时，就要举行隆重的典礼仪式，以象征着皇权在军将身上的延伸，告诫全军服从于军将，即服从于皇权。

汉初，萧何在举荐韩信时，和刘邦有一段很有意思的对话。萧何问刘邦：“汉王若是就打算在汉中这样长期为王，那么，也就不必起用韩信；如果一定要争得天下，那么，非韩信就无人可以共成大事了。这就看您打算如何？”刘邦说：“我当然想往东方争霸，谁愿意在这偏僻之地做个闷闷不乐的汉王呢？”萧何又说：“既决计要东向争天下，能给韩信一个合适的位置，韩信就可以留下来效力，不能的话，他终究要逃走的。”刘邦说：“那我就看在你的面子上派韩信做个将军。”萧何进一步劝道：“虽然让韩信做了将军，他仍然是要走的，必须要高出这个位置才行。”刘邦说：“那就命他为大将罢了。”萧何说：“这才好呢！”可是，当刘邦要召韩信前来受命时，萧何又说：“您向来待人傲慢无礼，如今要拜一大将，也就像招呼一个小孩子一样。如果这样，韩信还是要跑掉的。如果您诚心要拜他为大将，就必须择良日，斋戒设坛场，使拜将之礼完备，才可留住韩信啊！”刘邦按照萧何所说，隆重地为韩信举行了拜将仪式，才正式与韩信商讨起东征的战略。

◎汉中市拜将坛

按照《六韬·龙韬·立将》所描述的，古代拜将的仪式十分讲究。国家在遇有战争时，君主应该避正殿不受朝贺，而于偏殿召见拟定的主将，请求说：“国家之安危全在将军。今某国不守臣职，希望将军统率军队前往征伐。”将军既已受命，国君乃命太史钻灵龟以卜吉日；并先斋戒三日，至太庙以行颁授斧钺之典。

到了吉日，君主先入太庙正殿之门，立于东侧，西向就主席之位。将军随后跟入，北面而立，面向先王灵位。然后典礼开始，国君亲自操起钺首而以其柄授予将军，说：“由此上至于天，皆由将军管制之。”接着又操起斧柄而以其刃授予将军，说：“由此下至于渊，皆由将军管制之。”授受已毕，国君再致训词：“将军用兵，应乘虚而入，遇坚则止，切勿以为我军众多而轻敌；勿以为受命深重而期必死；勿以为自己位高而蔑视他人；勿以为一己之独见而违背众心；勿以辩论之言为合理而偏听。士众未坐，不可先坐；士众未食，不可先食；严寒酷暑，必与士众同其甘苦。如此，则士众必能尽其死力以听命。”

主将在聆听国君当面训令之后，应拜君施礼并表明心迹，说：“臣闻一国之事，经纬万端，处断在于君上，不能受外面的干预，即所谓‘国不可从外治’；军中之事，戎机万变，处断在于主将，不可受朝廷的遥制，即所谓‘军不可从中御’。臣若怀有贪生背叛的二心，不可以事君上；君若怀有犹豫猜忌的疑虑，则不可以应敌。今臣既受国君之命，得专斧钺之权，臣不敢望生还于国，但也愿君上授全权之命于臣，使臣得以专断而从事。君上若不许臣，臣不敢受命而为主将。”于是，国君许给以全权，主将乃辞别君上，率军出征。

《六韬》是西汉前期就已经存在的一部古代兵书，据认为大概形成于战国末年。从书中关于立将情况的描述来看，在汉代以前，君主和将领的关系在理论上还是比较正常的。征诸史籍，从春秋战国到秦汉，“将从中御”的情况的确不太多，甚至出现了孙武在操练队伍时竟敢将吴王最心爱的两个妃子杀掉之事。司马穰苴也故意请求齐景公的佞臣庄贾监军，利用庄贾的傲慢迟延，杀之示众，提高自己在军中的威信。这些都符合古兵法中所谓“军容不入国，国容不入军”的原则，体现了尊重军事规律的精神。

当然，《六韬》所说的立将原则，即使是在秦汉以前也并不都是完全能够做到的，实际情况是非常复杂的。在战争情况紧急时，君主不尊敬主将也不行，主将在外邀功请赏也是常有的事。汉高祖四年，刘邦命韩信前来荥阳解楚围，而韩信派人送信给刘邦，要求封他为假王（暂署之王），刘邦勃然大怒，说：“我被困在此，日夜等你来解救，你倒趁机要挟我立你为王!”幸亏张良、陈平悄悄地提醒刘邦，韩信现在拥有重兵，怎能禁得住他呢，不如借此拉拢他，让他死心塌地地替汉卖力。否则，发生变故，对汉才真正不利啊！刘邦才顿时醒悟，又对着使者骂道：“大丈夫定诸侯即为真王，干嘛还要先做个假王?”马上就派张良前去立韩信为齐王，使其发兵击楚。君主对主将的尊崇，除了有传统因素以外，也是出于对自身根本利益的考虑以及形势的制约。在长期的和平环境下，这种关系就要渐渐被淡忘。汉文帝视察霸上、棘门和细柳三个防御匈奴的军营时,在霸上营和棘门营中,都是直来直去,毫无阻碍,只有在周亚夫为将军的细柳营,才领悟到了古代将领的一点威风。文帝也有古代明君之遗风,不为怪罪,反而叹曰:“嗟乎!此真将军矣!”但是,其他大臣都感到非常惊讶,认为周亚夫是冒犯了君威。可以想见,似《六韬》所说的君臣互相尊重的拜将场面,在汉初已是少见而多怪了。

2 选将罢将之道

《孙子·谋攻》云:“夫将者,国之辅也,辅周则国必强,辅隙则国必弱。”从政治上说,将领在国家政权中占有十分重要的地位,这也是历代君主所明了的。君主要控制军队,首先就要控制将帅。从军事上说,将帅在军队中起着主导作用,而军队的向背又关系到古代国家的生死存亡。对此,古代兵家更有进一步的论述。《孙子·作战》把将帅看成是战争中“经之以五事”的一个方面:“故知兵之将,生民之司命,国家安危之主也。”《六韬·龙韬·论将》也说:“兵者,国之大事,存亡之道,命在于将。”因此,无论是从政治上考虑还是从军事上考虑,将帅的重要性都是不可忽视的。

然而,古代君主对将帅的重要性更多的是从政治角度来考虑。这并不是说将帅在军事上的作用不重要,而是在君主看来,将帅的政治品德关系到他能否使军队忠于自己,而这也是带兵者的一个重要素质。所以,古代君主十分重视对将领的选拔考察。《六韬·龙韬·选将》就认为,君主选拔将领应该从八个方面去考察。第一，问之以言语，观其所知之详略。也就是通过问答的形式，考察将领所掌握的知识。第二，穷究以辞说，以观其应变之敏钝。也就是故意提一些尖锐、深刻的问题，从逻辑分析上看将领是否具备灵活的反应能力。第三，问之以间接侦查之言，以观其是否诚实。也就是以事先已经了解清楚的情况，再加询问，看将领是不是有所隐瞒，从中了解其人品。第四，明白显问，以观其德行。也就是直截了当地发问，从将领的回答中发现其道德品行的特点。第五，使其管理财物，以观其廉洁。也就是要用金钱财物来考验，看将领在这方面是否贪心。第六，试之以女色，以观其贞操。也就是要用美人计来考验将领在女色面前是否动心。第七，付之以危难，以观其勇气。也就是让将领担负有一定危险和困难的任务，实地观察他临危受命是否有勇气完成任务。第八，醉之以美酒，以观其容态。也就是故意以酒引诱将领，看其是否会贪杯误事。这八条从考察的方面来说，对一位古代将领的素质要求还是比较全面的，只是从手段来说多少有些卑鄙，在某种程度上也反映了君主对将领的一种防范、猜忌的阴暗心理。

君主对将帅的选拔考察很严格，对将帅的任用则经历了一个变化过程。从总体上来说，先秦的将帅用兵，“大夫以君命出，进退在大夫也”，这是《春秋公羊传》的说法。东汉人何休进一步注解说这是一种古礼，“兵不从中御外，临事制宜，当敌为师，唯义所在”。直到秦汉，还有登坛拜将给将帅以较高的权威之举。然而，选出的将帅都是久经考验的能干的人才，手中又握有重兵，享有较高的权威，这对君主不能不是一个十分危险的潜在威胁。于是，汉初就有大杀功臣的例子，当初韩信被拜为大将，八面威风，承平之后，却被诛灭三族。

隋唐以后，便只有命将而没有拜将之说了，反映了皇权的大大提高。宋代将帅出征，处处要受皇帝的制约，出兵之前要请圣训，面受阵图，聆听圣上用兵的方略；作战过程中只能按阵图行事，还要时常派人回朝廷归禀军情，请示进一步的方略。在将帅身边还常有皇帝的亲信作为监军，充当皇帝的耳目，监视其一言一行。“将不从中御”早已成为历史的陈迹，宋代军队也因此在戍边作战中屡屡失败。战场军情瞬息万变，如何能等待请示朝廷确定方略才用兵？然而，不按皇帝的阵图作战，即使得胜也有犯上之罪，将帅的战争机动权完全被剥夺了。

不但如此，就连平时将领与部队的关系过于紧密也是不行的。为了防止将帅拥兵自重，宋代实行所谓“更戍法”，军队经常调换防地，而军将则不能随部队换防，这就叫“兵无常帅，帅无常师”，使将帅无法拥有一支贴心的部队，看你如何还能造反？武臣的行为稍不留意，即遭猜忌，皇帝甚至捕风捉影削夺武臣的兵权。宋太宗赵光义时曾有一次赐边卒白金若干，军中谓之“月头银”。有人竟给赵光义打小报告说：“枢密使曹彬秉政岁久，能得士众心。臣适从塞上来，戍卒皆言：‘月头银曹公所致，微曹公我辈当馁死矣。’”又巧诬以他事，弄得赵光义疑心大起，终将曹彬枢密使罢去(《续资治通鉴长编》卷二十四)。宋真宗时，因振武军士送契丹使者出边境，宰相寇准未经请示即各给行装钱，这本来是一件小事，却引起皇帝的不满，真宗随即对身边人说：“寇准好收人情，以求虚誉，卿等今见之矣。”竟下诏说寇准不应当擅自给部队赏赐，命他拿钱还给朝廷(同上书卷七十三)。南宋时岳家军偃城大捷是上下有目共睹的事实，但高宗竟一日之间连下 12 道金字牌，催逼岳飞班师，就是害怕他功高盖主又拥兵自重。岳飞还师后，即被削夺兵权，还被以“莫须有”的罪名陷害致死。

总而言之，随着古代皇权的不断强化，君主与将帅之间的关系愈来愈不正常，军队的御用性质也愈来愈浓厚，武将的地位、能力和权力愈来愈低，军队被皇帝控制得愈来愈紧，但其战斗力相对来说也就愈来愈差了。

3　监军乃监将

历代君主对掌握一定兵权的将领怀着十分复杂而矛盾的心理。为了战争的胜利和国家的巩固，他不得不将一定数量的军队交给将领，一旦将领拥有重兵，他又心有疑惧，担心尾大不掉。最好的办法就是使将领既在沙场为其出生入死，又能把将领控制于股掌之间。办法之一就是利用“监军”来达到这一目的。

监军出现得很早，《史记·司马穰苴列传》中就有庄贾为穰苴的监军的记载，年代约在春秋末年。庄贾是齐景公的佞臣，是穰苴主动要求景公委派的，而庄贾并不懂得军旅法度，因迟到被处死。这是穰苴为树立自己在军中的威望而采取的一个手段。这个故事从一个侧面反映了监军制度的确萌芽于春秋战国时期。到秦汉，文献中就有了较多的监军的记录。

作为君主的代表，派到军队中去监督将帅的人，一般与君主关系亲密，才可能起到监军的作用。例如，秦始皇时派往上郡蒙恬部监军的是长子扶苏。但是，当时派往军中监军者并不是以监军为官名，往往以御史、刺史、都督等官职的名义，行使实际监军的职能，如监军御史等，汉武帝时任安监北军的职务为北军使者。当然，俗称或简称监军也是可以的。西汉初年，郡守和诸侯王在地方上都握有一定数量的军队，所以，御史、刺史到地方实际上起着代表朝廷监督地方军队的作用。然而，东汉刺史已出现行政定制化，而且，从东汉中叶起，逐渐领有兵权，终于导致汉末的军阀混战。这也说明西汉以来刺史监军的权力是较大的，由监军演变为领兵是很自然的过渡，反映了皇权对地方军队控制大权的旁落。

魏晋时期，监军制度已出现雏形。曹魏时承汉制，也将统治区域分为13个州，其中驻有中央直辖军的州，由该军的都督督察地方军队和私人部曲武装，未驻中央直辖军的州，则另设监军1人督察，称监诸州军事，但不为官名。两晋类似曹魏，无论是中央军还是外军，都设有监诸军和督诸军，以监督所在部队，监、督军是由皇帝亲自委派，向皇帝直接请示负责。南朝刘宋时，曾任命宗室诸王为各要镇都督兼刺史，但不少都督年少无知，所以，皇帝另派亲信人员担任典签，并形成制度。典签在地方职主伺察，一府或有三四员，常轮流回京城奏事，或密疏启闻，权力往往高过都督诸王，威行州郡，诸王的言行举止多受其限制。南齐明帝杀诸王，就是假借典签之手行事，时人号为“签帅”、“典签帅”。北魏也于诸军镇置监军，或称监某地军事，但由于其军队主要由鲜卑人掌握，鲜卑人尚处在阶级社会早期，王权不够集中，所以监军制度不甚明显。这说明，专制主义中央集权的政治统治越强化，监军制度就越完善，以保证军队牢牢控制在皇帝手中。

监军制度在隋唐时期获得了很大发展。隋末唐初，朝廷偶尔派御史监军。到武后时，因政治动荡，御史监军变得经常化、制度化。唐玄宗开元二十年(732)以后，监军制度出现了一个重大变化，即开始由皇帝委派宦官担任监军。安史之乱期间，宦官鱼朝恩就经常被派往各地监军。至德年间，九节度使协同作战，围安庆绪于相州，“不立统帅，以朝恩为观军容宣慰处置使”，实际凌驾于军将之上，处处掣肘，诸军难以行动，遭致失败。安史之乱以后，又把宦官监军由原来仅在作战时委派，发展到在所有方镇和边防军队设置常驻监军机构。这一机构一般称为监军院或监军使院，长官称监军使，配有副使 1 人（称为副监），判官、小使若干，同时还有一支从中央禁军中带去的军队归其调遣。监军使任期一般为 3 年，也有提前调离或留任的，如仇士良仅任 1 年，而李辅光却任监军使长达 15 年之久。监军使的基本职能是“监视刑赏，奏察违谬”，与南朝典签相似，因其职多由皇帝亲信宦官担任，其权力又甚于典签。

五代承唐制残余，仍有监军一职，但数量大为减少，职能也不似唐代完备。这时皇权对军权的控制已削弱，因此，藩镇起兵夺权，成为一种“时髦剧”，频频上演。两宋文献中，“监军”一职已属罕见，究其原因是在军政体制上的重大改革，精兵全收归中央，并改由文职统兵，武将的地位一落千丈，难以对朝廷构成拥兵自重的威胁，监军制度也就不再有特别的需要。然而，在明代强化皇权的过程中，监军制度又得到了加强，除了监察御史有一定的军事行政监察作用之外，更主要的是在永乐以后，宦官被派到军中担任监军。御史监军主要是掌稽核军官的功罪迁赏之事，一般不参预军事，但宦官监军到明后期权力非常之大，各级将领均仰其鼻息、观其颜色，主要原因就是宦官把持了朝政，其党羽遍及军队，甚至一度连京营也被其控制，这是监军制走向其反面、专制皇权畸形发展的结果。

监军制度是由于皇帝对领兵将领的不信任而形成的，但用监军来控制军队并非明智之举。它虽然可使皇权深入到军队之中，但又往往使军队主帅大权旁落，不懂军事的监军却指手画脚地乱指挥，从而削弱了军队的战斗力，在作战中屡屡失利，因而，采用监军制度本身就是违反战争一般规律的。从另一个角度来说，君主如果赋予监军过高的权力，从实际效果来看，也不利于皇权在军中的贯彻，监军狐假虎威以售其私之事，在历史上并不少见。监军固然是君主控制军队将领的手段，在某种程度上说，又成为削弱皇帝御用军战斗力的根源之一。

4 武学、武举和武经

“水来土掩，兵来将挡”，将领在军旅战阵中的主导作用是不言而喻的。自古以来，统治者都非常重视军将的选拔和培养。但是，战国以前，基本上是世卿世禄，而且文武尚未分职，故有人也用“出将入相”加以形容。战国以后，由于官僚制度逐渐形成，对将领的选拔，也随着战争的扩大、军队的膨胀而显得日益重要起来。各国都崇尚武力，看重军功，所以，一旦为将，也容易飞黄腾达。但是，武将的选拔制度和培养教育制度并不完善，对为将者的考核，更注重其社会背景、名声，而人君的好恶则至为重要。

吴起是卫国人，在军事上很有一套理论，所以，鲁国想用他为将，以抗击齐国的进攻。但是，吴起的妻子是齐国人，因此，鲁国对吴起有猜忌之心。吴起知道后，竟然将自己妻子杀掉，以明心迹，鲁国最终让他担任了将军。吴起“杀妻求将”的故事表明他出身并不高贵，似这样以平民出身而能任大将的，在战国不乏其例。如庞涓、孙膑，也是以学兵法而知名见用的。至于从卒伍行间选拔战将，在军功制盛行的年代，当是非常流行的做法。直到秦汉以后，将领仍然是以荐举和军功为主。例如韩信，多次得不到重用，甚至因犯法差点被斩，后来在萧何的竭力举荐下，才得以登坛拜将。这种选拔制度的不规范也就可见一斑。

除此以外，将领的选拔还受到世袭制的影响。战国以后，有许多著名将领的先世都是带兵征战之人，如纸上谈兵的赵括，就是因其父赵奢是名将，而他又能说会道而被任为将军的；秦代名将蒙恬，自祖父蒙骜起世代为将。魏晋时期推行“世袭领兵制”，更助长了军将世袭制的发展，乃至明清时期的卫所、八旗的将领更是非由军户挑补不可。不过在这种选拔制度之外，另有武举产生，沿用于唐宋以下各代，对将领的选拔产生了一定的影响。

据《新唐书》所载：武举产生于武则天时期，考试的内容主要是武力才艺，“其制有长垛、马射、步射、平射、筒射，又有马枪、翘关、负重、身材之选。翘关长丈七尺，径三寸半，凡十举后，手持关，距出处无过一尺。负重者，负米五斛，行二十步，皆为中第”。可见，对武将并不重视其理论的考核。到北宋仁宗时，由于长期的和平环境，武备废弛，使得北宋军队在西夏骚扰边境时屡屡败北，于是急于挑选有真才实学的武将带兵出征。天圣八年(1030)，仁宗“亲试武举十二人，先阅其骑射而试之，以策为去留，弓马为高下”，也就是说以骑马射箭为基本考试内容，然后加试策论，即命题写一篇有关时事政策的论文，以决定是否录用，最后仍以弓马技艺作为中举后划分等级的标准。考试的内容比唐代有所发展。到宋神宗时期，当时主管军事的最高行政机构枢密院颁布了“武举试法”，规定：“不能答策者，答兵书墨义。”也许习武之人文化水平略低，写军事论文可能难度太高，于是改为默写兵书的要旨，意在将领至少应该懂得一些兵法理论。其后，武举的内容多半是考试武艺和理论两个方面。

明代武科自成化十四年(1478)始，有乡试、会试，崇祯四年(1631)又有殿试。武科六年一试，后改为三年一试。先试策略，再试弓马。从童生、生员到举人、进士、状元等名称，皆与文士科考名目相同，只是要加“武”字，如“武状元”等。清代武科会试由大学士、都统、兵部尚书主持，乡试由督抚主持，武科试以学政主持，都分为内、外场。外场试武艺等军事技术，内场试兵书经典，只有外场中试才有资格应内场的理论考试，合格者才能授以武官。武举制度自宋至清日渐完备。

伴随着武举的创立，培养武举生员的武学也应运而生。北宋庆历三年(1043)，初设武学，数月即废。熙宁五年(1072)，复置武学于武成王庙，“以尚书兵部郎中韩缜判学，内藏库副使郭固同判，赐食本钱万缗。生员以百人为额，选文武官知兵者为教授”(《宋史·选举志》三)，习诸家兵法历代用兵成败及忠义史实，愿试阵队者，酌给兵伍。这个武学是中央最高军事学府，学习的内容除了兵法理论之外，注重军事历史的经验教训，更强调为将者忠君节义之道的培养，也有实战练习的科目。

宋仁宗康定元年(1040)，朝廷担心军将不懂古今兵法，于是在宰相曾公亮的主持下，采辑古代兵法及本朝的计谋方略，用5年时间编成一部军事百科全书，名为《武经总要》。武学的创立与此不能说没有一点关系。元丰三年(1080)，朝廷校定《孙子》、《吴子》、《六韬》、《司马法》、《三略》、《尉缭子》、《唐太宗李卫公问对》等武学经典，雕板刊行，号称“七书”，颁之于武学，作为正式理论教材。武经七书的颁定是与设武举、建武学密切相连的，也大大提高了这七部兵书的社会地位，从此它们被定为官书，称为“武经”。

◎《武经七书》(解放军出版社1986年8月版)

武经七书的校定和颁行得力于当时武学的两位学官。一位是右班殿直武学教授博士何去非，另一位是武学负责人朱服。何去非博览群书，精通兵法，开始以对策论兵得官，后又撰《备论》28篇，评论古人用兵得失。其文雄快踔厉，风发泉涌，深得当时大诗人苏轼赏识，亲自奏荐朝廷。何去非在校定七书时，怀疑《六韬》和《李卫公问对》是伪托之作，并将此意见报告给朱服。朱服认为，这两本书即使是伪托，但行之已久，不易遽废，并亲自对七书次序加以排定。朱服的眼光是深邃的，托名之作并不意味着其内容一定芜杂荒诞，军事家注重实际，不以考据家辨伪标准为依据。武学的发展也证明朱服的选定是正确的。

南宋绍兴年间重整武学，就仍以教习武经七书兵法和步、骑射为主。在管理上，将武学分为受成、贵谋、辅文、中古、经远、阅礼六斋，即类似今日6科或6系，又采用上、内、外三舍法补试升级，取得了较好的效果。除了中央武学之外，在北宋崇宁年间，州县也皆置武学，并立考选升贡之法，设武学博士、学谕各2人，“掌以兵书、弓马、武艺、训诱学者”(《宋史·职官志》)。宋代的军事教育较前有很大的发展。

明代的武学主要是配合军官世袭制度而设立的京卫武学和各地卫所的武学，以训练年轻武官和继承武官禄位的子弟，主要学习兵法，操练刀、枪、剑、戟等兵器，但随着卫所制度的废弛，卫所武学也名存实亡。到明末崇祯十年(1637)，“令天下府州县学皆设武学生员”(《明史·选举制》一)，择文武重臣教习，学习内容除军事科目外，与儒学无多大差别。清朝注重八旗子弟的骑射教育和训练，但于地方学校也有武生附于儒学，习骑射，并教以武经七书、《百将传》等。但总的来说，明清因其特殊的政治环境，武学中培养的军事人才已远远不如昔日，武举也流于形式，清代武科至光绪二十七年(1901)正式废除。

回顾武学和武举的创立和发展历程，可以看到古代统治者对将领的选拔和培养日益重视，由临时命将、世袭为将，逐步过渡到定期考核、定期培养，并形成制度化。这对将领素质的提高是有积极意义的。同时，统治者颁布武经作为将领必须掌握的基本理论，强化他们的忠君思想，也反映了古代君主对将领进一步加强控制的深谋远虑。

5　符信勘合方调兵

"窃符救赵"是发生在战国时的一个著名故事。说的是公元前258年，秦军攻打赵国，包围了赵国国都邯郸，赵遣使向魏、楚求援。魏安厘王派大将晋鄙率10万人马前去救赵，但又慑于秦的淫威，不敢轻举妄动，只好驻扎在赵魏交界的汤阴（今河南汤阴县），静观变化。赵相国平原君见魏王不肯进兵，就写了一封信给魏相国信陵君告急。信陵君是魏安厘王之弟，名无忌，也是平原君的内弟。他得知姐夫危难的消息，马上请魏王出兵，魏王始终不肯下令。这时，信陵君有个食客叫侯嬴，给信陵君出主意，让他请求魏王爱妃如姬窃来调兵的兵符，就可以调动晋鄙的10万大军了。信陵君依计行事，果然得到兵符，夺取了晋鄙的兵权，挑选了8万精兵，直奔邯郸，与平原君里应外合，一举解除了邯郸之围。这个故事反映出兵符在古代军队中所具有的极其重要的作用。

兵符是古代军中调兵的一种信物，也是古代兵权的一种象征。它多半是由帝王君主掌握，并授予用兵的臣属。兵符一般从中剖为两半，有关双方各执其一，使用时，两半必须相互扣合，表示验证可信，方能调动军队。因此，兵符的出现，是专制主义中央集权制度发展的必然结果，体现了专制皇权（王权）对军队的牢牢控制。

现存最早的兵符实物是战国时期的。战国时期，各诸侯国通过变法，在经济上逐步建立起封建的土地私有制，在政治上进一步使王权集中和加强。凡率兵出征的统帅，或带兵驻扎地方和屯守边疆的将领，都必须受命于国君。在接受任命时，同时接受国君交付的兵符，表示皇权赋予其带兵的权力。然而，兵符只给其中一半，一旦要用兵时，必须有国君亲自掌握的一半与将军所掌握的另一半扣合完整，才能生效，再辅之以调兵的文书，地方带兵将领才能发兵。否则，就是擅自发兵，要受到军法惩处。

◎秦杜虎符（陕西西安出土）

1978 年在西安南郊发现了一枚战国时的兵符，是秦国国君颁发给杜县（今陕西西安市郊）的。符呈伏虎状，以铜铸成，故又称为“虎符”。《秦汉金文录》也著录有秦统一前的新郪虎符。这些兵符都是分为两半，底有合榫，背刻铭文。杜县虎符铭文曰：“兵甲之符，右在君，左在杜。凡用兵兴士，被甲五十人以上，必会符，乃敢行之。燔燧之事，虽毋会符，行殹（也）。”也就是说，地方军队的行动超过一定的人数，必须要经中央批准，不得擅自动用 50 人以上的士卒；然而，一旦遇到紧急情况，烽燧告急，则是例外，不必要等到中央发兵的命令至“会符”后才开始行动，这就保证了将领的某种机动的用兵权。

战国时逐渐形成的这一套兵符制度，一直沿用到秦汉以后。汉代的兵符形制与前基本相同。到了隋唐时期，兵符除了沿用虎符之外,还有铜鱼符。隋开皇九年(589),始颁木鱼符于总管刺史,一雌一雄。唐代改为铜制,起军旅、易长官,俱以鱼符为信,也称"鱼契",再附以敕书,所以又兼名"鱼书"。宋代兵符又代之以木契,作为发兵的凭证。据《宋史·兵志》载,其制上下题"某处契",中剖之,上三枚中为鱼形,题一、二、三,下一枚中刻空鱼,令可契合。所在验上下契合,即可发兵。又有一种檀香鱼契,为皇城司所用,其制则分左右,刻鱼形凿枘相合,缕金为文,合契为信,也称作鱼符。

总之,兵符制度是伴随着中央集权的发展、强化而形成的,它昭示了军队中的皇权,有利于君主对军队的控制。后来,有些相关规定还越来越严密。例如,唐代规定,凡发兵10人以上,就要合符,否则就违犯了《擅兴律》,要处以死刑。尽管后世兵符制度的内容不断发生变化,但其实质精神还是一致的:军旅的所有权、控制权完全操纵于君主之手,任何人不得染指其中。

古代的军事制度,和今日之部队驻防,调集相类,有平时体制和战时体制之分。以唐兵制为例,府兵制度其实着眼于寓兵于农,故而是平时组织、训练士卒的基本制度,兵府略同于"军区"。这种军旅组织,除了正常的番上宿卫京师和戍边外,是不能随意调动的,至多起到地方警备、治安的作用。遇到大的军事行动,需要调集各地府兵,则由兵部下鱼符附敕书至州刺史,州刺史持符与驻扎在本州的府兵统帅折冲都尉所掌之符相勘合,该府之兵才能集中调动。而且,根据调动府兵人数的多少,决定是由折冲都尉率队,还是由其副将果毅或别将率队。各地府兵集中后,重新按战时编制组合,由将军统领。这种战时编制为军,或为守捉、城、镇,上统于道。道有大将军,也称大总管、大都督。因边防需要,在唐代大规模战争结束以后,在边疆要塞基本上仍保留了这种体制。而按平时守备、养兵的要求,战争结束后，这种战时体制就必须解散，即所谓："将归于朝，兵还于府"，目的是防止大将拥兵自重。如果应付下一场战争，还得用符契重新调集府兵组合征战。由此可见，利用符契控制军队，使用兵权经常掌握在中央，主要是防止地方势力和高级将领长期把持军队。所以，兵符制度是古代社会加强中央集权制度的一个有效措施。

6 为将的韬略

历代君主对手握重兵的将帅都是存有戒心的，谙熟兵法谋略、善知人主心理的将帅又何尝不清楚这一点？有的力避猜忌，以免招来杀身之祸，亦有的设法造成令人迷惑的假象，伺机夺权，历史上这类事例不在少数。

公元前 230 年到公元前 225 年期间，秦王政按照"远交近攻"的战略方针，相继吞并了韩、赵、魏、燕等国，紧接着开始了伐楚的准备，秦王先征询青年将领李信的意见，问他伐楚需要多少人马。李信正陶醉于灭燕战争的功劳之中，十分自信，认为只需要 20 万人马就足以灭楚。接着秦王又征求老将王翦的意见，王翦却认为："楚国土地广阔，人口众多，虽然屡次受挫，仍有相当兵力，不可轻视。以臣愚见，要讨平楚国，非有 60 万大军不可！"秦王听了很不高兴，便斥责说："王将军真是老了，这么胆怯。李信都只要 20 万人，我看还是让年轻人冲锋陷阵吧！"于是，秦王令李信和蒙武率 20 万人攻楚，王翦则乘机称病告老还乡，杜门谢客，过他的安闲生活去了。

谁知李信、蒙武大军深入楚境之后，虽然连克数城，但不久就遭楚国大将项燕的反攻，秦军大败，失去两个营寨，七名都尉战死，楚军乘胜追击三天三夜，杀得李信弃城而逃，前功尽弃。秦王听说李信吃了大败仗，后悔不听王翦的意见，只得再去请王翦出征。王翦推辞说："老臣年迈多病，实在难以当此重任，为了不致贻误大事，乞请君王另选贤将为妥。"但秦王执意要他领兵出征。于是，王翦再次要求有60万人马，否则，万万不敢受命。秦王迫于军情紧急，只好答应王翦的要求，并拜为大将，以蒙武为副，率60万大军继续完成灭楚的任务。

◎王翦像

王翦临行之时，秦王亲自送到霸上（今西安市东）设宴饯行。席间，王翦请求秦王多赏赐一些美田、房宅、园池。秦王笑着说："老将军打了胜仗回来，可跟寡人同享荣华富贵，还担心晚年穷愁潦倒，衣食无着吗?"王翦说："在君王手下为将，即便有再大的功劳也不封侯，所以请求多多赏赐田地、园池和房产，以便为子孙后代留下一点家业。"秦王听了哈哈大笑，未置可否。王翦启程后，经蓝田至武关，一路上连续5次派使臣回朝，请求秦王快点赏赐田园房舍给他。这种要求赏赐的做法令人难以理解，王翦身边的人也看不下去了，劝他说："将军一路上不向君王报告军情，反而不断派人要求封赏，这是不是太过分了呢?"可是，王翦却笑着说："你们有所不知啊!自古以来哪个君王对大臣没有猜疑之心呢?你们能说秦王不是这样的人吗?我所率领的60万大军，几乎是秦国的全部兵力了，他怎么能放心呢?一旦心生疑忌，轻则派人监督，束缚我用兵的手脚；重则解除兵权，甚至还会招来身首异处的祸患。我再三请求赏赐，难道真的是为了一点田地、房屋?不,这不过是借此让他对我放心,使我能够放手用兵罢了。”果然,王翦受到秦王信任,得以全力施展兵力,很快就打败了项燕,灭了楚国。王翦因为在秦王面前装出一副胸无大志、斤斤计较的模样,解除了君主的猜疑之心,所以,统一以后,幸得无事。

三国时,魏国辅政大臣司马懿在篡夺曹魏大权过程中,略施小计,使得曹氏宗室深信不疑。司马懿是曹魏的开国功臣,在南抗东吴、西拒蜀汉、北灭辽东公孙渊的战争中,立下了赫赫战功,在曹魏统治集团中有很高的威望。魏景初三年(239),年近70的司马懿和宗室曹爽共同辅佐8岁的齐王曹芳继位。曹爽怕司马懿权重难制,把他由太尉调为太傅,削去了他的军政大权,司马懿深知功高盖主,遭到谗忌,索性装病,闭门不出,暗中伺机反击。

曹爽听说司马懿突然患病,颇觉蹊跷,便派新任荆州刺史李胜以辞行为名,去探察虚实。为了蒙蔽曹爽,司马懿故意装作年迈病重的模样,倚坐于床上,满屋药味,听不清李胜讲话。婢女把衣服递给他,他抖抖索索抓不住,衣服掉到地下。婢女喂他喝粥,他难以下咽,粥汤流到胸前。最后,他竟泪流满面,拜托李胜在他百年之后好好照顾其子司马师和司马昭。李胜回去向曹爽报告说:“司马公病入膏肓,形神离散,只是一具尚有余气的尸体,不足为虑了。”曹爽等也信以为真。

经过一番秘密准备,司马懿父子趁曹爽等魏氏宗室不备,在正始十年(249)正月初六,突然发动政变,将曹爽及其支持者一网打尽,从此曹魏政权完全落入司马氏之手,曹芳则成为他们手中的傀儡。司马懿就这样通过装病麻痹了曹魏宗室,赢得了反击的时机。如果他不是以这类韬晦之略假意让出大权,则必然遭到曹氏的进一步迫害。

王翦和司马懿是古代能够以韬略逃避君主猜忌的典型人物。在古代专制皇权不断膨胀的过程中，既掌大权又不被君主猜忌的将领，的确越来越少了。过去拥兵征战的将领，在天下太平以后，一般就是两条出路，要么解甲归田，不问世事，或许还能得以善终；要么就是主动或者被迫发动兵变，利用手中掌握的军队，争夺政治的最高地位，极少数或许能建立新的帝业，而更多的则是玩火自焚，弄得身败名裂。

7　兵强马壮做天子

赵匡胤原是后周世宗麾下一员得力战将，受到周世宗的赏识，担任了禁军统帅殿前都点检。世宗死后，兵权就由赵匡胤掌握。周恭帝即位，主少国疑，政局不稳，京城开封人心浮动。而就在公元960年的春节，后周朝廷正在举行朝见大礼的时候，忽然接到边境送来的紧急战报，说北汉国主和辽国联兵来攻，大臣们慌作一团，宰相范质、王溥赶快让赵匡胤率禁军出征迎敌。

过了两天，赵匡胤调集了兵马出汴京直奔北方而去。当晚，大军驻扎在京城20里外的陈桥驿，随赵匡胤出征的赵匡义和赵普等亲信、谋士却在暗中活动，怂恿兵变。次日清晨，一伙将士全副武装地来到赵匡胤的馆舍之外，吵吵嚷嚷，冲进驿中。赵匡胤在睡梦中惊

◎陈桥驿（位于今河南封丘）

起，只见将士们个个手执兵器列队于前，高声叫道：“诸军无主，请点检为天子。”赵匡胤还来不及回答，便有人将一件早已备好的黄袍披在他身上，众将士跪倒在地，磕头施礼，山呼万岁。赵匡胤假惺惺地拒绝，但众将士不听，又推又拉地扶他上马，拥逼他一同南行，回到了京城。将士们把宰相范质、王溥找来，赵匡胤哭着说：“吾世受世宗厚恩，今为六军所逼，一旦至此，惭负天地，将若之何？”范质等还未答话，有一个叫罗彦瓌的军校就手按宝剑厉声喝道：“我辈无主，今日必得天子！”赵匡胤叱其退下，罗彦瓌也不予理会。范质等见事已至此，也不得不俯首称臣。这样，赵匡胤通过陈桥驿兵变，迫使周主禅位，建立了宋朝，是为宋太祖。

类似“黄袍加身”的事例，在五代时期是一个常见的历史现象。这还要从唐末藩镇说起。

所谓“藩镇”，原来是唐朝为巩固地方和边疆统治，派一些将领为节度使驻扎一地，拥有当地军、政、财等大权。他们“既有其土地，又有其人民，又有其甲兵，又有其财赋”（《新唐书·兵志》），很快发展成为强大的地方割据势力。安禄山就身兼三镇节度使，凭借强大的实力，酿成了长达8年之久的“安史之乱”。在平叛过程中，唐朝也只能利用其他藩镇的兵力来镇压叛军，或加封带兵的刺史为节度使。这样，安史之乱虽然平定了，但藩镇却越来越多。史书上说，安史之乱以后，“方镇相望于内地，大者连州十余，小者犹兼三四”，整个唐朝藩镇林立，实际上已处于分裂状态。

藩镇和朝廷以及藩镇之间，都存在着利益之间的矛盾，所以，它们经常“喜则连横而叛上，怒则以力而相并”，使唐后期的政局极度动荡不安，叛乱战争无有宁息，先后发生了“四镇之乱”、“泾原兵变”等。藩镇内部也混乱异常，他们对境内的百姓都实行暴虐的统治，让老弱在田间耕稼，所有的丁壮都征发为兵。节度使的职位往往是父死子继，将兵之间也往往用父子恩义来维系，尤其是挑选一些精勇组成亲信“牙兵”。牙兵是节度使武装的核心，他们多“父子相袭，亲党胶固”，有着共同一致的利益。为了笼络人心，节度使往往对牙兵供给丰厚，以得到他们的死力相助。但是，这也使牙兵骄横无比，狂妄至极，只要节度使对他们稍不如意，他们就闹兵变，对节度使或杀或逐，另立新主，形成了“变易主帅，如同儿戏”（《旧唐书·罗弘信传》）的局面。

欧阳修在分析唐末藩镇割据时说：“故兵骄则逐帅，帅强则叛上，或父死子握其兵不肯代，或取舍由于士卒，往往自择将吏，号为‘留后’，以邀命于朝。天子顾力不能制，则忍耻含垢，因而抚之，谓之姑息之政。盖姑息起于兵骄，兵骄由于方镇，姑息愈甚而兵将愈俱骄。”（《新唐书·兵志》）这种强臣悍将骄兵布天下的局面到五代时期并没有多大的改变，所不同的是先前的节度使纷纷称王称帝，给后来的节度使带来效法的榜样。后梁太祖朱全忠（朱温）由宣武节度使抢到帝位；后唐庄宗李存勖继承父亲李克用的河东节帅，以灭后梁而得帝位；后唐明宗李嗣源由镇州节度使带兵镇压魏州兵变，反而联合兵变军队取得帝位；后唐末帝李从珂（本姓王）由凤翔节度使起兵抢得帝位；后晋高祖石敬塘由太原节度使求助于契丹而抢得帝位；后汉高祖刘知远亦由太原节度使而夺得帝位；后周太祖郭威由天雄军节度使邺都留守起兵，再通过兵士拥立的戏法而得帝位。

既然皇帝多由节帅而来，所以，五代时的强大节帅多想做皇帝。后晋的安重荣就曾露骨地谈过这一想法。安重荣出身于军卒，暴至富贵，见后唐废帝、后晋高祖皆自藩侯得国，也萌发了这一念头，他对别人说：“天子宁有种耶？兵强马壮者为之尔!”节镇的军卒,尤其是亲军(在朝廷则为禁军),多半被主帅以“养子”、“义儿”的关系来笼络,因此,有些亲军也称作“义儿军”,为节镇的军队中坚。他们通过拥立主帅,可以得到丰厚的赏赐,也就巴不得主帅成为国主。因此,李嗣源、李从珂、郭威等就是通过兵士的拥立而登上皇帝的宝座,而那些将士,或以“养子”的身份继承帝位,如柴荣即是郭威的养子,成为周世宗;或者因拥立之功成为新的节帅、军将,握有一方大权,又可为他们觊觎神器创造新的条件。短短的五代历经 53 年,改朝换代恰如走马灯似的频繁,就主要是由骄兵悍将所造成。宋太祖赵匡胤的陈桥驿黄袍加身,不过是郭威等的故伎重演罢了。

8 兵权与皇权

宋太祖赵匡胤通过陈桥驿兵变,“黄袍加身”,从节度使、禁军统领做到了皇帝,在当时军阀混战、争立为帝的气候下,自然有许多人不服气。宋朝建立不出半年,就有李筠和李重进两个节度使起兵反叛,赵匡胤亲自出征,才将他们平定。而后,他单独召见谋士赵普,询问解决五代以来“兵强则逐帅、帅强则叛上”的办法。赵普分析说:“唐季以来,战斗不息,国家不安者,其故非他,节镇太重,君弱臣强而已矣。今所以治之,无他奇巧也,惟稍夺其权,制其钱谷,收其精兵,天下自安矣……”赵匡胤便决心削夺节度使的权力,这就演出了一场历史上称作“杯酒释兵权”的活剧。

不久,赵匡胤即召掌握重兵的大将石守信、王审琦饮酒。几杯过后,赵匡胤举起酒杯说道:“我要不是有你们的帮助也不会有现在这个地位。可是你们不知道，做皇帝也有很大的难处，还不如做个节度使自在。不瞒各位说，做皇帝以来，我还没有睡过一夜安稳觉呢!”石守信等人听了十分惊奇，忙问何故。赵匡胤说:“皇帝的位子，谁不想坐呢?”石守信等人都连忙磕头说:“陛下何出此言?现在天下已定，谁还敢有异心呢?”赵匡胤说:“对你们我是完全放心的，就怕你们的部下将士当中，有人贪图富贵，以黄袍披在你们身上，你们想不干，能行吗?”石守信等听到这里，感到大祸临头，纷纷磕头不止，哭着说:“我们都是粗人，没想到这一点，希望陛下指一条生路。”赵匡胤又说:“人生在世就好像白驹过隙一样非常短暂，想要富贵的人，不过是多积些金银，除自己享乐外，还要使子子孙孙过上好日子。要想安稳太平，你们不如把兵权交出来，到地方上做个闲官，买田置产，终日饮酒作乐，君臣间也无猜忌之嫌，上下相安，这样终其天年，不也很好吗?”石守信等人听到这里，齐声拜谢。第二天一早，他们都称病引退，赵匡胤马上照准，收回他们的兵权，赏赐大笔财物，安排他们做一些散官，有的还结为儿女亲家。对其他地方的节度使，也基本上按照这个原则解除其兵权。此后，宋朝建立了新的军事体制，从地方军队中挑选出精兵，编成禁军，由皇帝直接控制，这样才逐渐改变了五代骄兵悍将专横跋扈的局面，中央皇权得到了极大的加强。

◎杯酒释兵权(绘画)

在古代，大凡拥有重兵的将领多半被君主所猜忌，这是很正常的，因为，封建皇权本身就是依靠军队来夺取的，要想保住它，也必须拥有一支强有力的军队，控制住军权。尤其是通过武力夺得天下的皇帝，对这一点认识得最清楚，对拥有兵权的功臣宿将也就猜忌得最强烈。他们要想方设法使将领的兵权分散或者解除，自己好牢牢地控制住军队。从某种意义上来说，只有掌握了军权和军队，才能掌握皇权，这是古代政治制度的一大特点。在解除将领兵权、集中中央兵权方面，宋太祖在历代帝王中算是一位佼佼者，基本上是通过和平的手段解决问题的，用了"赎买"的方式，使君臣上下相安无事，也没有造成军队、社会的不稳定。可是，在许多朝代，解决这一问题的过程，往往伴随着一幕幕血腥屠戮的惨剧。

刘邦以一曲《大风歌》唱出了"安得猛士兮守四方"的宽广胸襟。他在楚汉之争的战斗中，是以善于用人而著称的。然而，天下稳定以后，却开始对那些曾经追随他四处征战的宿将故旧不放心了，寻找借口将他们一一翦除。例如，韩信是一员出了大力的将军，楚汉战争时期曾在关键时刻要挟刘邦立他为王，当然令刘邦不放心。所以，有人上书告韩信谋反，刘邦就不分青红皂白，将他贬为淮阴侯，削去其兵权。"飞鸟尽，良弓藏；狡兔死，走狗烹"。其他功臣见此，惶惶不安，也就有人反叛，陈豨即是其中的一个。在平定陈豨的叛乱过程中，又据说韩信早已与陈豨有勾结，干脆将韩信逮捕杀掉。类似的还有彭越、英布、臧荼等，都是以谋反的罪名被处死的。汉初封的七个异姓王，杀的杀，废的废，逃的逃，只剩下一个小小的衡山王吴芮，成不了气候，朝廷才算罢休。

明太祖朱元璋在这方面比刘邦有过之而无不及。从他立国之始，就警告文武勋臣，不可效法西汉韩信、彭越"事主之心日骄，富贵之志日淫"，这已经预示着对功臣勋将的杀机。丞相胡惟庸大权在握，可是有人告发他谋反，又勾结北元和倭寇。这真是剥夺其权的大好机会。朱元璋立即将胡惟庸满门抄斩，还先后株连了 30 000 余人。后来又说李善长知道胡惟庸谋反却没有报告,竟也将这位明朝开国第一号功臣,还是朱元璋的亲家,全家处死,虽然李善长有朱元璋亲赐的两道免死铁券,况且已经 77 岁,仍不免一死。大将蓝玉也被以谋反罪诛杀,当时穷究党羽,死者又达 15 000 余人。其他将领除了在战争中牺牲的以外,也多不得善终,如傅友德、朱亮祖、华云龙等都是死于朱元璋之手。

当然,像韩信、英布、胡惟庸这类人物,或许真有狂妄不法、恃功骄横、为害一方的罪行,可是,这在封建社会并不是什么大不了的,类似情形在权臣贵族阶层中肯定是广泛存在的。刘邦、朱元璋对功臣宿将的打击、杀戮,当然也可以起到抑制贵族地主不法行为的作用,消除其对皇权的威胁,达到巩固政权的目的。然而,他们所做的这一切,确又是围绕着军权的归属所展开。所谓"谋反",不过是皇帝为这些拥有一定军事实力的功臣宿将所加的罪名而已。

五　驭军御兵之道

古代帝王对于军旅的控制，不仅仅在于防止将领专兵、尾大不掉，而且，还要防止士兵作乱。历史上由下级军官和士兵发动的兵变、叛乱亦不在少数。军队的成分非常复杂，士卒来源于三教九流，隐藏着许多不稳定的因素，军旅往往成为产生社会大动乱的一个主要渊薮。

为此，古代军旅对军人（主要是士卒）管理严格，军法严酷，军刑残虐，军营内外诸般禁例就更为繁缛。这些军法、军刑多数是为了适应战争和军事活动的需要。除去严法的一面，古代军旅中也讲情义、恩义，以此作为感化士卒的手段。军事训练表面看来只是阵法、武艺的练习，而在有经验的带兵良将看来，这不仅是练手足，练耳目，更重要的在于练心，也就是通过训练，使士卒懂得军旅的规范，号令统一，步调一致，令行禁止，而且自觉地做到这一点。古代军旅中的御兵之道，在今天看来，有许多已经是旧时代的陈迹，特别是那些靠残害人体来驾驭士兵的做法，靠小恩小惠来感化人心的伎俩。

1 “军容不入国”

说起古代的军法，有一个著名的故事，前文已曾提到。春秋时期，齐国大夫司马穰苴是一位有名的将领。他原来地位很低。有一次，晋、燕联合攻齐，晏婴向齐景公推荐穰苴带兵迎击。穰苴认为，自己地位低，率领三军恐怕难以服众，就请齐景公派宠臣庄贾作为监军同行，景公答应了他的要求。于是，穰苴和庄贾相约次日中午在军营之门相会。穰苴早早地来到军营，设立计时的木表和漏壶，等待庄贾的到来。庄贾由于一贯受到景公的宠幸，骄傲跋扈，根本没把军中之事放在心上，而是与亲朋好友喝酒作乐，直到晚上才姗姗来到军营。穰苴先是对庄贾严厉责问，然后召集军法官，要对庄贾按“期而后至者当斩”的军法处以死刑。庄贾害怕了，赶快派人报告景公。可是不等景公使者来到，穰苴即按军法将庄贾斩首了，并传首示众。不一会儿，景公使者奉赦令来到，飞马驰入军营，穰苴说：“将在军，君命有所不受。”又问执法官：“纵马在军营中奔驰，该当何罪？”对曰：“按军法处斩。”使者大惧。穰苴说：“君之使不可杀之。”于是将其车夫斩首并杀了驾车的马匹，同样传首示众。晋、燕两国听说穰苴这样严格执法治军，纷纷罢兵。而齐景公也了解了穰苴带兵的才能，拜他为大司马。这个故事生动地说明，军法自古以来就是非常严厉的，而且具有很高的权威性。

军法产生得很早，应该说沿用了原始社会部落战争的一些礼俗，例如“成列而鼓”的老规矩直到西周后期还当作军法在遵循。从《左传》、《孙子兵法》等典籍中，我们了解到先秦就有诸如

《令典》、《军志》、《军政》等军事性法规著作，虽不能肯定其内容类同后世的军事政书，但从其书名和古籍中引录的若干文句来看，应当包括大量的军事律令和法典。军法的形成是伴随着军队、国家的形成和发展过程的。《司马法》是战国时成书的一部兵书，其中论述的一些军法原则，对后世影响极大。书中称“国容不入军，军容不入国”，已经十分明白地指出了军法与国法的差异及其特殊性。凡出征作战，国家官吏都要到军中传达军令：“入罪人之地，无暴神祇，无行田猎，无毁土功，无燔墙屋，无伐林木，无取六畜、禾黍、器械。其见老幼奉归勿伤，虽遇壮者不校勿敌。敌若伤之，医药归之。”(《司马法·仁本第一》)这就是十分明确的军法禁令了。其实，《尚书》的《甘誓》、《汤誓》、《费誓》和《牧誓》，无不是这样的内容。所以，这样的军法是和战前动员结合在一起的，还不能说是形成了稳定的成文法，但它毕竟是军法的一种形式。《周礼·夏官·诸子》就说：“若有甲兵之事，则授之车甲，合其卒伍，置其有司，以军法治之。”这里不但明确了军法的概念，而且还表明军中专门设有执法机构。

汉朝建立后，重新厘定了封建的法典，除了所谓《九章律》、《朝律》、《越宫律》以外，另有“韩信申军法”的记录。清末著名法学家沈家本在《汉律摭遗》中认为，《军法》在《九章律》之外，是由韩信所著的一部军事法典，它与孙子、吴子的兵法不是同一类书，后二者是谈谋略用兵的行军之要。此说固然有理，但更应指出的是，“律”与“法”还有一定的区别，“律”对于军事而言更为重要。《史记》有《律书》，虽然讲的是音律，然而司马迁说：“六律为万事根本焉，其于兵械尤所重，故云：望敌知吉凶，闻声效胜负，百王不易之道也。”他还在《太史公自序》中又说：“非兵不彊……《司马法》所从来尚矣，太公、孙、吴、王子能绍而明之，切近世，极人变，作《律书》第三。”司马迁是将《律书》当作兵书的，五音六律是一切事物的根本，对于兵器的使用尤其如此。所以，“律”对于军事而言，强调的首先是行动划一和节奏统一，而对于违背“军律”的行为，就当按“军法”来处置了。“期而后至者”按军法当斩，直到后世仍是如此。秦末，陈胜、吴广等前往渔阳戍守，途遇大雨，难以按期抵达，“失期当斩”，这也是军法的严厉规定。

东汉末年著名的军事家曹操是古代军法的第一位集大成者。史载曹操“御军三十余年，手不舍书，昼则讲武策，夜则思经传”，广泛收集整理东汉以前的兵家著作，择其精华，合以己意，殚心归纳，从而撰成《兵书接要》一书，主要论述严于治军、赏罚分明等内容。他还制定有《败军抵罪令》、《船战令》、《步战令》和《军令》等军法，严格规定了战前、临阵、制阵、战阵中以及战后各方面军事行动的具体要求，和对在各种情况下违纪官兵的处置、惩罚细则，特别是规定作战中必须严格、绝对地遵守纪律，服从命令，听从指挥，违者当斩。具体规定如：战前各部按要求部署自己的部队，并向军曹报告明白，违令者斩；士兵排阵的疏密绝对服从长官，违令者斩；士兵在作战时，前后左右等的各种行动要随旗幡所指，违者斩；战阵中一部受敌，余部不进救者斩；无军令妄行阵间者斩；吏士向骑兵阵驰马者斩；前进时有后退者斩；战阵中吏士有大声呼喊者斩，等等。对于其他非战时期的违纪行为也有相应的处罚规定。

此外，在历代朝廷颁布的法律、法典中也有若干关于军事法规的原则性条文，如《秦律》中的《公车司马猎律》、《戍律》、《厩苑律》、《屯表律》、《仓律》、《除吏律》等等，分别涉及军事演习、田猎、边防建设和戍守、军事后勤管理、军官任免等内容。《唐律疏议·擅兴》大部分为军律，《大元通制》则有《军律》，明清的法典中也有《兵律》。这些军事法律涉及众多军事罪名，反映了军旅社会生活的一个侧面。

2　“飞将军”的教训

唐代诗人王昌龄有一首脍炙人口的《出塞》诗：“秦时明月汉时关，万里长征人未还。但使龙城飞将在，不教胡马度阴山。”诗中歌颂的“飞将”，指的是西汉名将李广。李广以擅长骑射著称，他在40多年的戎马生涯中，驰骋于抗击匈奴的战场，身经大小70余次战斗，威震敌胆。他官至右北平郡太守、郎中令，官俸二千石，家里却无余财，为人廉洁，所得赏赐尽分给部下；对待士兵也十分宽和，常与士卒打成一片，同甘共苦，因此得到全军将士的拥戴。但是，李广治军也有一个致命的弱点，即对部队要求不严，管理不善，行军时不按编制的序列行动，宿营时既不打更，也不点名，让大家自便，指挥部公文表册也十分简单，致使部队纪律松散，给敌人很多可乘之机。所以，他虽然屡创奇迹，但多凭个人的机智和勇力，不太善于指挥大军作战，也不重视协同作战，这样也使他屡遭失败。最后，年逾花甲的“飞将军”竟在策应主力作战中，因迷失方向、贻误战机而获罪，被迫羞愤自尽。

◎李广骑射图壁画砖（甘肃敦煌佛爷庙湾村晋墓出土）

李广的故事给后人的教训是深刻的，治军不严是为将带兵者的大忌。因为李广廉洁清正、爱护部下，加之身先士卒，英勇果敢，随机应变，所以得到将士同心协力的支持，多少弥补了他治军不严的缺憾。当时另一位与李广齐名的将领程不识，与李广的治军风格就完全不同，行军时编制序列整齐，扎寨宿营，严密警戒，每日按时记录档册文书，军务庶事井井有条。但是，这苦了随他带兵的军吏，为管理军营事务，甚至彻夜不得休息。对比之下，程不识自己评论说："李广军极简易，然虏卒犯之，无以禁也，而其士卒佚乐，咸乐为之死。我军虽烦扰，而虏亦不得犯我。"（《史记·李将军列传》）言下之意是，李广虽然爱惜士卒，士卒也愿意为其死战，但军队松散，毕竟难以抵挡匈奴军的突然袭击，只有严格治军、严格管理，才能避免无谓的牺牲。

像李广这样治军不严的名将，在历史上是不多的。大凡战功卓著、青史留名的军事家，在治军带兵方面都强调一个"严"字，西汉初期的周亚夫就是其中一位。周亚夫是西汉开国元勋周勃之子，是文、景时期的重要将帅。他意志坚定，威严持重，以治军严整、法令严明而著称，尤其是他在细柳营的整军，成为军事史上的一段佳话。

汉文帝后元六年（公元前 158 年），匈奴进犯长安，周亚夫奉命率兵驻守在咸阳西南渭河北岸的细柳，与刘礼、徐厉等军共同防御匈奴。在细柳军营，周亚夫认为，匈奴骑兵剽悍善战，没有严整的军队就难以加强战斗力，无法抵御匈奴的进攻，于是，他在细柳进行了一番整军活动。他要求将士树立常备不懈的思想，一切行动听从指挥，令行禁止，并能随时投入作战，使部队始终处于高度战备状态。为此，在军营中，没有将军的命令，无论何人，都不得任意出入、调动军队。

一次，汉文帝到前线视察，来到各营慰问。先到了刘礼的霸上军营和徐厉的棘门军营，车驾都是长驱直入，毫无阻碍。可是，当文帝的先行官来到细柳营时，却被阻于门外。先行官说，天子随后就要到了。但主管守门的军门都尉却回答说："军中闻将军令，不闻天子之诏。"不久，文帝车驾来到，正式下诏给周亚夫，要求入军营劳军，周亚夫这才传令将营门打开，放文帝一行进入。守门的士吏还告诫从属的车骑人员，不得在军营中纵骑奔驰。文帝就让人牵着马缰徐徐行进。来到中军营，周亚夫手持兵器，身穿甲胄，仅仅作揖说："甲胄之士不拜，请以军礼见。"文帝见到军营中将士整齐有序，也肃然起敬，不觉从车上站起来还礼。慰劳完毕，车驾出营，群臣皆惊，而文帝非但不怪罪周亚夫，反而称赞他是一位真正的统兵将军。由于周亚夫治军出色，对抗击匈奴产生了重大作用。周亚夫也以优秀的军事才能得到朝廷的信任，先后担任了执掌北军的中尉和主管全国军务的太尉等高级军职。"周亚夫军细柳"成为历史上严于治军的典范。

后来，在西汉平定七国之乱的战争中，景帝命周亚夫率36将军迎击吴、楚叛军。周亚夫采纳赵涉建议，绕道武关，直抵战略要地昌邑（今山东巨野东南），挖沟筑垒，坚壁不出，以逸待劳，取得破敌的决定性胜利。这多得力于周亚夫治军严明，铁面无私。这说明，要使军队形成统一的步调，首先要有健全的法规制度，并且任何人都不得违反。罚不避亲、不畏贵，方可建立起权威，将领才有驾驭军队的能力。否则，制度废弛的军队，就会像一匹狂奔的烈马脱掉了缰绳一样，无法控制。

李广和周亚夫治军的故事，从正反两个方面告诉我们，对军队的日常管理也是十分重要的，这有利于军队保持常备不懈的警惕性。归根到底，严于治军对于提高部队的战斗力，意义重大，这是古代军旅中一条得到反复验证的经验。

3 恩义御兵术

古代兵家非常重视所谓“御兵”之术，也就是通过恩威并济的手段，驾驭士兵，使之俯首帖耳，为将帅卖命。军中有严酷的刑罚和严格的纪律，这是规范、约束士兵行为的必要条件。此外，将领还要运用奖赏手段来激励士卒发愤向前。然而，真正懂得御兵的将领都很清楚，要赢得士兵的拥戴，光有奖惩还是不够的，关键在于如何笼络士心。要以所谓的“恩义”来加强与士兵的联系，通过精神力量形成军队中的一种凝聚力，达到上下一心，令行禁止。

用“恩义”感化士卒，有多种方式，例如，通过血缘联系的纽带，造就“家兵”、“家将”。而更重要的，是将领在带兵时约束自己的行为，与士卒苦乐同享、劳逸同当。《史记·孙子吴起列传》说战国时著名将领吴起，“与士卒最下者同衣食，卧不设席，行不骑乘，亲裹赢粮，与士卒分劳苦”。更有甚者，士卒患有痈疽，吴起还亲自为其吮脓毒。一次，一个士卒的母亲听说吴起为自己的儿子吮疽，不禁嚎啕大哭起来。别人感到难以理解，说：“你的儿子不过是一个普通的士卒，吴将军却亲自为他吮吸疽毒，你为什么还要哭呢?”士卒的母亲回答说：“其实不是这样的。过去吴将军为我儿子的父亲也吮过疽毒，他受到感动，在战场上出生入死，结果牺牲在前线。如今吴将军又亲自为我儿吮疽毒，我儿也必定为其效死卖命，我将不知道他要战死于何方了!因此才痛哭流涕。”这一番话最直接、最清楚地表达了古代带兵将领所谓爱兵如子、与士卒同甘共苦的实质。将领平时对士卒的关心与爱护，换来的是士卒对将领的感恩戴德，打起仗来就会“战不旋踵”，义无反顾。这种以小恩小惠赢得士卒以死相报的御兵之术，也是古代兵家常用的“以礼治军”的内容之一。

武经七书之一的《六韬》，是古代一部著名的兵家经典，其中有一节《励军》，专门论述带兵的将领如何运用自己的“恩义”行动来感化士卒，使他们在内心真正为其所用。《六韬》借姜太公的名义说：“将冬不服裘，夏不操扇，雨不张盖，名曰礼将。”所谓“礼将”，就是守礼之将。冬天不应着皮裘衣服，夏天不要操扇取凉，而应与士卒同寒暑；下雨天也不要打伞，而要同士卒一样受淋。又说：“出隘塞，犯泥涂，将必先下步，名曰力将。”所谓“力将”，是说其有勇健之力，而这个“力”来自于他身先士卒，遇到狭隘堵塞和泥泞之地，将领如不亲自体察，就不了解士卒的劳苦。还说：“军皆定次，将乃就舍；炊者皆熟，将乃就食；军不举火，将亦不举，名曰止欲将。”从这种以不求安逸、节制嗜好和物欲来感化、激励士卒的带兵方法，足见古代兵家用心之良苦了。

历史上像吴起这样爱兵如子、身先士卒的将领可以举出很多。例如西汉名将、匈奴人称之为“飞将军”的李广，每逢饮水和粮食缺乏时，士兵不全喝遍了，他不到水边去；士兵不全吃遍了，他不尝一口饭，因此深得将士们的拥戴。东汉“云台二十八将”之一的冯异是光武帝刘秀的得力战将，但他从不居功自傲，每逢论功行赏，总是躲到一边树下，军中戏称其为“大树将军”。他对待士兵也特别宽和，有一次在邯郸分军时，士兵都愿作他的部下，听他的指挥。刘秀非常赞许他的带兵方法和在军中的威望，特别让他多带大部队。曹操治军也是有口皆碑的。为了提高部队的战斗力，并获得将士对他的信任和拥护，曹操对将士及其家属经常表示关怀。“为战士爱马”，“为战士爱粮”，是他常做的事。官渡之战后，曹操发布命令，慰问将士家属，并“授土田，官给耕牛”，以抚恤阵亡战士。北征乌桓以前，他又下令把自己封地的租赋收入分给将领、老兵和阵亡将士遗孤。这些举措赢得了战士之心。他收编的青州兵，开始不服管理，后来却成为其出死力的部队。曹操死后，青州兵竟因为不愿意接受别人的指挥而自行解散。南梁名将韦叡也非常关心战士。每次出战，凡营幕未立，从不肯先自休息，井灶未安，决不先自饮餐。他以身作则，临阵当先，因身体瘦弱而不能骑马，但每战都坐了木板车子，手执白角如意在阵前督战，守必坚，攻必克，勇猛顽强，将士都能效死从命。敌人畏之如虎，因有“韦虎”之号。

古人带兵不可能有十分明确的政治思想教育，除了一般性的“忠君”、“爱民”的灌输以外，再就是军纪军法的约束。而士兵多来自于社会底层，对太高深的道理难以理解，对于何谓“君”、何谓“国”，认识其实是模糊的，他们与百姓的关系也是扭曲的。所以，他们更注重军旅中的情感和所谓“恩义”。将领若能与士卒同甘共苦，战士必将尽死力报效。并不是士卒愿意去死、乐于受伤，而是因为感激将领深知士卒的寒暑劳苦和饥饱，体谅下情，用时髦的话说，就是“理解情结”在起作用。以此治军，自然士气奋发，战必胜，攻必取了。尽管这是旧时代军队中的带兵传统，其中糟粕自然可见，但是，对今天加强和改善官兵关系、上下关系来说，也有一定的借鉴意义。

4　“运用之妙　存乎一心”

宋代抗金名将岳飞曾为老将宗泽部下，多靠奇袭胜敌，屡建战功，深得宗泽赏识。宗泽教导岳飞说：“尔勇智才艺，古良将不能过,然好野战非万全计。”因此,他亲自教授岳飞布阵的阵图和阵法,岳飞心领神会,说了一句令后世兵家广为引证的名言:“阵而后战,兵法之常;运用之妙,存乎一心。”宗泽颇以为然。

关于“运用之妙,存乎一心”,人们有不同的理解。从一般意义上来说,“存乎一心” 就是存在于一个人的智慧和心机之中。有许多学者强调做学问在于思考,得出个人的见解,并常引证岳飞的这句名言。著名文史学家蒋伯潜在讨论治学方法时就说过:“盖规矩可以予人,而运用之妙,存乎一心,则又在学者之自得矣。”(《十三经概论·论修养与教学》)这样的理解是相当普遍的。学者们将“存乎一心”的提法,运用到学习、研究的范围里,强调勤于思考、善于探索,不是把治学规律和方法当作教条,生搬硬套,而是要活学活用,发挥学者的主观能动性,这是完全正确的。

然而,在军旅中,战争的胜负并不完全取决于将帅的聪明智慧,尽管这是对敌斗争中的一个重要条件。《孙子兵法》就说:“将者,智、信、仁、勇、严也。”把“智慧”列为为将的第一个条件。岳飞所说的 “运用之妙”, 其实就包含了将领对兵法的巧妙运用,而“存乎一心”并不是说某一个人的用心,而是强调要全军上下一条心,同心同德按将领的意图去完成作战任务。也就是说,“一”字应作动词,不能看成“心”的形容词。“运用之妙,存乎一心”,揭示了取得战争胜利的一个关键,即将士之间在思想上的高度一致,组织、行动上的高度统一。有了这个条件,才能发挥用兵之“妙”。

自古兵家就十分强调 “一心”。春秋时期著名军事家孙武说:“道者,令民与上同意也。”(《孙子·计篇》)就是说,君臣一心,军民一心,官兵一心,总之,全国上下一条心,是军事的核心问题。在《孙子·九地篇》中又说："齐勇若一，政之道也；……故善用兵者，携手若使一人，不得已也。""犯三军之众，若使一人。"《司马法·严位》则说："凡战之道：位欲严，政欲栗，力欲窕，气欲闲，心欲一。"意思是，用兵的原则，讲究各级职权严格划清，军纪政令要使人畏惧，使用战斗力要敏锐快速，士气要舒展振奋，全军要齐心作战。《尉缭子·战威》也一针见血地点出了统一思想是落实军令的根本："令者，一众心也。"《六韬·武韬·兵道》借太公之口，强调："凡兵之道，莫过于一。一者能独往独来。"《唐太宗李卫公问对》卷下说："用众在乎心一，心一在乎禁祥去疑。"意即要用好兵，关键在统一全军的思想；要统一全军的思想，必须禁止求神问卜和犹疑不决的干扰。上述古代著名兵家著作关于"一心"或"心一"的论述，都是指全军上下一条心，并不是指将领个人的聪明才智。谙晓兵法的岳飞当然是懂得这一点的，"运用之妙，存乎一心"，正是点出了万众一心在军旅生活和征战中的重大意义。

在军事实践中，岳飞也的确努力贯彻"一心"的原则。他好散战、好野战，却并不是不讲究按作战计划统一行动和各部队的协同。他练兵精良，纪律严明，组织严密，纵然战斗中人自为战，也仍是战斗队伍有机整体的一个组成部分，并不是没有组织的乌合之众，说明他运用兵法，突出"一心"，已经达到了"妙"的阶段。

只有思想上的统一，才能带来行动上的一致。岳飞本人抱负着恢复大好河山的雄心壮志，也就以此来统一将士的思想。他拒绝皇帝为他营造豪华的宅第，终身不纳妾，不贪酒，声称"文臣不爱钱，武臣不惜死，天下太平矣"。以其一腔热血精忠报国。对将士的要求亦很严格，凡士卒有私自拿了百姓的一缕麻、一束草者，就立斩不赦，以至夜间行军至村舍，百姓开门，将士

◎安阳岳飞庙外景

也没有一人敢擅自入内。岳家军号称"冻死不拆屋,饿死不虏掠",这就是"一心"的结果。用这种思想和精神统一起来的将士,投入战斗,还有什么样的兵法不能为将所运用呢?正如明代军事家戚继光评论岳飞时所说:"以寡御众之道,须联数万人之心为一心,合数万人之力为一体,则势齐力倍,勇气自增,所谓'撼山易,撼岳家军难'之机也。"以数万人之心合为一条心,以数万人之力并成一股力,一齐拼死向前,冲锋陷阵,就会战必胜,攻必克,势不可挡。这就是金兀术为什么会认为岳家军比山还要坚固而难以撼动的根本所在。真是英雄所见略同。

5　戚继光练兵

明隆庆三年(1569)二月的一天,长城重镇蓟州(镇守地区相当于今河北长城内东起山海关、西至居庸关及天津市以北一带,总兵官驻今河北迁西西北三屯营)来了一队3 000人的兵卒。这一天,寒冷的春雨下个不停,凛冽的北风刺人肌肤,可是,这3 000名兵卒列队于郊野,从清晨到下午,大家虽然都被淋得浑身透湿,无一根干纱,却没有一人乱走乱动,全军仿佛雕像一般,站得整整齐齐。平日里娇情、散漫成性的蓟州兵士看到以后,十分惊讶,开始懂得了什么是军令。蓟州的将领也赞叹不已。原来，这支部队是著名将领戚继光所训练的浙兵，是戚继光受命到蓟州练兵后，专门从南方带来的。

戚继光家族世代为将，他自幼随父亲戚景通读书、习字、练武艺，受到良好的军旅文化教育。他承袭父职，为登州卫指挥佥事，后来又考中武举，被提升为署都指挥佥事，分管山东全省沿海御倭事务。戚继光在此任期内大力修建海防工事，整顿军纪，加强练兵，使山东海防日趋巩固，受到各方面的称赞。于是，他又被调到倭患严重的东南沿海为朝廷出力。戚继光在东南沿海的抗倭战争中，深感明代兵制废弛之弊，以骄兵悍将为切肤之痛，决心训练一支纪律严明、能征善战的新军。他曾感叹地说："凡司三军之上者，必曰练兵。夫此练字，即练丝者将生练熟以织彩之谓也。巧匠能练无知觉之生丝使之熟，而将官乃不能练有知觉之民使之战，不亦愧于工匠乎？"（《戚少保年谱耆编》）因为原有的军队成分复杂，积习难返，官兵素质太差，所以，戚继光练兵从招兵开始，注重兵员的选拔。

◎戚继光画像

嘉靖三十八年（1559）十月，经朝廷许可，戚继光来到南宋抗金名将宗泽的家乡浙江义乌，那里有许多贫无所依但勇敢无畏的矿工和农民。戚继光在这些人中精选了 3 000 人，经过严格训练和作战的考验，组成了戚继光抗倭军队的中坚力量，使倭寇望风披靡，这支新军就被誉为"戚家军"。经过练兵的实践，戚继光总结选兵的标准是：以胆气为主，不能以貌取人；应当着重招收面黑手粗、心地老实、为人本分的农村人，而不应当招收城市里见多识广、油头滑脑的刁钻之徒。否则，难以达到训练的目的。新兵招入以后，首先要对他们进行思想教育，使之“正心术，立志向”，“以保民为职”(《练兵纪实》)，严守军纪，服从节制。这种练兵注重练心，强调军队思想教育的治军方法，在古代的确是难能可贵的。古代将领治军，多半是对士卒恩威并用，诱之以利，逼之以刑，把士卒当牛马、当走狗。戚继光治军虽然也难逃“愚民”、“愚兵”的窠臼，但能注重对士卒进行当兵打仗的目的教育，不以追逐荣华富贵为本，在治军思想上是进步的。

在武艺训练方面，戚继光最反对华而不实的花架子，讲求一切从实战出发。他在《纪效新书·总叙》中指出：“今所习所学，通是一个虚套，其临阵的真法真令，真营真艺，原无一字相合。及其临阵，又出一番新法令，却与平时耳目闻见无一相同。如此就操一千年，便有何用?临时还是生的。且如各色器技营阵，杀人的勾当，岂是好看的?今之阅者，看武艺，但要看周旋左右，满片花草；看营阵，但要周旋华彩，视为戏局套数……此是花法胜，而对手功夫渐迷，武艺之病也；虚文张，而真营却废，制阵之病也。”为克服这种应付上级检查的校阅中的弊端，戚继光在训练时，视兵卒年龄大小、身材高低和体质强弱，操练不同的兵器，长短兵器互相搭配，创造了以“鸳鸯阵”的12人组成一个作战单位为基础的练兵方法，后来在北方，他又针对蒙古骑兵大部队活动及长城一带地形等特点，创造了以车、步、骑、炮、辎诸兵种协同作战为基础的练兵方法，都收到了很好的效果。

嘉靖四十年(1561)，戚继光率领经过严格训练的戚家军与侵扰台州地区的倭寇作战，前后历时一个月，戚家军九战九捷，共擒、斩、焚、溺倭寇5 400余人，救出百姓万余人，而戚家军仅阵亡数十人。次年四月，戚家军又在浙江温州地区与倭寇激战约一个月，歼敌数千名，浙境倭寇基本肃清。然后，戚继光奉调福建、广东抗倭，在各方面的配合下，也取得了大捷，充分展示了戚继光所练新军的威力。由于他练兵取得实效，到隆庆元年(1567)五月，朝廷又任命戚继光以都督同知总理蓟州、昌平、辽宁、保定四镇练兵，职权与总督相同。

在蓟州的练兵，他也是从改变军队成分入手，从南方调集训练有素的浙兵作为新军的骨干，又在浙江等地重新招募了2万人，用“掺沙子”的办法，使蓟州驻军素质大变。戚继光先后整训了蓟州的16万大军，分布于2 000余里的长城线上。隆庆六年(1572)秋，他还在防区内进行过一次有10万人参加的合练和大检阅。各兵种在统一指挥下协调行动，这在明代军事训练中是少有的。这次大合练，不但朝廷巡视大员赞不绝口，还给北方蒙古贵族以很大的震慑，以致长期不敢骚扰边疆。戚继光总结他的练兵经验，写下了《纪效新书》和《练兵实纪》两部著名兵书，给后世留下了宝贵的军事理论遗产。

6 残酷的军刑

五代时期，军阀横行，兵连祸结。军阀战争对社会造成极大破坏，人民厌恶战争，士兵也逃避战争。军阀对军队的控制也更为严格，军队刑罚极其残酷，常以屠杀士兵、甚至株连家属来维系军队。后梁太祖朱温是黄巢农民军的叛将，降唐后赐名全忠，不久，却灭唐自称皇帝。他规定，用兵作战，倘若统兵将领战败阵亡，而士兵逃还，要全部杀死，这叫作“拔队斩”。这样残酷的刑罚是古代“连坐法”的一种。连坐法自古有之，秦代最烈。它本不是专门针对军旅的。按《史记·商君列传》所说，“令民为什伍，而相收司连坐”。所谓“收司”，就是互相检举揭发，一家有罪，九家连举告发，若不纠举，则十家连坐。这是对居民邻里的连坐法。然而，“什伍”却是军事编制。《商君书·境内》说：“一人逃而刭其四人，大将战及死事而刭其短兵。”意思是，战时一人逃走，伍（军队最基础战术单位）中其余四人连坐；主将战死，士兵连坐。由此看来，“拔队斩”又不是朱温的发明了。从商鞅规定的军队连坐法，我们了解到，古代的军事刑罚要比其他方面的刑罚残酷得多。

古代军队中违反禁令的刑罚最重的是斩首，也是使用得最多的一种。按罪名，秦代规定，凡服徭役未按照官府规定的时间如期报到，称作“失期”，失期者要受到惩罚。一般的徭役失期三到五天，要受到斥责，失期六到十天要罚交一盾，超过十天，要罚交一甲（罚“一甲”、“一盾”，是指罚缴等值于“一甲”或“一盾”的钱或物）。而对谪戍或战事失期者，处罚就不同一般了。秦二世元年七月，陈胜、吴广被征发前往渔阳，走到大泽乡集中时，碰上天下大雨，道路不通，料想必定“失期”，即不能按时到达，“失期，法皆斩”。这是司马迁《史记·陈涉世家》的记载。如果说这是属于较为严酷的秦法，那么较为宽松的汉代法律对于军事行动的“失期”罪，仍然予以严厉的处分。据《汉书》记载，著名的旅行家、凿通西域的张骞就差一点因此罪名而被杀。当时，他任卫尉，同“飞将军”李广一同出击匈奴，但是张骞在这次军事行动中没有及时行动，按法律“后期当斩”，但后来通过赎罪的形式，被废为庶人。因为军事行动的协同与配合关乎战事成败，所以“失期”或“后期”都是较重的罪名。类似于此的“乏军兴”即贻误军机的，也是一律要处斩的，这在历代法典中都有明确的规定。

唐代李筌的《神机制敌太白阴经》谈到军营的许多禁令，凡是违犯，就要斩首。例如，诳惑讹言、妄说阴阳卜筮、妄说鬼神灾祥以动众者斩;在军营中呼叫奔走、妄言烟尘、无故惊军者斩;遗弃武器军事装备者斩;以强凌弱、赌博愤争、酗酒喧哗、恶骂无理、于理不顺者斩;军中奔走军马者斩;更铺失候、犯夜失号、擅宿他火(火,军营基本单位)者斩;侵欺百姓、奸居人子女及将妇人入营者斩,等等,禁令中处以斩刑的不可谓不多。这些大多是沿袭了古代严格治军的做法。三国时诸葛亮治军也有七禁,内容也严厉得惊人,例如兵刃不磨、器仗不坚要斩,衣装不干净鲜艳要斩,队伍不整、失乱行次也要斩。因这些小过失而处以重刑罚,只是应用于军旅征战之中,目的是树立军令军禁和军将的权威,"过轻罚重"这一军事刑罚的基本精神,重点不在于惩罚违禁的士兵,而在于教育、训诫其他的士兵,所谓"杀鸡给猴看"、"杀一儆百"这些招数,在古代军将看来,还是颇为灵验的。当然,他们是把士兵的生命当儿戏,根本不把士兵的人格放在眼里。

因为斩首之刑在军旅中起到威慑军众的作用,所以,斩刑要在一定的场合,通常在军营门外施行。古代贵族行军、田猎止宿野外为营时,常以战车为屏藩,出入之处,竖直两车,用车辕交叉为门,所以,人们称营门为辕门。凡违犯军营禁令和军法而处以死刑的,必在辕门斩首,有的还要将其首级在三军中示众。因为辕门多指军中主帅之军营门,而施斩刑处多为中军,设有旗鼓,所以,古代也称军中斩杀人的地方为"鼓下"。《后汉书·岑彭传》说了这么一件事:刘秀起兵后攻打河内郡,河内太守韩歆曾准备抵抗,后来不及备战,只好迎降刘秀。刘秀得知韩歆的企图以后,"大怒,收歆置鼓下,将斩之",后来还是岑彭为之说情,刘秀才宽赦了韩歆,并起用他为军师。唐代李贤注"鼓下"说:"中军将最尊,自执旗鼓,若置营,则立旗以为军门,并设鼓,戮人必于其下。"可见,辕门和鼓下是一个地方,都是军中行刑之所。

斩刑在上古之时并不是以斩首为主，而是实施腰斩。实施腰斩的刑具则是铁锧。铁通“斧”，类似后来的铡刀；锧或作“质”，是垫下面的砧板。铁锧后来也作铁钺、斧钺，都是军中处以斩刑的刑具。《周礼·秋官·掌戮》郑玄注曰：“斩以铁钺，若今腰斩也。”而《国语·鲁语上》则曰：“大刑用甲兵，其次用斧钺。”只因斧钺为军中重要的刑具，由主帅掌握，所以，斧钺后来也就成为军将出征时拥有生杀大权的象征。《新唐书·百官志》记载：“凡将出征，告庙，授斧钺；军不从令，大将专决。”军中斩刑如此之多，又以斧钺授以军将使之得以专杀，无非都是要极力提高军将对军队的控制之权，这一点在宋代以前表现得尤为突出。

7 “招刺”

宋朝名将狄青是行伍出身，在征讨西夏的战争中，曾在四年内前后经历 25 战，中流矢 8 次。由于他勇猛善战，又得到大臣韩琦、范仲淹的赏识和培养，后来被提升为军官。经过 10 余年的征战，狄青做了马军副都指挥使这样的高官，地位十分显贵。《宋史·狄青传》说他这时“面涅犹存”，宋仁宗常常下敕，要他敷药除字，狄青指着自己的脸对仁宗说：“陛下以功擢臣，不问门第，臣所以有今日，由此涅尔，臣愿留以劝军中，不敢奉诏。”所谓“面涅”，是从五代到宋代军队中一种对待士兵的特殊做法，也就是在士兵脸上刺字涂墨，以标明士兵的身份。

“涅”的本义是一种黑色染料，后引申为以墨涂物。《尚书·

吕刑》有“墨辟疑赦”一句，汉代学者孔安国作注说：“刻其颡而涅之曰墨。”可见，古代的墨刑方法就是在犯人的额头上刺刻记号并涂上墨。这本来是一种残酷的刑罚，从五代以后，却被施用到了军队之中。后梁朱温时期，由于军中实行所谓“拔队斩”，即将校有战殁者，所部兵众逃回的悉予斩首，所以，士兵失主将的，就只有逃亡。加之战乱连年，士兵厌战情绪很强，军队中逃亡成为一个普遍现象。为了防止士兵逃亡，朱温下令在士兵脸上刺字，称作“文面健儿”。当然，刺字不一定都刺在脸上，还可以刺在手臂或手背等处，所刺一般以文字为主，也有刺以图案的。后梁军队中的士兵脸上一般刺上军队的“番号”，如幽州节度使刘守光将所部士兵脸上统统刺上“定霸都”，“都”是五代、北宋军队的一级指挥单位，“定霸”则是该都的名称。郓州节度使朱瑾又给士兵刺上双雁，称“雁子都”。其他军阀的做法也大体相同，后汉长安镇将赵思绾所领士兵数百人也全部在脸上刺字。在士兵脸上等部位刺涅以后，使之有了特殊的记号，表明他的特殊身份，倘若他逃跑，各地官府易于发现缉捕。后梁规定，凡逃跑的士兵在地方上被抓获，可被处以极刑。

北宋继承了五代军阀给士兵文面的做法，也称“黵面”或“黥面”。宋代虽然实行募兵制，是一种职业兵，又实行所谓“养兵政策”，即改变了唐代府兵制的义务性质，当兵者有粮饷和月钱，其待遇比唐末五代要好得多。然而作为一种职业身份的象征，仍在士兵身体的一些部位上刺字。宋朝军队在招兵时，选拔条件是事先规定好的，例如根据各种部队对身高的要求，让应募者前来衡量，进行体格检查，合格后，就要黵面，成为正式士兵，这才能发给军装、鞋子和供其生活之需的缗钱，这在当时就称作“招刺利物”。和五代时相仿，凡当兵者都必须在脸、手臂、手背等处刺字，标明其所属的军队番号，目的当然也是防止领到钱物以后就逃亡难觅。这种招兵也就称作“招刺”。如果军士投换他军，还必须进行“改刺”，也就是标明改属军队的番号。如果士兵逃亡后又被抓获送回原部队，还要在这个士兵脸上加刺“逃走”两字，以示区别，可令将领对其特加提防。

宋代军队给士兵刺字的内容各不相同，并无固定格式。但不同的军种，刺字的部位多有不同。北宋的禁兵、厢兵往往刺面，如仁宗时，就要求在士兵脸上刺“××指挥”字样，以识别军士所隶部队的番号。南宋高宗建炎二年二月曾下诏说，要招募河南、淮南等地土人有民籍者组成振华军，要求于士兵的左鬓统统刺上“某州振华”数字。宁宗时，湖南安抚司设置的亲兵，除了刺面以外，还要在左手拇指下添刺“湖南安抚司亲兵”七字，而后出现缺额而补充的兵员，又在左额角上刺七字军号。以边境的少数民族为兵的蕃兵原来是无须刺字的，后于左耳前刺“蕃兵”两字。在手臂上刺字的情况较为少见，只是河北、河东路宣抚司“招募人作义勇，止于右臂上刺字”。臂膀通常有衣袖遮掩，不容易发现，这也许是招募义勇的一种优待措施。乡兵、弓手、效用(宋代军士的一种)等，往往是刺于手背，如弓箭手各据州名，于左手背上刺“第几指挥”字样，南宋高宗时，弓手刺“拣中弓手”于手背上，这说明朝廷对这类军队的控制较之禁兵和厢兵要略为放松一些。南宋屯驻大兵中的效用，则往往不再刺字，黥兵制度后来才逐渐废除。

当兵刺字和罪犯充军，都使士兵和罪人为伍，使当兵者终身留下耻辱的标志，说明五代和宋朝士兵的社会地位极其卑贱，难怪宋仁宗要大将军狄青用药敷去过去当兵时留在脸上的墨迹，就是希望狄青忘却过去那难堪的当兵生涯。

8 军旅守关 关隘控军

大凡喜欢看古典戏曲的读者,大概都熟悉伍子胥过昭关的故事。故事说伍子胥为躲避楚王的迫害,辗转离开楚国到吴国去,来到昭关(今安徽含山县北小岘山口)时,不得过去,眼看后面追兵将至,急得一夜之间满头黑发变成了白发。这个故事的细节且不必深究,但伍子胥过昭关遇险,则在《史记》等史书中是有案可稽的。关隘,就是利用险要的地形,在交通要道上设置军队,控制出入。所以,关隘一般是难以随意越过的。俗语说:"一夫当关,万夫莫开。"历代统治者都非常重视关隘的军事作用,把它放到战略的高度来认识,形成了一整套有关关隘驻守和管理的制度,守关御险、过关斩将也成为历代军旅活动的重要内容。

历代统治者在建立关隘的指导思想上,都是把京师关防作为屏障全国中枢的重要手段。《易经》就说:"王公设险,以守其国。"西周在灭商以后,为了巩固胜利和控制殷商的统治区域,就选择了洛阳作为东都加以营建,成为控制整个东方地区最重要的政治军事枢纽。从军事上的地理位置来说,当时的洛阳,东面是成皋关(即虎牢关),西面是函谷关,南面是轘辕关,北面是孟津,有四关捍御,要隘重重,在军事上确实具有进可攻、退可守的重要价值。后来东汉末年爆发黄巾起义以后,在洛阳周围"置八关都尉官"(《后汉书·灵帝纪》),这八关分别是函谷、广成、伊阙、大谷、轘辕、旋门、小平津、孟津,由都尉官率兵卫守,加强对洛阳的拱卫。正因为洛阳有如此重要的战略地位,所以先后成为东周、东汉、曹魏、西晋、北魏(孝文帝以后)、隋(炀帝时)、武周、后唐的国都。新莽、唐、后梁、后晋、后汉、后周、北宋、金(宣宗以后)也都以洛阳为陪都。

战国时秦都咸阳也是雄关屏藩之重地。其东有函谷关、潼关,可抵挡三晋、燕、齐,东南有蓝关、武关,可抵挡楚国,西有大散关、萧关,可抵挡匈奴和氐羌,南有栈道、剑门,更是通往巴蜀的险厄咽喉。因为四面是关,所以秦地称为“关中”。秦国居于这样一种四塞之地,别国难以攻伐,而它却可养精蓄锐,步步出击。秦国最终兼并六国,取得统一战争的胜利,就不能不说跟秦国这一战略位置有着重要的关系。就军事而言,布集于国都四面的关塞险隘的作用是举足轻重的,因此,中国古代关隘的防守、管理制度带有浓重的兵文化色彩。

有关关官设置的记载,很早就出现了,说明自古以来就有关隘的防守、管理制度。古代有“关人”,就是守关门之吏。《仪礼》云:“及境谒关人,关人问从者几人,遂以入境。”周代有专司守关的官员,《国语·周语》和《史记·老子韩非列传》中有关尹、关令、关令尹等职官的记载,老子的《道德经》,据说就是一个名叫喜的关令尹让老子写下来而流行于世的。按史书的记载,老子见周道衰微,想离开周室,“乃遂去,至关。关令尹喜曰:‘子将隐矣,强为我著书。’老子乃著书上下篇,言道德之意五千余言而去,莫知其所终”。老子是一位著名学者,社会地位是很高的,但关官能强制他写书,才放他出关,说明关官权力还是很大的。

◎安徽省含山县昭关故道

先秦时对门关的管理要求也很严格。《易经》所云“重门击柝，以待暴客”的关，显然主要是为了防御外敌的侵犯，所以要稽查行人的出入。《孟子》说：“古之为关，将以御暴。”“关市讥而不征。”这同样也阐明了古代关隘的军事功能，其管理自然也是军事化的。直到宋代王应麟编撰《玉海》，还认为：“关之大小不同，其藩塞岨隘、捍御邦域则一也。”随着春秋战国时期各国之间的商业贸易往来加强，关隘征商税，又成为关官的一项重要管理职能。《周礼》所载廛人掌市肆之税，司门为货贿之征，司关掌关卡邸舍之赋，实际上反映了战国时期征关税的情况。降至秦汉，关都尉并有“掌收出入之税并稽查行人，守护关口”之责。但是，对古代来说，设在内地的交通要道和与周边各族交界地区的关卡，更多的还是从军事意义上来考虑的，一般都设有军队防守，又着重控制军旅的出入。

关隘的设置，事关封建王朝的政治、军事、经济利益，故在通过关隘的手续上，有十分严格的规定。例如，唐代凡要通过关卡之人，必须事先向官府提出申请，经过批准后，记录检查通过人员的姓名、人数、年龄、相貌、过关目的、携带物品等等，然后发给政府机关签署的“过所”（通行证）。对于那些不遵守规定而擅自度关之人，以及主管机关官员的徇私渎职、失职等，《唐律》都有明确的、不同程度的惩处条例。

作为“设险作固”的关塞隘口，被封建王朝不断强化其军事防卫价值，并从制度上给予充分保证。但随着中唐以后商品经济的日益发展，加之安史之乱后唐代整个社会政治、军事、经济形势的变化等因素，关隘的军事功能除了特殊地区以外，一般都退居于财政、课税等经济功能的地位。原来设险守固的禁防，演变为课收商利的税关，这一变化到两宋时期有很明显的趋势。尽管如此，把关者仍然离不开古代控制国家的主要工具——军队，关隘的军事性质始终存在。

六　军队的招选与成分

用什么人当兵，不同的时代有很大的差别和变化。这些变化涉及军人的来源、素质和军旅的性质、战斗力等等因素，可以说是军旅生活中非常关键的内容。有什么样的军人，就有什么样的军队。《荀子·议兵篇》谈到战国兵制时说："齐之技击不可以遇魏之武卒，魏之武卒不可以遇秦之锐士。""技击"、"武卒"和"锐士"都是通过不同的考选形式募集的精锐之师，战斗力却有高下，就是因为军旅成分上所造成的差异。由此亦可见，军旅成分与招选形式有一定的关系。

古代军队的招选，即集兵方式，于今的提法则是兵役制度。兵役并不是根据统治者的主观愿望来确定的，而是社会生产关系在军旅中的反映，是在一定社会条件下产生的。根据一定的集兵形式组合的兵员，在军旅社会中也结成了与国家、将帅以及彼此之间的新型关系，从而体现出他们在军队内部和社会上的身份、地位的高低，给古代社会生活带来不可忽略的影响。

1　兵役叙说

中国古代军队的成分经过了多种变化，大体来说，时代愈早，士兵出身的社会地位愈高，但这也跟兵役制度的发展、演变有一定的联系。兵役制度是国家关于居民参加武装组织或在武装组织之外承担军事任务、接受军事训练的制度，当然，不同社会性质的国家和军队，所实行的兵役也就不尽相同。中国历史上就曾出现过多种兵役制度。

据考古发掘和文献记载，夏代有军队，自然也就有服兵役的人，但具体情况不太清楚。从商、周时期来看，当时仍然保持着部落成员在战争期间都有出征义务的传统。原始社会的“全民皆兵”，当然不包括俘获的外族人和不被当人看的奴隶。商、周时期军队的主干仍然由贵族家族的全体成员组成，即“王族”和“子族”，王族是王家的本族成员，子族是低于王族的贵族成员，西周称“国人”，其中包括居住在都城周围的贵族，以及从社会地位上说应与贵族享受同样待遇的平民。但是，奴隶是不能当兵的，只能随军充作杂役。因此，在上古之世，只有具有一定社会地位的人才能当兵，在可征集之列，当兵自然也就是一种荣誉。商代卜辞中有“登人三千”、“登人五千”的记录，就是反映了商朝在战时召集兵员出征的情况。战争结束后，战士又恢复了平民身份，实际上处于预备役状态。

战国时期，各诸侯国进行激烈的兼并战争。为解决兵源问题，各国普遍都实行以郡县为单位的征兵制度。如秦国规定，凡17岁的男子必须到官府登记，称为“傅”。傅籍后，从23岁起，守卫京师一年，称“正卒”；守卫边防一年，称戍卒。据《睡虎地秦墓竹简》，实际上有的男子15岁就傅籍，以后随时皆有被征调入伍的可能。此外，也建立了常备兵制度。常备兵是当时军队的基干，他们都是通过应召而后经过严格考选而来，例如魏国的“武卒”、齐国的“技击”，秦国的“锐士”，都是经过一定训练、装备较好的常备军。

秦汉时期主要实行郡县征兵制。秦朝沿袭前制，更趋完善，但由于全国统一，征发兵员的数量远远超出了过去。西汉初年，凡20岁的男子都要向官府登记，从23岁起服兵役两年：一年在本郡为材官（步兵）、楼船（水军）或骑士，并学习骑射等军事技术，称“正卒”；一年到京师担任守备或到边郡戍守，称“卫士”或“戍卒”；56岁以后才享有免役的资格。汉武帝时期出现了募兵制度，募选来的士卒有胡骑、越骑、奔命、伉健等各种称谓，募兵的次数与规模也呈日趋增多之势。募兵制的出现，改变了传统的军队成分以受田农民为主的情况，是兵役制度发展的一个新动向。到东汉，募兵大量增多，不但国家常常招募农民为兵，到后期，由于军阀豪强势力的膨胀，广大农民随土地一起被他们所霸占，成为其私属军队的主要兵源，由此严重破坏了全国性的征兵制度。

三国初期主要实行募兵制。后因战争频繁，人口大量减少，募兵困难，于是，各割据政权纷纷采取强制性的世兵制。所谓世兵制，是指士兵全家脱离郡县户籍，变为军籍，称为“士家”、“兵家”、“兵户”。士兵本人终身为兵，其家子孙世代为兵，父死子继，兄终弟及。这些兵户所承担的兵役、徭役很繁重，而且地位低贱，要取得平民身份，则必须获得赦免方能实现。这种世兵制在西晋时发展到鼎盛，到东晋南朝时才逐渐又被募兵所取代。而北朝，由于多受入侵中原的少数民族军队的影响，兵役制度中带有浓重的部落色彩，但也有强迫被征服民族人民终身为兵、世代相袭为兵户的现象。西魏则在继承鲜卑族传统和接受汉族影响的基础上创立了府兵制。宇文泰在西魏当政时，于大统十六年(550)，确立了府兵的组织系统，选拔体力强壮者充当府兵，是为府兵之始。府兵以鲜卑人为骨干，又广招关陇地区汉族豪右作为补充。北周武帝时，为扩大兵源，对九等户中第六等以上的民户实行征发，三丁抽一。后来，由于战争频繁，征兵对象又扩大到包括贫下户在内的一般享受均田的农民。所以，府兵的兵役制度，也是以一定社会身份为条件的征兵制。

隋唐时期改革了过去的府兵制。隋文帝时，府兵即可在州县落籍，与农业相结合，又仍保留军籍，平日生产，有事征调，轮番宿卫。隋炀帝时，直接从民间征调补充府兵，男子年满 20 岁即可参加府兵。唐代规定，在设有兵府的州县，男子从 21 岁到 60 岁，都有充府兵的义务。他们平时在家乡进行农业生产，农闲时接受军事训练，其主要任务之一是轮番到京师宿卫。遇有战事发生，府兵要应征出发作战，战事结束，又解甲归农。他们不服徭役、不纳租调，但在番上宿卫和出征时，须自备兵甲衣粮。它和以前的征兵制相比，农业生产和军事行为结合得更加紧密。但是，唐中叶以后，由于府兵负担过重而逃亡避役者日多，府兵制日渐废弛，最后到了不能按期向京师提供宿卫士兵的地步，迫使朝廷于开元十一年(723)废弃了府兵定期轮流宿卫的制度，改行招募强壮者 12 万人守卫京师，号称“长从宿卫”，也就是长期驻扎于京师的宿卫兵，后又改称“彍骑”，分隶中央 12 个卫统辖。开元二十五年，又命各军镇招募长驻边疆的士卒，号称“长征健儿”，此后，唐朝军队基本上以募兵取代了府兵。

五代两宋的兵役制度基本上都是以招募为主要形式，但内容却不尽相同。士卒们有的是为生活所迫、“自愿”投入军队为兵，有的是因为犯罪而躲入军旅，有的则为乱军所裹胁。名为募兵，但并不能和近、现代雇佣兵完全等同看待，封建的强制色彩并不逊于以往的征兵，从士兵普遍要黥面、刺臂的做法中，就可见其一斑。然而，一旦募为军士，即享受月粮俸钱，以此养家活口，又不失为社会一大职业，和过去征兵制相比，免除了农民身份性的义务，在社会关系上又是一种进步。当然，它使军队成分复杂化，使得军人在社会上的地位更加低了。

元明清的兵役制度都带有世兵制特点，但也兼有募兵制的职业化特色。元代实行的军户制，本来是按部落传统，只有蒙古平民才能签发为军，外族战俘和奴隶只能供仆役。随着占领区的扩大，兵源不足，便收降金、宋军队为兵，加上蒙古平民中的阶级分化日趋严重，富者往往逃避兵役，军户的社会地位便一落千丈，后期也曾实行招募以弥补兵源的不足。明前期仿照元代军户制，并加以改进，实行卫所制，卫所军士皆有军籍，正军死亡，余丁充役，世代相继，不许变更，逃役的严加治罪。卫所家属平时随军居住，按军事化制度管理，并与生产劳动相结合，因此，卫所除了有补充兵源的功能以外，还具有养兵的功能。但是，由于明代北方战事不断，卫所军常调出戍守作战，按战时体制组成的镇兵常备不懈，在镇军士又多被军官和监军的宦官驱使，劳作如奴仆，生活困苦，纷纷逃亡。这影响到卫所在籍军士和余丁也采取各种方式躲避征调，卫所制度竟名存实亡。明朝不得已又重新实行募兵，重新使军队完全职业化。清代的八旗兵和绿营兵是职业化的世兵制。从社会身份来说，他们及其家属都单独构成一个特殊的社会单元，实行军事化管理；从性质上说，他们不从事其他生产劳动，完全靠朝廷颁发的兵饷、月粮过活。由于兵源选拔范围小，正军仅从八旗、绿营的余丁中挑补，又不重视训练，兵员素质日渐低下，清中期以后腐朽不堪，成为社会上一个寄生阶层，这是世兵制职业化的必然结果。

2 战士的流金岁月

在春秋以前，当兵是一件很光荣的事，没有一定社会身份的人还不能成为正式的战士，没有参加作战的资格。据《左传》记载，鲁襄公三年（公元前570年），晋悼公的弟弟杨干在一次会盟中，扰乱军阵。大臣魏绛根据军法杀了杨干的战车驭手作为惩罚。晋悼公认为有损自己的面子，十分恼怒，后来，魏绛亲自向他赔罪并予以解释，才算罢休。据推算，当时晋悼公年仅17岁，其弟杨干充其量也不过15至16岁，居然也成为战车上的甲士。这在现在是不可想象的，而在当时，贵族子弟自幼就要从军，却是非常自然的。

商周时期的兵役制度仍然保留着原始社会人皆为“兵”的遗风。只要是本族的正式成员就有当兵的义务，且人人也都乐意为兵。当然，女子一般是要嫁到外族去的，或者是外族嫁到本族来，当兵不是普遍情况，带兵作战的贵族女子也是特例，如商王的妻子妇好等。所以，古代的兵役，按正常制度还是男子的事情。不过，由于社会的分化，本族人也出现了身份低下的奴隶，他们的地位沦落到和被俘的外族战俘一样。外族奴隶在这里是不能和本族人享有同样义务和权利的。因此，不愿意当兵的人，就像被瞧不起的奴隶一样，会遭到社会的鄙视。

非奴隶身份的人包括贵族和平民，平民又主要是农业劳动者。商代军队的士兵就主要是农民。汤伐桀时，正值农忙季节，汤军的士兵不满说，汤不体恤他们，让他们放弃农事而去远征夏桀。而汤在出师的誓词中，则警告他们，如果不努力作战，就要将其降为奴隶。这些平民聚居的城市及其周围的地区以及聚落，当时称作“邑”，居于邑中之人称为“邑人”。在甲骨文中，邑和师是紧密相联的，“邑人”还向商王献俘，这些都说明，“邑人”是商代军队的主要成分。

西周时期，社会分化更为严重，在社会结构中，存在着所谓“国野制度”。“国”就是周天子以及各诸侯国所在地的都城及其郊区，居民称作“国人”，具有国家公民的性质，设六乡进行管理。“野”就是“国”以外的广大农村，居民称为“甿”、“野人”，是身份地位低下的劳动者，设六遂进行控制。“国人”可以当兵，“野人”则没有当兵的资格。《周礼》将西周军队编制完全和六乡组织对应结合，说明只有“国人”身份者才是军队的正式成员。其他诸侯国也大体仿此，直至春秋前期仍是这样。

商周时期，奴隶是不能当兵的，这是指他们没有正式的社会身份，不能充当甲士。但是，为了战争的需要，也常常召集奴隶参加作战。统治者对奴隶参加作战还不大放心。帝乙帝辛时期，有一次商王就卜问师、旅中编入“众”是否吉利。“众”就是指身份不自由的奴隶。西周时“野人”也没有正式当兵的资格。直到春秋中叶，这种情况才有所变化。齐桓公时任用管仲对国野制度进行了改革，目的是要加强国家的兵力。把“国”分为15乡，每乡10连，每连4里，每里10轨，每轨5家，这是行政组织。相应的兵役组织是，每家出1人，每轨即出5人为伍，每里即出50人为小戎（戎车1乘），每连即出200人为卒（戎车4乘），每乡即出2 000人为旅（戎车40乘），每乡即出1万人为军（戎车200乘），全国15乡共3万人，分3军（戎车600乘），分别由国君、国子和高子统率，这叫“参（即叁）其国”。对于国以外的地区称作“鄙”(即“野”),管理组织为:以30家为邑,10邑为卒,10卒为乡,3乡为县,10县为属,鄙共分为5属,共45万家,这叫“五其鄙”。同时规定鄙中之家也要出人当兵。《国语》中说齐桓公有“革车八百乘”,而按“国”中编制只有600乘,其余200乘合1万人,当从鄙中选拔。这说明春秋时齐国仍然是以“国人”(士)当兵为主,但“野人”(庶人)的身份也发生了变化,有一部分人可以当兵了。这就是生产关系的变化在兵役制度中的反映。

春秋时期虽有“野人”当兵,但军队的主体仍是“国人”。他们保持着传统的尚武精神。我们看《左传》、《国语》中的人物,从上到下,没有一个不上阵的,也没有一个不能上阵的,没有一个不乐意上阵的。上自诸侯国君,下至一般士族子弟,都踊跃入伍。“士”既是文士,也是武士,习文练武是“国人”的传统。孔子不但是提倡文教的教育家,也懂得射、御等武艺。这时的战争也好像是贵族之间的游戏,有各种繁文缛节约束着战争,似乎不以杀伤、灭国为战争的根本目的,只求得自己在国与国之间的一定地位。

战国以后,情形就完全两样了,战争之残酷难以想象。各国都极力奖励战杀,对俘虏甚至降卒也大批坑杀,“攻城以战,杀人盈城,略地以战,杀人盈野”。这种残酷的战争则必然影响到“国人”和整个社会。厌战的情绪在中、下层传播,而上层统治者仍以威逼利诱的手段去推动战争,原因就在于通过战争获得最大好处的是统治者,而士兵则是作无谓的牺牲。在实际利益面前,人人都清楚自己的作用。于是出现了征募各阶层人士为兵的情形。奴隶为兵获得军功,可以免除非自由人的身份,贫苦的农民为兵,可以获得更多的田地或免除租税徭役。贵族和有钱之家的子弟当然无此担心,便不必去冒战死的风险。兵役日益转向社会的下层。

汉代虽然也兴征兵制，即凡是朝廷的授田居民都有当兵的义务，这与上古兵役的原理是一样的，甚至说即使宰相之家的子弟也不能免除“正卒”和“更卒”的义务。但事实上，贵族、官吏之家仍有许多办法使兵役转嫁到其他阶层人民身上。当兵不再是一项荣誉，而成为广大农民的沉重负担。逃避兵役也就不算是什么可耻的事，而且各个阶层都有各种办法来逃避兵役。这对国家来说倒是一个大问题。为了解决兵源的不足，募兵、世兵等役兵形式应运而生，并在社会上日益推广。军旅中各种人物鱼龙混杂，军队自然也就失去了昔日贵族组织的色彩。

3 招选士卒有定式

无论是什么时代，无论采用什么样的集兵方式，能否使军队素质提高，这是统治者十分关心的事。选拔士卒就成为组建军队、提高军队战斗力的一个重要环节。选拔士卒的标准或条件，各代都有一些区别，但大体来说，宋以前的集兵方式以征为主，就多考虑兵员的家庭、社会条件；宋以后的集兵方式以募为主，就注重兵员个人的素质状况。当然，中国古代集兵方式是征募结合的，所以选拔士卒的标准和条件也就因时而异了。

按上古的征兵制，由于凡具备社会居民身份者都有当兵的义务，所以《周礼·大司马》说“以旗致万民”，也就是说在集兵地点竖一杆大旗，适龄者都到旗下集中为兵，这些人农忙时散为百姓，农闲时集中训练，战争时组合出征，所以，选拔的标准和条件是很宽松的。这样组织起来的军队，战斗力可想而知。春秋战国时期,各国为开展争霸兼并战争,都着力提高兵员的素质,对于士卒的标准就有了一些严格的规定。例如,战国时的魏国考选“武卒”的标准是,要求能够穿上三层甲,持12石力的弩,背着50枝箭矢,扛着戈,戴着胄,挎着剑,还要带上3天的干粮,在半天之内急行军50里路程,才能算是合格者。其他如齐国“技击”、秦国的“锐士”,也都是经过类似的考选而组成的精锐之师。一旦考取,可以享受免除徭役的优待,这对社会上有勇力而无财力的穷苦人来说,倒是一个出路。而对统治者来说,这比乌合之众更符合他们的心愿。从集兵方式发展的趋势来说,征集日益要让位于招募,这也是军队发展的要求所决定的。

然而,在古代社会,尽管兴起了招募考选之制,但由于经济制度或传统习惯,选拔兵卒的条件并不完全按兵员的素质。唐代府兵制选拔府兵的条件,就首先看其家庭状况:家庭条件好、家财多的先抽为兵;家庭经济相当者,则抽取丁多的家庭;只有在人丁相等的情况下,才会考虑兵员的素质,先抽取勇健者为兵。这主要是因为府兵制要求士卒自备衣粮和简易的武器,家贫则无力置办。所以,这种选拔士卒的立足点在于国家如何用较少的财力来保持一支常备军。对兵员的要求则主要看其是否成年。按汉代的规定,一般20岁始傅,也就是说有军事义务了,23岁时为正卒,即正式当兵服役,两年后又转为后备役,直到56岁才能免役。隋唐的府兵也是以成丁的年龄作为服役的重要标准,一般也在20岁左右。

当兵的年龄固然是选拔的一个重要条件,可是,在义务兵役制的情况下,百姓厌恶战争,逃避兵役,往往诈老诈小,使得年龄标准难以掌握。所以,能不能当兵,关键还要看兵员能否“胜衣甲”,也就是能不能穿戴得起征战用的战袍甲胄,这就要看兵员的身高了。秦汉以前，凡身高在六尺二寸（合今 155 公分）以下的男丁就被视为残疾之人，当然是不能充军伍的。宋代广泛推行募兵制，对士兵身高的要求是五尺以上，因为宋尺比汉尺要长，所以，汉代的六尺二寸仅为宋尺的四尺五寸多，可见，募兵制对兵员的身高要求比之征兵制要严格。宋代初年为了招到合乎标准的士兵，就挑选有一定身高的强壮者送往各地，作为选兵的“兵样”，或称“等样”。后来又以木杖代替“兵样”，称作“等长杖”或“等身杖”。身高与杖相等者为合格。州县长吏选中后，送到京城，军头司还要复检，这主要是就禁军而言，在地方上役作的厢军则不会有如此严格的挑选过程。

事物的发展往往与其初衷相悖。募兵本来是为了选拔好的兵员，提高军队素质，但后世考选条件不断放松，标准不断降低，以“等长杖”代替“兵样”作为考选标准就是一例。后来，宋代募兵甚至成为在灾荒之年安顿饥民的措施，所以，尽管宋代采取了考选兵卒的办法，但多为流于形式。在历代中原政权与周边少数民族作战中，唯有宋朝屡战屡败，宋军战斗力之低，就鲜明地反映了出来。明代一些军事理论家和著名军将针对募兵之滥，纷纷提出选兵的新要求。戚继光《纪效新书·束伍》就说“兵之贵选，尚矣”。他认为，选兵时“第一切忌，不可用城市游滑之人”；“第一可用，只是乡野老实之人”。又主张选兵“必以胆为主”，“第一选人以精神为主”。何良臣《阵纪》也认为，选拔士卒“最喜诚实，独忌游闲；不在武技勇伟，而在胆气精神；宜于乡落田农，深畏市井狡猾；……首取精神胆气，次取膂力便捷，须二十岁以上，四十岁以下者选之”。这也是因宋代以来城市商品经济的发展日渐影响到军队中，使封建军将感到对士兵愈来愈不容易控制，才会发出如此之呼吁。

4 说赵至 话士家

世袭为兵，是中国古代军旅的一个很特别的现象。它产生于兵农分离以后，是按血缘关系来组成一个特殊的社会军事集团。早在魏晋时期，就出现了世兵制。世兵制本来是一种保障兵源的兵役制度。曹魏时，由于战乱连年，版籍凋零，于是，为控制劳动人手，便对人户实行分籍管理，除了郡县编户以外，还有屯田户和军户。他们不仅各立户籍，而且对封建国家承担不同的封建义务。郡县编户主要提供田租、户调和劳役；屯田户主要交纳高额地租；而军户主要服兵役，而且终身服役，世代相承，在军籍者是不能随意改籍的。当时，人们称这种军户为“士家”。

士家原来是指士兵的家庭，把士兵家庭另外编入特别的户籍以后，他们的身份、地位就和普通郡县的编户齐民不一样了。他们的子女称为“士息”、“士女”，意思是为军队生息的士兵，为士兵配嫁的女子，即利用士兵的后代来补充兵员。由于士家一般都要集中居住，为了防止他们与平民混杂，法律规定士家的女儿出嫁，或者士家的寡妇改嫁，都只能嫁给士家。若兵士逃亡，妻子要被没为官奴或被处死。因此，士家的社会地位很低，大体处于平民和奴婢之间。士家的子弟只能通过继承父兄的职业为兵，争取军功，才能走上仕途，要想通过读书等其他途径为官，就比登天还要难。

《晋书》记载了一个名叫赵至的人如何辗转崎岖地出人头地的历程。据《晋书·文苑传·赵至》载，赵至，字景真，本来是北方代郡人，寓居洛阳境内。赵至 13 岁的时候，他同母亲一起观看新任县令到任的热闹场面。他母亲触景伤怀，感慨地对年幼的赵至说：“你的先辈出身并不微贱，只因世乱流离，才被充为士伍啊！不知你今后能不能像今天的县令这般风光呢？”原来，赵至是一个士家子弟。但他不甘于微贱，母亲的话触动了他的心田，于是他“诣师受业”，发愤读书，14 岁时就独自来到洛阳太学，结交当时的名士嵇康。嵇康对他不大理睬。后来赵至竟不顾法禁，两度逃亡。因为他知道，按其士家的出身，要得到名士的赏识，被推荐做官，几乎是不可能的。于是，赵至又装疯逃跑，但跑出三五里地，总是被追回。后来总算逃出去，改名叫赵浚，字允元。这时，嵇康才对他发表评语说：“卿头小而锐，童子（眼球）白黑分明，有白起之风矣！”这样，赵至才渐渐为世人所知。最后，他跑到辽西，“而占户焉”，也就是在那里才上了郡县编户的户籍。不久，他被推举为郡吏到洛阳出公差，与父亲相见。其时，赵至的母亲已经去世，他父亲为了他好好做官，没有把他母亲的死讯告诉他，反而再三叮嘱他不要再回来。这当然是害怕别人举报赵至隐瞒出身。赵至返回辽西后卓有政绩，还算得上是一个良吏和孝子。西晋太康年间他回到洛阳，才知道母亲早已去世，他悲痛万分。史书上说：“初，（赵）至自耻士伍，欲以官立名，期于荣养。既而其志不就，号愤恸哭，呕血而卒，年三十七。”

赵至只是当时士家中侥幸能脱离军事樊笼的少数人之一，而绝大多数人的命运，只能是在军旅中了此一生。当时，士家的数量很多，而且主要聚居于冀州，以邺城（故址在今河北省临漳县西南邺镇东一里半）周围为中心。据《三国志·魏书·辛毗传》载，“帝欲徙冀州士家十万户实河南”。显然，冀州军户的实际数量当在 10 万户以上。这些都是朝廷兵源所在，尤其是晋初的宿卫兵，多从士家中调发。征调一般采取“三五之法”，意思是家有三丁抽二人为兵,家有五丁抽三人为兵。他们服役后,终身不得替代,甚至有年届六十者尚在军营为兵。一旦士兵逃跑或死亡,则要追发士家其他男丁顶替,本家没有男丁,还要追及亲戚之家甚至邻居。士家的家属也要为朝廷耕田或服其他劳役,社会负担异常沉重。原有的士家耗散而数量不足时,朝廷又常常以战俘、罪犯和流民补充,于是,士家的社会地位愈益低贱。

类似魏晋士家制度的这种世兵制,东吴和蜀汉也不同程度地存在过,而且,在中国兵制史上,还以其他形式不断地再现。例如,元代的军户制,明代的卫所军户,清代的八旗兵和绿营兵,都是世袭之兵,但各具特色,在不同的时代,军户的经济状况和社会地位往往很不一致,有的贱如仆役,有的俨然为贵族。但不管其表现形式如何,世兵制终究不能适应社会发展趋势,难以提高军队的战斗力,必然彻底消亡,成为历史的陈迹。

5 兄弟子侄皆为兵

杨家将的故事几乎人人皆知,传统戏曲、小说往往以宋将杨业的事迹为题材,加以渲染、描绘,写出了杨氏一门忠烈报国、勇武善战的一幕幕活剧。不仅杨业子孙世代为将,而且女眷也不甘示弱,从佘太君到穆桂英,个个是巾帼英雄,就连烧火的丫环杨排风也可出列抵挡一阵。这些固然纯属演义,但也反映了一个历史现象,即古代军旅中的家兵家将是组建军事武装的重要力量。

利用血缘关系或宗法关系来维持军队,自先秦开始。西周实行分封制,诸侯虽然不全是按血缘关系分封立国,但从周初分封来看，大国有71，其中“兄弟之国者十有五人，姬姓之国者四十人，皆举亲也”(《左传》昭公二十八年)，即与周王为同姓血缘的国家有55个之多，都处在战略要地。诸侯国对周王室的义务主要是两条，一是按时朝贡，二是一旦周天子有难，要出兵相救，这就是史书上说的“封建亲戚”，“以蕃屏周”的目的。各诸侯国又按血缘宗法关系层层分封，建立采邑，使卿大夫也有领地和军队，对诸侯也有朝贡和出兵的义务。按这种关系组建军队，军队组织必然和以血缘关系为依托的社会组织相重叠，这到东周时期还有明显的痕迹。据《周礼》、《管子》、《司马法》等文献的记载，当时军队的编制伍、两、卒、旅、师、军等，分别与社会行政组织比、闾、族、党、州、乡相配合，尽管实际情况不一定如此整齐划一，但也不是没有根据的。而当时的社会基层组织中，血缘关系的纽带还在起着一定的作用，以此维系军队，可以起到加强凝聚力的作用。《管子·小匡》就说：“是故卒伍定于里，军伍定于郊，内教既成，令不得迁徙。故卒伍之人，人与人相保，家与家相爱。少相居，长相游，祭祀相福，死丧相恤，祸福相爱，居处相乐，行作相和，哭泣相哀，是故夜战其声相闻，足以无乱，昼战其目相识，欢欣足以相死。是故以守则固，以战则胜。”可见，利用血缘关系、家族关系或邻里关系组织军队，成为古代建军的一个原则。

秦汉以降，家族观念和地域观念(这两者在古代往往结合为一体)在军旅中依然浓厚。西楚霸王项羽起兵时，军中多为江东子弟，以致后来兵败垓下，四面楚歌，军心大乱。汉王刘邦军中也以丰、沛故旧居多，兄弟兵、父子兵、家族兵、宗族兵当不在少数。尤其是东汉时期以后，在地方豪强的坞堡、壁垒中，由徒附、宾客、部曲等组成的私家武装，更是典型意义上的家族军队。这些家兵在军阀混战之中，或独树一帜，以强凌弱，兼并天下；或辗转投靠，助纣为虐。当时的募兵也往往是随着家族豪强一同投靠军阀，如东汉曹操起兵时，就是在家乡招募子弟兵，他的同族子弟曹仁、曹真、曹洪、曹休等，手下皆有人马，纷纷率军来投。曹洪因与扬州刺史陈温一向关系很好，所以，还率领家兵1 000余人，“就温募兵”（《三国志·魏书·曹洪传》）。曹魏和东吴的军队，还实行所谓“士家制”，凡士伍之家世代为兵，士兵的身份及其领属关系也世袭化，如东吴名将陆逊病故后，其子抗“领逊众五千人”，陆抗卒，其子晏、景、玄、机、云“分领抗兵”（《三国志·吴书·陆逊传》）。这样东吴的世兵制带有浓郁的私兵色彩。士兵家属也必须离乡随士兵聚居，归将领集中管理，士兵之子成为“士息”，即当然的后备兵。这种士家制对于国家来说，兵源比较稳定，可以免除临时征调、兴师动众之弊，而且，父子相袭，手足相亲，作战时能够互相卫护支援。但是，当时士兵地位低下，除了士兵征战之外，家属还要为国家或将领劳作服役，所以，士家有很多逃亡，史书上记载说当时“父子相弃，叛者成行”（《三国志·吴书·贺邵传》）。

随着社会的发展，血缘关系日渐淡化，军队里这种靠家族、宗族等关系来维系的现象自然也受到冲击，但是，由于传统习惯势力的作用，特别是一些落后的、带有较强烈血缘关系的少数民族政权入主中原，使军队的家族性质长盛而难衰。五代时的军阀为了控制政局，往往用亲军作为羽翼，而在亲军中，广泛培植“养子”、“义子”，使之成为卖命的爪牙。宋代以后出现的所谓“杨家将”、“岳家军”，还有明代的“戚家军”等，在实质上，是以这种将兵之间的某种恩义关系，附会社会的“血缘”来维系军队，反映了古代的一个治军原则。

在旧军队中，军人之间，尤其是士兵之间，互相称兄道弟，乃至“弟兄”成了士兵的代称。这样称呼士兵的来源虽已不可详考，但由此也反映了中国古代军队中人际关系的一种现象。军旅不同于其他的社会集团，在战场上，军人的性命都是紧密相联的，如有临危胆怯、见死不救，则为军人所不齿。古代以血缘关系来维系的家兵族兵，兄弟子侄皆为兵，在战场上互相救助，情真意切。后世军旅即便不以血缘关系来维系，但共同的利害关系，使将士休戚与共、情同手足，也是非常自然的。这又与统治者利用"父子"、"兄弟"的所谓恩义治军方法并行不悖，成为古代军旅传统的又一特点。

6　流氓盗匪亦为兵

大约在宋代以后，社会上开始流传着一句谚语："好铁不打钉，好男不当兵。"这句谚语的流行与唐代府兵制废弛以后军队成分的日渐复杂有一定的关系，反映了当时兵员素质的低下和社会地位的微贱。在军旅中，士卒的横蛮、霸道、仗势欺人的现象比比皆是，所以人们还形容说"秀才遇到了兵，有理讲不清"。士卒的文化水平低，道德修养差，而且，又结成了一个特定的集团，有较大的势力，更关键的是，他们成为历代统治阶级的御用工具，受到统治者的纵容和娇惯，所以，他们日益呈现出流氓化的倾向，老百姓将其称之为"兵痞"。当然，并不是说所有的军士都是"兵痞"，但古代"兵匪一家"是由来已久的。

《史记·大宛列传》记载：汉武帝太初年间，"拜李广利为贰师将军，发属国六千骑，及郡国恶少年数万人，以往伐宛"。所谓"恶少年"，就是好勇斗狠的年轻人，其中不乏在乡里惹是生非、横行霸道之徒。以"恶少年"充作军士有两个目的，一是国家因战争的需要，急需补充大量兵源，而将他们征集为兵，可以加强军队的实力；二是用强制手段把"恶少年"们编入军队，派往边疆征战戍守，又可以起到安宁地方的效果。一举两得，何乐而不为?所以，即使在义务兵役制占主导地位的隋唐以前，封建国家也经常性地招募或征发乡间恶少、市井无赖为兵，一些私家豪门为扩充自己的实力，对这辈人的利用，更是多多益善。到唐代中期以后，府兵制逐渐废弛，有更多的流氓无赖混入军旅。后陈时期，"豪民自备缗绵军器，召集无赖辈，谓之'自在军'"(《说郛》弓三尤究《江南野录》)。五代至北宋有许多将领都出身于流氓、盗匪，从军后发迹。王景"少倜傥，善骑射，不事生业，结里中恶少，为群盗。梁大将王檀镇滑台，以景隶麾下"(《宋史·王景传》)。王晏"少壮勇无赖，尝率群盗寇行攻劫"，"后唐同光中，应募隶禁军"(《宋史·王晏传》)。这批盗匪流氓窜入军中，当然不乏想在疆场真刀真枪建立功业、博得封妻荫子者，但其中更多的人是想逃避法律的制裁，或借窜入军旅成为士卒，愈加肆无忌惮地为非作歹。

《新唐书·杨於陵传》载："先是，编民多窜北军籍中，倚以横闾里。"杨於陵担任京兆尹以后，实行淘汰制度，使"奸人无所影赖"。还有一例，唐代刘栖楚任京兆尹之前，"京城恶少，屠沽商贩，多系名诸军，不遵府县法令，以凌衣冠、夺贫弱为事，有罪即逃入军中，无由追捕"(赵璘《因话录》)。这样的无赖窜名军伍，非但不为改邪归正，反而可依赖军旅为保护伞，因而多乐为之。宋代侬智高入寇惠州，州中恶少年乘机相率为盗，惊扰里落。后朝廷派兵镇压，这些恶少年担心受到制裁，反而"皆隶行伍，无敢动"(《宋史·王珪传》)。宋朝降金的孔彦舟年轻时也是一个无赖，"避罪之汴，占籍军中"，后来在军中又犯了事，被逮捕，他竟然买通看守逃跑。不久，又杀人"亡命为盗"，到靖康初年又应募为军，还累迁为高官(《金史·孔彦舟传》)。由此可见，在封建社会，军队的腐朽性和反人民性与一部分士卒固有的堕落是紧密相联的，这是古代“兵匪一家”的根由。“兵痞”在某种程度上也是封建军队赖以存在的社会基础。

不过，大量盗匪、流氓加入军队，也不利于军队的稳定和社会的安宁，他们败坏军队风气，不服从将官号令，为祸地方，使军队得不到人民的支持，也就从根本上腐蚀和削弱了军队的战斗力。《梁书·曹景宗传》载：“景宗军队皆桀黠无赖，御道左右，莫非富室，抄掠财物，略夺子女，景宗不能禁。”唐代名将郭子仪之子郭晞寓军邠州时，放纵士卒横行不法，邠人偷嗜恶暴者，也都“纳贿窜名伍中，因肆志，吏不得问”。他们甚至白昼成群结队上街强取硬讨；若稍不如意，就打伤人命，弄得人心惶惶，街市狼藉。都虞侯段秀实忍无可忍，布置捉拿了 17 名以刃刺酒翁的兵痞，竟差点酿起了郭晞军营士卒的兵变(《新唐书·段颜传》)。以盗匪、流氓为兵实在比将其留在地方具有更大的潜在危险性。

这些流氓成性的兵痞一旦受到官吏的严惩，又将铤而走险，或亡命拼死，或流窜为盗，进行武装反抗。前述孔彦舟即是一例。柳宗元《段太尉逸事状》则讲述了唐末杨行密起兵的故事，也可资证。杨行密在唐僖宗乾符年间就因为盗而被抓获。刺史郑棨奇其状貌，释缚纵之。后来，杨行密应募为州兵，戍朔方，迁队长。岁满戍还，而军吏讨厌他，又派他出戍。杨行密气愤不过，在将行之际来到军吏住舍。军吏假意关心，询问杨行密是否还缺乏什么，杨行密奋然而起，说：“惟少公头尔!”随即斩其首，携之而出，因起兵为乱，自号“八营都知兵马使”，后来成为五代十国中一个著名的军阀。

唐末五代乃至两宋，兵变迭起，当与军伍中充斥大量无业游民、流氓无赖有一定的关系。他们利来利往，见利忘义，有奶便是娘，只要有人振臂一呼，即可朝秦暮楚。宋以后有许多有识之士已经注意到这一点。宋代边将张亢就曾上疏朝廷，指出市井无赖大量窜入军队，“名挂尺籍，心薄田夫，岂无奸盗杂于其中，苟无措置，他日为患不细”(《宋史·张亢传》)。明代苏祐认为，不逞之徒平日经营盐矿之业，“犹私为之心存畏避。至地方有事，乃籍以为兵，应征调。由是官多假借，遂至无忌惮矣。甚至明目张胆，某家有枪手若干，某姓有梃手若干，官府公召不如期，彼一呼而集，且数百矣”(《说郛续》弓一九《逌旃璅言》)。这些流氓兵卒已经开始走向封建军队的反面，这当然也是因为他们本身就是深受官府、豪强欺凌的被压迫者。因此，封建军队的兵变，就其客观效果而言，也具有一定的革命性。

7 刑徒兵与充军

看过古典小说《水浒传》的人都知道，梁山好汉中有不少人是因犯罪后充军而被逼上梁山的。例如及时雨宋江，就是因杀了阎婆惜而被判充军，发配到浔阳，后来又醉酒题“反诗”，被人告发下狱，才被劫上山寨。豹子头林冲原是 80 万禁军教头，有一身好武艺，无奈被高衙内陷害，欲霸占其妻，将他充军，本想置之死地，多亏花和尚鲁智深暗中保护，才得幸免。这里所说的“充军”，指的是宋以来的一种刑罚。

《宋史·刑法志》载：“刺配之法二百余条，……俟其再犯，然后决刺充军。……凡应配役者，傅军籍，用重典者，黥其面。”也就是把罪犯发配到军内或官办作坊、盐亭服劳役。由于被发配的罪犯都要隶属于军籍，在标志上也和军卒一样，在手臂或脸上刺字，所以，这也是一种特殊的集兵方式。但是，以罪犯为兵，并不是从宋代才开始的，早在先秦就有其例。

先秦军队一般是贵族军队，只有本族平民以上身份的人才能当兵，但情况紧急时也就有例外。牧野之战，殷纣王为抵抗周师的进攻，拼凑起 70 万人的队伍，其中不乏有奴隶和相当于奴隶身份的罪囚。但是，这支军队早已恨透了纣王的荒淫无道和酷虐残暴，怎么会为他卖命呢?周师一来，殷军就“前徒倒戈”，反而帮着周人反攻纣王，结果，纣王登上鹿台自焚而死，殷朝就这样灭亡了。

秦始皇统一六国后，对全国实行残酷的军事统治。对外，为抵御匈奴而北筑长城，又派兵南戍五岭，加上修筑阿房宫和骊山陵，所用兵力人力在 160 万人左右；对内，为加强专制主义中央集权，树立皇帝的绝对权威，法网严密，刑罚苛虐，囚徒众多，史称“赭衣塞路”，“赭衣”是指穿着绛红色囚服的罪犯。既然囚徒众多，当然就利用他们来服兵役、徭役，以弥补兵力人力的不足。秦二世以后，陈胜、吴广振臂一呼，天下响应，迅速将秦朝各地的防守摧毁了。秦二世慌忙赦免修建骊山陵的罪徒，使之和“奴产子”(奴隶所生的青壮年)一起组成军队抵抗。这又是一次大规模的以罪犯为兵，但秦军已是强弩之末，再也无法挽回秦朝土崩瓦解的命运。

两汉时期，以罪囚为兵已经不是什么新鲜事儿了。汉武帝为征讨匈奴和大宛，为补充兵源不足，曾效法秦始皇发“七科谪”为兵。所谓“七科谪”，就是在战争时被派到边疆去服兵役的七种人：有罪的官吏、逃亡的罪囚、入赘为婿之人、有市籍的商贾、曾经有“市籍”的、父母曾经有“市籍”的和祖父母曾经有“市籍”的人。前两种就是罪犯。还有以所谓“弛刑徒”为兵的。“弛刑徒”是指不戴枷锁的刑徒，据《汉书·宣帝纪》，汉宣帝神爵元年（公元前61年）为征讨羌人的叛乱，就曾“发三辅、中都官徒弛刑，及应募佽飞射士……，诣金城”。东汉光武帝建武十一年（35），岑彭“将南阳兵及施（弛）刑募士三万人溯江而上……”（《后汉书·吴广传》）就是死囚也可以被募到边疆从军征战。《汉书·王莽传》载：“匈奴寇边甚。莽乃大募天下丁男及死罪囚、吏民奴，名曰‘猪突豨勇’，以为锐卒。”东汉明帝永平八年（65），也曾“募郡国中都官死罪系囚……，诣度辽将军营，屯朔方、五原之边县”（《后汉书·明帝纪》）。死囚被免于一死，派到前线自当努力作战。但是，军人与囚犯为伍，社会地位大大地降低了。

汉以后历代都有发罪囚为兵的事例，但将“充军”作为一种刑名的，约从宋代始。充军本是流刑的一种，被判流刑而发配到边疆戍守的军卒，就被称作“配军”。这样，就使罪犯充军成为一种制度。配军虽然服的是流刑，但还要附加杖刑，《水浒传》里说宋江来到戍地，关到营牢里要先吃一顿“杀威棒”，则是这一制度的艺术再现。至于刺面，在古代也是五种肉刑之一，到宋代变成了士兵和罪犯的一种标志，是服役时不可或缺的一个程序。

明代的充军类似宋代。据《明史·刑法志》，充军是流刑中较重的一种。“流有安置，有迁徙，有口外为民，其重者曰充军。充军者，明初唯边方屯种，后定制，分极边、烟瘴、边远、边卫、沿海、附近军。有终身，有永远。”当然，以刑徒充入军队为兵，其罪犯的身份依然存在，在军队中平时也就主要以做杂役苦工为主，但由于附入了军籍，在战争中也必然要冲锋陷阵，身份则与普通军士无异。

以罪犯为兵，或将罪犯充军服役，都反映了这么一个事实，即封建军队既是镇压人民的工具，同时，作为军队的一分子——士兵，本身也是受封建军队压迫的畸形物，愈到封建社会后期，人们愈看不起士兵。士兵在百姓面前趾高气扬、耀武扬威，在某种程度上说，也是他们自卑心理的一种逆反表现。

8　历史上的“娘子军”

一说到女兵、女战士，人们就会想起电影《红色娘子军》中的主题歌，也即红色娘子军连的连歌，其中有一句唱道：“古有花木兰替父去从军，今有娘子军扛枪为人民。”其实，古代花木兰的故事不过是艺术家的创作，而“娘子军”这一称号，却是古已有之的。

“木兰从军”的故事见于古代乐府的一篇歌词。南朝时，陈朝的一个和尚叫智匠，编辑了一部《古今乐录》，其中就著录了一首《木兰诗》，宋代郭茂倩编的《乐府诗集》则收入了南梁的一首《鼓角横吹曲》。诗用杂言62句，历叙女子木兰扮男装代父从军出征、转战、胜利归来的故事。传统戏曲小说也常以此为题材。这个故事是根据民间传说经艺术加工而成，后来有好事者，考证有关木兰姓氏、乡里、事迹，各有记载文字，多出附会，不足为信。虽然如此，古代女子从军打仗倒是不乏其例的。

◎河南安阳殷墟妇好享堂（母辛宗）

早在商代，商王武丁的一位妻子叫妇好，就是一位著名的女将军。在她的领兵生涯中，曾几番征集兵员，并亲自率部众进攻羌、夷、土方等部落。根据甲骨文的记载，商王发兵曾一次征集妇好统帅的军队 3 000 人，在考古发掘出的妇好墓中，也发现了成捆的兵器。这都说明，妇好是中国古史记载的第一位领兵作战的女子。古代女子和男子一样从事作战，最初并不是一件十分稀奇的事情。《商君书·兵守》中就提到，“三军”中“壮女为一军”，负责防守。《墨子》的有关篇章也说，城池防守时，可将壮女编为一队，参加作战。

女子和男子一样参加战争，大概源于上古的全民皆兵传统。原始社会末期，人们参加部落战争，有的就是全族上阵。从世界民族学资料中，我们也可以看到一些这样的例证。乔治·彼得·穆达克在《我们当代的原始民族》一书中说，19 世纪末 20 世纪初的日本虾夷人，“他们似乎是一种好战的民族，……酋长领导他的村庄去从事战斗，每一个健康的成年人——妇女与男子一样——均参加战斗。据说妇女的作用是颇为有效的，特别是抵御对方的娘子军”。在中国，16 世纪的明代女真社会中，“女人之执鞭驰马不异于男，十岁余儿童亦能佩弓箭驰逐。少有暇日，则至率妻妾畋猎为事，盖其习俗然也”(《李民寏《建州闻见录》)。这说明，在社会进程的较低阶段，妇女是和男子一样可以从军作战的。而社会越发展，社会分工越严密，女子从军作战反而被当成一件罕事了。

隋末唐初，唐高祖李渊起兵反隋时，其女平阳公主也曾散家财，招募终南山的流民数百人为兵，响应其父李渊。后来，她又收降了一些小的割据武装，在关中一带攻城略地，征战中颇有治军之法。《新唐书》称其“申法誓众，禁剽夺，远近咸附，勒兵七万，威振关中”。后来，李渊夺取长安，稳定关中，自有平阳公主一份功劳，她率领的人马就被称作“娘子军”。不过，这娘子军的称号，并不是军队均以女子为主，实在是以公主为将而名之。唐武德六年(623)，平阳公主去世，高祖给予她很高规格的葬礼，增加了前后部羽葆、鼓吹、大路、麾幢、虎贲、甲卒、班剑等仪仗。掌管礼仪的太常谏阻说："自古以来妇女的葬仪没有用鼓吹的。"高祖李渊不听，并驳斥说："鼓吹是军乐。当年公主曾亲自执鼓鸣金，指挥作战，自古以来有这样的女子吗？她完全可以动用军乐鼓吹！"后来许多武打小说中关于平阳公主的种种描写，大多是基于史书的演绎了。

应当看到，在封建社会里，妇女领兵作战或当兵从征，并不是一种经常现象。除了在特定条件下，一些贵族出身的妇女能够挑起带兵的重担之外，另有一些受压迫、受奴役的女子，为反抗官府或恶霸的欺凌，也铤而走险，走上武装斗争的道路。新莽末年，琅玡海曲(今山东日照西南)就有吕母自称将军，举行起义。天凤四年(17)，吕母子育为县游徼，却被县官所冤杀。她为子报仇，散家财，聚众数千，破城杀县官。后退到海岛坚持斗争，在附近地区影响甚大，起义军发展至数万人。吕母死后，其众分别参加了赤眉、青犊、铜马等起义军。几乎与吕母起义同时，平原(今山东平原西南)人迟昭平也于地皇二年(21)发动起义。迟昭平也是一位农民军的女将领，率众达数千人，活动于山东、河南一带。清末太平天国起义时，有不少妇女也参加了义军，太平天国即将她们组成女军投入战斗。女军编制与男军稍异，只设军帅、卒长、两司马三级，不设师帅、旅帅等。最初，其编制尚只有营，称"姐妹营"、"女营"、"姐妹馆"、"女馆"，实际上为参加起义部众的家属。建都天京后，女营才发展为军，共有40军，每军设军帅1人，下统25卒长，每卒长领4个两司马，共100两司马，每两司马管25人，共2 500人，众达10万。女军的装束与男军相似，"当腰横长刀，窄袖短衣服，骑马能怒驰，黄巾赤其足”。太平天国的女兵同男兵一样参加攻城略地的战斗，建都天京以后，女军则主要担负守卫任务，亦有主要肩负劳作任务的后勤部队“女绣锦营”等。总之，太平天国的女军称得上是较早的真正的“娘子军”。

七　军阵和军旅谋略

谋略是智慧的运用，更是实践经验的总结。军旅谋略来源于军旅生活，同时又丰富了军旅生活，是军旅生活园地中绽放的绚丽之花。《孙子兵法》说："上兵伐谋。"又说："不战而屈人之兵。" 这些都强调了谋略或其他非战争手段在政治对抗中的首要作用，但也并不是说只需用谋略就能解决实际中的问题，军旅的存在及其实力是形成和实施谋略的坚强支柱之一。

在军旅之中，军将如何布阵、如何安众、如何破敌，都会体现出一种谋略思想。中国古代兵书卷帙浩繁，种类繁多，绝大多数都是阐述军旅谋略的。军旅生活固不可专以韬晦密计为务，但也不可或缺，否则，尽是宋襄公式的愚蠢军队了。公元前 638 年，宋楚两国战于泓水（今河南拓城西北），楚军渡河时，宋将目夷主张出击，宋襄公拒绝说："君子不乘人之危。"楚军渡河后尚未列成阵势，目夷又请战，宋襄公仍说："君子不攻击不成阵势的敌军。"直到楚军排好阵势，宋军才开战，结果大败，襄公也受重伤。这在战争史上成为笑柄。它告诫后人，军阵与军谋绝不可墨守成规旧礼，军旅的生命力也就在于随机应变。

1 阵：古代军队的作战队形

春秋后期，著名军事家孙武来到吴国，向吴王阖庐献上他的《兵法》13篇。阖庐读了以后却问孙武："你的兵法可以用来训练军队吗？"孙武说："当然可以。"于是吴王让他以兵法训练宫女。孙武将180名宫女分为两队，以吴王最宠爱的两人为队长，集合起来讲解怎样前进、怎样后退。这些宫女听了，都说："知道了。"于是，孙武击鼓传令，可是宫女们大笑不止，毫不理会他的命令。孙武说："纪律不明，士兵不熟悉号令，这是将军的过错。"于是重申了一遍军纪号令，又问宫女们："明白了吗？"答曰："明白了。"可是击鼓时，这帮宫女还是嘻嘻哈哈，不理不睬。孙武说："号令已明而士兵不奉法，是吏士的罪过。"他命令将两名队长推出斩首。吴王得知，赶快派人求情说："寡人已知道将军善于练兵了，饶了她们吧，否则，寡人吃饭也吃不下了。"可是孙武说："将在军，君命有所不受。"还是果断地杀了两名队长。接下来再操练队列，宫女们再也不敢怠慢，都按指令进退、变化队形。这个故事说明古代十分重视作战队形的操练，平时部队的队形操练就是按实战要求进行阵法演习的。

古代的作战队形称作阵，队列形式的组合变化规则就是阵法。在冷兵器时代，只要是有组织的武装对抗，就不会是一哄而上，各自为战，于是就有了阵和阵法。相传，早在伏羲氏时，就有了"积率五军阵"，也就是模仿天上积率星的12颗星的位置排列组成；又传说是黄帝发明了八阵图，黄帝八阵是指车厢洞当阵、车工中黄阵、乌云鸟翔阵、折冲阵、龙腾却月阵、雁行鹅鹳阵、车轮阵、飞翼浮沮阵等;此后又有所谓风后演成的握奇阵。这些传说实际上都是后世的附会和演绎,不过,也反映了在原始社会后期的部落战争中已经出现了阵和阵法的事实。

进入文明社会以后,文字的产生和发展,使得人们能对阵法进行高度的总结,并加以创新。阵,在魏晋以前都写作“陈”。“阵”字是在王羲之《小学章》帖中才首次出现的,当属于“陈”的异体字,可是后来凡“军陈”都写作“阵”,而“陈”则只作姓氏或以陈列的意义使用。由此可知,阵的本义是指战车和步卒的陈列,引申为战斗队形的泛称。最早见于记载的阵是在殷商时期的甲骨卜辞中,表明了商朝的军队已按右、中、左的固定队形排列作战。到春秋战国时期,由于兼并争霸战争频繁发生,人们在阵的运用过程中不断总结经验,有关阵法也就日益增多。战国时著名兵书《孙膑兵法》中就有专门关于阵法的篇章。在《十阵》篇中,作者指出:“凡阵有十: 有方阵、有圆阵、有疏阵、有数阵、有锥行之阵、有雁行之阵,有钩行之阵、有玄囊之阵、有火阵、有水阵。”可见阵的种类和功能繁多。在《八阵》篇中,又强调了阵法变换的重要原则。《孙膑兵法》还指出:“兵之前行后行,不参齐于阵前,可败也。”就是将阵容不整、队形凌乱视为必定失败的标志,指出了阵在古代作战中的重要意义。

在冷兵器时代,作战决胜负主要依靠近战的形式。因为冷兵器的运用受到空间、速度和力量等条件的制约,其杀伤力是有限的,单兵作战、一哄而上的各自为阵,仅凭个人的勇力,是难以保证全军必胜的。因此,必须利用各单兵的协同来赢得整个战局的控制权,于是,作战队形——阵,在冷兵器时代就显得尤为重要。平时对阵法的设计和操练,是古代兵家十分经心之事。明代何良臣的《阵纪》,对历代阵法进行了系统的总结和研究,分析了自古以来的五行阵、农兵阵、荆尸阵、鸡父阵、内政阵、乘之阵、象棋阵等等阵法。在历史著作中也有不少的阵法、阵图的著录，例如《左传·桓公五年》就记述了将步卒队形环绕战车进行疏散配制的“鱼丽之阵”；《史记·淮阴侯列传》记载西汉初年大将韩信破赵时曾布有背水阵，等等，都是阵法用于作战的实例。

然而，唐宋以来，阵或阵法长期被蒙上一层神秘、神奇的色彩。小说、演义中固然有许多诸如诛仙阵、万仙阵、混元金阵等荒诞不经的阵名，即使在一些著名兵书中，也常将阵法描写得云遮雾罩，玄妙难测。唐代李筌在《神机制敌太白阴经》中提到天覆、地载、风扬、云垂、龙飞、虎翼、鸟翔、蛇蟠各阵，宋代许洞在《虎钤经》中新创了飞鹗、重霞、长虹各阵，但在阐发这些阵法时往往和奇门遁甲、风角占候等星卜之学掺合在一起。何良臣曾对此作出深刻的批评：“阴符家每好穿凿，或假知兵之名而妄作阵图，为害深矣!”(《阵纪》卷三)究其原因，一是阵法本属军事秘密，历代统治者对民间文人皆讳莫如深，而好事者百般探求，不得发表，则伪托古人传世，故许多阵法都署有伏羲、黄帝、风后或太公之名，给人以深邃之感；二是古代阵法中的方位、变化组合单位往往以天干地支、五行八卦之名为代号，本来是演练指挥的需要，然而由于谶纬之风、谈玄演易的影响，尤其是阐发天道、心性的理学兴起以后，借阵图、阵法附会自然、人意的文人也越来越多，结果使阵法的变化搞得扑朔迷离，穿凿附会层出不穷，神秘的气氛愈来愈浓，即使是明代戚继光这样的抗倭名将也在所难免。他制定旗法，不仅讲究五行生克、风角星占，还根据《礼记》所谓五方旗神建立左青龙、右白虎、前朱雀、后玄武、中腾蛇等方形旗 5 面，又配以五方旗 5 面，即东方温元帅、南方关元帅、中央王灵官、西方马元帅、北方赵元帅，以象征天干之数，有的旌旗上则绘有六丁六甲、二十八星宿、神兽鬼怪图形和一些符咒文字，这些除了有震慑士卒、使之愚昧地听从号令，以及作为特殊的代号之外，并没有多大的实际意义。这也是因为战场上的情况瞬息万变，规律难觅，所以，人们不免对依赖阵法的变化来取胜抱有某种幻想和崇拜，战阵笼罩上神秘色彩也就十分自然了。

2 八阵图

唐代著名诗人杜甫有诗曰："功盖三分国，名成八阵图。江流石不转，遗恨失吞吴。"说的是三国时诸葛亮隆中对策"三分天下"和作八阵图隐藏千军万马的故事。在今四川奉节西南长江岸边的沙滩上，确有据传是诸葛亮留下的八阵图。它以石排列，一共8行，行距2丈；每行8堆，堆距8尺。每堆大小约有10人环抱，高约5尺。这一带江流湍急，夏季时水势尤其凶猛浩大，石阵也被江水所吞没。可是入冬以后，水落滩出，石阵又依然故我，完好地整齐排列在江滩上。自古以来，这八阵图的奥秘就引起人们的极大兴趣，演绎出许多神奇的故事。《三国演义》第八十四回《陆逊营烧七百里　孔明巧布八阵图》，就说陆逊大败刘备以后追杀到此，直入石阵观看，忽然狂风大作，飞沙走石，遮天盖地，但见怪石嵯峨，槎枒似剑；横沙立土，重叠如山；江声浪涌，有如剑鼓之声。若非黄承彦引出生门，陆逊命将休

◎成都市青白江区弥牟镇的八阵图遗址

矣。据说八阵图反复八门，按遁甲休、生、伤、杜、景、死、惊、开八字排列，每日每时变化无端，可比 10 万精兵，难以捉摸。

且不说八阵图的奥秘究竟在何处，八阵之说其实早在诸葛亮以前就已出现，它当然不是像《三国演义》里描绘的那么神奇莫测，而是古代兵家对实际战争形式的一种总结和运用。从银雀山汉墓发掘出的《孙膑兵法》中就有《八阵篇》。但是，孙膑的“八阵”之说是强调如何根据敌情和地势的不同而变换阵法，而并没有确指八阵的一种或八种固定的阵法。自《三国志·蜀书·诸葛亮传》说诸葛亮“推演兵法作八阵图”以后，关于八阵和八阵图的附会之说便雀起了。仅传说为诸葛亮所布石阵就有 3 处之多，除了前述奉节一处以外，据《水经注·沔水》和《汉中府志》所说，在陕西勉县东南诸葛亮墓东还有一处；另一处则据《明一统志》所载，在四川新都县北 30 里的牟弥镇。至于八阵，则有的说是一种阵形，有的说是八种阵形，所云莫衷一是。

《唐太宗李卫公问对》认为八阵本是一个完整的方阵。该书卷中云：“黄帝始立丘井之法，因以制兵，故井分四道，八家处之，其形井字，开方九焉，五为阵法，四为闲地，此所谓数起于五也。虚其中，大将居之，环其四面，诸部连绕，此所谓终于八也。及乎变化制敌，则纷纷纭纭，斗乱而法不乱；混混沌沌，形圆而势不散。此所谓散而成八，复而为一也。”也就是说，在方阵的排列上，是以井字形为序列，大将居井中间，四面正兵屏卫，正兵之间又有奇兵游哨，这样，东、东南、南、西南、西、西北、北、东北均有正奇兵互相配合，可以分合变化制敌。这种排列的队形若按正兵来说是 4 个单位，加上主将为 5 个单位，再加上奇兵即有 9 个单位，因此，八阵是指方阵的八个方位，按战斗单位来说，也可以是四阵、五阵、九阵。证诸史籍，《史记·高祖本纪》载：“五年，高祖(刘邦)与诸侯兵共击楚军，与项羽决胜垓下。淮阴侯(韩信)将三十万自当之(前锋),孔将军居左,费将军居右,皇帝(刘邦)在后,绛侯(周勃)、柴将军在皇帝后。”这就是一个典型的五军方阵,按方位来说,也是八阵。因此,八阵是一种方阵的排列及变化形式。但也有的人认为八阵即是《孙膑兵法·十阵》中的前八种,包括方阵、圆阵、疏阵、数阵、锥行之阵、雁行之阵、钩行之阵、玄襄之阵。不管八阵是一个阵还是八个阵,去掉好事者的附会色彩,我们还是应当承认,诸葛亮在古代八阵的基础上,对这种阵法进行了总结,加以改造、创新,使之上升到一个新的水平。

《诸葛亮集·文集》卷二有《八阵图法》,它用纵横排列的64个战术单位组合成一个大方阵,阵后又设24队游骑,以配合大方阵作战。诸葛亮自称:“八阵既成,自今行师,庶不覆败也。”何良臣在《阵纪》一书中认为,诸葛亮是参考了古代以来的乘之阵、握奇阵、河图之圆、洛书之方和丘井之法的“四奇四正”,才产生了他的八阵图。这个说法是很有道理的。作战队形和作战方式的发展是一个渐进的过程。在冷兵器时代,阵法的优劣成为战争胜负的一个重要前提,因此,历代军事家十分重视对阵法的研究和革新。诸葛亮改革八阵以后,唐代军事家、《唐太宗李卫公问对》的作者李靖,又在诸葛亮八阵的基础上创立了所谓“六花阵”。关于六花阵的具体阵图已不可考,但后人都认为宋神宗赵顼的解释比较符合实际,且能从中窥见阵图。按其说法,六花阵是一个外圆内方的阵形,“圆以六包一”,“方以八包一”。也就是说,八阵在六花阵中为中军,其外另有六阵,全阵形如花瓣。何良臣《阵纪》也认为:“李靖六花,本孔明八阵而变,其中隅落钩联,曲折相对,无不参综古法,步骑与车,三者相兼而用,以车曰驻队,步曰战锋,居前曰正,骑曰战队,又曰跳荡,居后为奇,遂名六花七军阵也。”可见,六花阵也是继承了古阵法加以变化发展而来的方阵。此后，在六花阵基础上又演化出“六花曲阵”、“六花直阵”、“六花方阵”、“六花圆阵”、“六花锐阵”等阵图，实则仍以方阵为基本形式。总结八阵的产生和发展，说明了中国古代方阵在世界战争史上是极具特色的。

至于八阵和八阵图的许多神秘、神奇色彩，当是千百年来的历史烟云给它蒙上的重重面纱，它被人为地与阴阳五行、遁甲八卦搅和在一起，五军方阵被配上了金、木、水、火、土的五行之名，九军方阵则称为九宫，除中军之外，八阵的方位被分别加上了离、艮、兑、乾、巽、震、坤、坎的八卦之名。而在《握奇经》中，八卦卦名又分别为“天、地、风、云、龙、虎、鸟、蛇”，以至于《三国演义》进一步附会成遁甲八门。这样，八阵和八卦阵、八门阵、五行阵究竟孰为正宗，倒成了学者们讨论的课题了。究其实质，八阵之所以有如此神秘的称呼，大概是因战争中指挥队列的变化需要洁简而便利的代号，用现成的五行、八卦来代称，可能是最方便不过的了。

3 背水阵的诀窍

“破釜沉舟”和“背水一战”这两个成语，都形容人们为干成某事而下定决心，表现出大无畏的英雄气概。然而，在古代兵家看来，这却是用兵的一种方略，是要人为地造成一种自己军队的绝境，以便驱使士卒死力向前，即以所谓“陷之死地而后生”之计，鼓舞士气，夺取胜利。

早在《孙子兵法》中，“破釜沉舟”是写作“焚舟破釜”的。《孙子兵法·九地篇》说：“帅与之期，如登高而去其梯。帅与之深入诸侯之地，而发其机，焚舟破釜，若驱群羊，驱而往，驱而来，莫知所之。聚三军之众，投之于险，此谓将军之事也。”大意是：将帅给予军队任务，要像登高而抽去梯子一样，使他们有进无退。率领军队深入诸侯国土，要像击发弩机射出箭一样，使其一往直前。烧掉船只，砸烂军锅，表示必死决心，像驱赶羊群一样，赶过来，赶过去，使他们不知道到底要到哪里去。聚集全军士卒，投置于危险的境地，使他们拼死作战，这才是将军的责任。这说明，“破釜沉舟”虽有表示必死决心的含义，但从实质上来看，是一种“愚兵”政策，将士兵逼入死路，完全听从将帅的调遣。

公元前 207 年冬十月，楚怀王派宋义为上将军、项羽为次将，北上救赵，解巨鹿（今河北平乡西南）之围，歼灭秦军主力。可是，宋义率军到达安阳（今山东曹县东北）后，即停止不前，一连驻军 46 天。项羽多次请求宋义进兵，均被宋义所拒绝。于是项羽在起义军将领的支持下，乘朝会时杀了宋义，掌握了楚军的领导权，然后立即北上救赵。他派英布、蒲将军率 2 万人为前锋，先渡漳水（一说黄河），切断秦军运粮的甬道，分割其主力之间的联系。随后，项羽亲率主力北进，渡漳河后，下令凿沉船只，打破釜甑（炊具），烧毁庐舍，每人只带 3 天的口粮，“以示士卒必死，无一还心”。接着，迅速进军，包围了秦军王离部，九战九捷，杀死秦将苏角，俘虏王离，迫使涉间自杀，解了巨鹿之围。此时，各地救赵军在巨鹿附近扎有 10 余座营垒。他们都不敢出营垒参战，只作“壁上观”。而项羽率领的楚军战士，个个以一当十，呼声动天，使诸侯军胆战心惊。楚军高昂的士气，固然是因为暴秦可恶，人人必得而诛之，战争的正义性决定了楚军将士同仇敌忾、一往无前，然而，项羽采用破釜沉舟的办法，也的确对士卒是一种激励。

“背水一战”来源于“背水阵”，也是用兵的方略之一。《尉缭子·天官》曰:“背水陈为绝地,向阪陈为废军。”“陈”,即“阵”。这句话的意思是:背水布阵就是把兵士置于死地,向着山坡列阵就等于白白送掉军队。其本意是指背水布阵和向阪布阵一样,是用兵之大忌。如果这样布阵,是注定要失败的。但是,辩证法告诉我们,矛盾是会转化的,在一定条件下,有利的因素会转变为不利的因素,不利的因素也会转变为有利的因素。背水阵和向阪阵本是军旅作战的不利因素。但据记载,周武王伐纣,恰恰就是背水向阪而阵,结果,以少击多,反而赢得了战争的胜利。其原因不在于阵本身,而在于人心起了作用。

在楚汉相争之时,汉高祖三年(公元前 204 年)十月,汉将韩信和张耳率兵数万越过太行山,向东面的赵国挺进。赵王歇和成安君陈余急点 20 万大军迎战,两军相峙于井陉。韩信针对赵军占据有利地形且军队数倍于汉军的情势,决定采用诱敌出击、断敌后路的战法,首先挑选 2 000 精骑,每人各带一面汉军红旗,半夜抄小路迂回到赵军侧翼,偷袭赵军大营。继而派出 1 万人的先锋队进到绵蔓水(今河北井陉西)东岸背水列阵。这一违背兵书的布阵方式使陈余误认为韩信不懂兵法,汉军将士亦多不能理解,所以,对韩信那充满自信的“破赵会食”之言,也只能将信将疑。第二天拂晓,韩信、张耳率主力出井陉口,诱赵军出动,经过激战,又假装败退,进入背水阵。赵军见此状,认为汉军已败,果然倾巢而出,掩杀汉军。这时的汉军,背靠河水,后退无路,就只有拼死向前,所以个个勇猛顽强,与赵军殊死决战,死里求生。这是纸上谈兵的陈余未曾想到的。而汉军伏兵却趁赵军壁垒空虚之机,占领了赵军大营,拔下赵旗,换上汉旗。赵军进攻背水的汉军,久战不胜,正要撤退,突见壁垒中汉旗招展,顿时惊慌溃乱。汉军乘势夹击,大破赵军,斩陈余,擒赵王歇,成功地创造了又一个以少胜多的战例。

无论是破釜沉舟还是背水阵，施用起来都有一定的条件，也是不得已而为之。韩信破赵以后，有将领不解其背水阵为何能够胜敌，韩信作了一番解释。他说：在兵法上这叫作“陷之死地而后生，置之亡地而后存”。韩信之所以要冒如此大的风险，是因为他刚由一普通战将提升为统帅全军的大将，并没有得到全军的完全信赖。如果不将汉军置之死地，必将难以指挥，届时只能人自为战，如同一盘散沙。现在背水一战，退路已断，只有齐心协力殊死拼杀，才是取胜的唯一途径。当然，韩信设背水阵对赵军也有麻痹、诱敌的作用，使赵军果然轻敌妄动，给汉军造成两边夹攻的大好时机。这也是汉胜赵败的原因之一。再看项羽在巨鹿之战中的破釜沉舟，其实和韩信用兵有类似情形。项羽虽在其他将领支持下杀了宋义，称假上将军，但毕竟是以武力夺得军队的控制权，难免会有人不服，万一出现离心势力，也会给指挥作战带来麻烦。所以，用破釜沉舟表明必死的决心，不打算生还，人们也就无心顾及其他了。这都是采用这一方略的客观前提。若非如此，只一味追求奇异的阵法，那才真是犯兵家之大忌了。

事实上，纵观中国古代军事史，类似背水阵、破釜沉舟之类的战术运用，取得成功的也就是几个少数的特例，不能作为普遍的战法原则，其中包含的战争辩证法原理，才是人们应当掌握和灵活运用的。

4　矫情安众　冷静破敌

军心和士气是保证军队取得胜利的重要因素。有时这要靠统帅军队的大将来调动和控制。主将的一举一动往往对军旅士气和吏士的心理造成一定的影响。楚汉之争时，两军在广武(今河南荥阳东北)对阵。汉王刘邦在阵前历数楚霸王项羽十大罪状。项羽大怒，命弓箭手一齐放箭。刘邦赶快回马，但胸口已经中了一箭，受了重伤。但刘邦忍住疼痛，故意俯身弓腰摸脚，叫骂道："楚贼射中了我的脚趾。"左右将刘邦扶进营帐。汉军听说汉王受了伤，都着了慌。谋士张良恐怕军心动摇，劝汉王勉强起来，到各军营巡视一遍，大家才安定下来。项羽听说刘邦没死，也大失所望，不得已和刘邦划定"楚河汉界"，暂时息兵。刘邦和张良的这一手，在兵法谋略上称作"矫情安众"，也就是故意用假象掩饰自己的情绪，振作精神，以防军心动摇。

公元383年的阴历八月，前秦大军直指东晋首都建康(今南京)，苻坚号称有百万大军，自吹"投鞭于江，足以断流"。而东晋朝野惶恐不安，虽有谢玄、刘牢之一支劲旅"北府兵"在前线御敌，但毕竟只有8万余人，只占前秦军的十分之一。所以谢玄在出发前心情也很紧张，特地到宰相谢安家中告别，希望听到朝廷的具体战略部署。可是谢安像没事一样，轻描淡写地说已经有了安排，便没有了下文。谢玄回到家，心里总不踏实。隔了一天，又请他的朋友张玄去看谢安，托他向谢安探问一下。然而，谢安见到张玄仍然只字不提战事，而是邀请他到一座山中别墅和其他名士一起赏景对弈，直到天黑才各自回家。其实，谢安对战事的确有所安排。就在这天晚上，他把谢玄等将领一一召集到自己家里，把每个人的任务都详细地交待清楚。大家看到谢安这样镇定自若、胸有成竹的样子，也就增强了战斗的信心。原来，谢安在大战前夕摆出一副悠闲的气度，就是为了稳定军心，消除朝野上下的恐战气氛。后来，东晋军果然在淝水以少胜多，大破前秦军队。

主将的情绪如何对军队往往产生影响。人的情绪是具有感染力的。在紧要关头，如果军队的主将不能控制自己的情绪，就难以冷静地分析、判断形势；骄躁或不安的情绪如果流露出来，又会造成全军惊慌失措、混乱不堪。因此，从谋略上说，即使内心紧张，主将也不应在自己军中有任何表露。《六韬·龙韬·兵征》说："胜败之征，精神先见。明将察之，其效在人。"意思是：战争胜败的征兆，可以先从军队的精神中表现出来，明智的将领多能察知之，精神的效果也都是人的行为造成的。主将若要使自己的军队行动划一，除了用军纪军法加以约束之外，靠情绪、精神的影响，也能使将士从内心对主帅产生信赖感，必然尊敬长官，服从军令。否则，即令严刑酷法，也难以抑制大乱的军心。

西汉平定七国之乱时，周亚夫受命出兵营救梁国，军行至霸上（今陕西长安东），采纳赵涉的建议，改变行军路线，经武关（今陕西商南西北）到洛阳，继而占据昌邑（今山东巨野东南）。随后派兵袭占淮泗口（今江苏淮阴西），切断吴、楚联军的粮道。此时，吴、楚联军加紧进攻梁国。梁王多次派人向周亚夫求救，周亚夫均未发兵。梁王进而上诉景帝，景帝遣人转告周亚夫出兵，周亚夫在昌邑仍然"深壁而守"，仿佛梁国并不危险一样。由于汉军切断了吴军的粮道，吴军乏粮，便多次向周亚夫挑战，周亚夫也始终不应战。一日夜里，昌邑军中自相惊吓，扰攘纷纷，甚至闹到了周亚夫营帐之下。周亚夫一点儿也不紧张，"终卧不起"，过了不多久，骚动就平息下来。这时，吴军猛攻汉军壁垒之东南角，但周亚夫却让严密防守西北角。果然，吴军在东南角是佯攻，很快又攻西北角，由于周亚夫指挥若定，吴军终于没有破阵，无奈下只好撤退。周亚夫瞅准机会，发精兵在后掩袭，大破吴军，取得了平定七国之乱的关键胜利。如果不是周亚夫冷静沉稳地采取了“避其锐气，击其惰归”的战术，按照景帝的意见，贸然出战与吴军硬拼，或许能解梁国一时之急，但决不可能取得消灭吴军主力的大捷。特别是当军营中发生骚动时，周亚夫尤其表现了非凡的大将风度，靠着沉着冷静让骚动自然平息，终未发生自相残杀的内力消耗现象。

类似的情况，吴汉也遇到过。吴汉是东汉光武帝麾下一员得力大将。在一次战斗中，有5万多敌兵乘着夜色猛攻吴汉营寨，军中大惊，人心浮动。吴汉只教坚守不出，自己却安安稳稳地睡卧不动。不一会儿，将士们看到主将如此镇定，情绪也就平静下来，有序地抵御了敌人的夜袭。等到敌人攻营不克，吴汉却找准突破口，发精兵出营突击，大破敌众，并乘胜追击，很快就取得全线的胜利。这也是镇定取胜的又一例。总而言之，主将的镇定沉稳，虽然不是什么奇谋秘计，但只要充分把握情绪，奇谋秘计便从中应运而生，也可收到意想不到的效果。当然，这必须建立在对敌我双方态势充分了解而且有切实准备的基础之上。

5 唱筹量沙的故事

俗语说：“兵马未动，粮草先行。”古代作战，主要依靠人马的体力拼搏，人要吃饭，马要吃草，还有兵甲装备的供应和补充，也切不可少，否则就没有战斗能力。古代交通运输条件落后，军事物资主要依靠“漕輓”。“漕”指水上运输，“輓”是陆地转运，舟车运输是古代军事后勤的重要工作。一旦运输交通线被敌人破坏，粮草、辎重等军事物资供应不上，将士不用说打仗，连基本生活都难以维持，势必造成军心动荡，最终导致失败。因此，历代军事家都十分重视漕輓，保护好自己的粮道，并趁机破坏敌人的粮道。

南北朝时期，刘宋名将檀道济在元嘉八年（431）率军渡江伐魏，一路势如破竹，接连20余战都取得胜利，一直打到历城（今山东济南）。但是，由于孤军深入，辎重粮草供应不上，又准备从历城撤退。这时，宋军中有人投降北魏，并将宋军缺粮的情报透露给北魏。北魏立即派兵尾随追击檀道济。眼看就要追上时，在一天晚上，檀道济带领着士兵们在军营里一边拿着竹筹（古时候一种计数的工具）高喊着计数，一边用斗量着沙子装在麻袋里堆积起来，再把军营中所剩下的米撒在上面。天明以后，追来的魏军隔阵观望，见宋军营中还有这么多米，以为他们的辎重粮草一定还很充足，所以不再敢追杀，反而将告密的宋兵斩首示众。这样，檀道济才得以安全地撤退。

◎唱筹量沙（西安钟楼古建筑六十四木刻雕花典故）

檀道济"唱筹量沙"的故事，生动地说明了粮草供应在军队作战中的重要性。它固然反映了檀道济虚虚实实的谋略，也说明古代兵家懂得利用粮草、辎重等后勤问题作为制敌决胜的一个重要因素。"兵马未动，粮草先行"的思想，不仅是军事后勤工作的法则，也是制定战略战术的指针。如果敌方国富兵强，军事后勤工作做得充分，而我方的军事后勤准备不足，就要避免与敌人长期抗衡；如果敌方后方空虚，军事后勤缺乏准备，我方就可以窥其虚弱之点，发起攻击。战国时期秦、赵两国的长平之战，赵国惨败，其中一个重要原因，就是在制定战略战术时，没有充分运用和贯彻这一指针。

公元前260年的长平之战，本来秦攻赵时，赵将廉颇坚守不出，意在打持久战；秦军粮草转输艰难，欲打速决战。双方对峙40余日，秦使用“离间计”，使赵国将廉颇调回，改派了只会纸上谈兵的赵括为将。赵括到达前线，急于求胜，改变军队部署，连续派兵出击。秦军统帅白起则利用赵括缺乏实战经验和骄傲轻敌的弱点，交战时有意佯败。赵军更是轻敌急进，直趋秦军大营。但连战数日，秦军营垒守备严密，坚不可拔。而此时，秦军以25 000人从左翼迂回，出其不意地切断赵军退路，另派5 000骑兵，从右翼迂回，并插入赵军营垒之中，防止其增援。这样，赵军被分割成两部，粮食供应被切断。赵括只好转而筑垒防守，等待援兵。而秦国则立即征发15岁以上的男丁到长平参战，堵截赵国援军，断绝其粮道。赵括向齐乞粮不得，营内断粮已46天，士兵自相残杀而食，军心大乱。最后，赵括在突围中被乱箭射死，40万赵卒向秦投降，被坑杀于长平谷口。这一战例更从反面说明，粮草、辎重等作战物资的供应，是军队生死攸关的大事。

春秋时期著名军事家孙武就曾说：“军无辎重则亡，无粮食则亡，无委积则亡。”“委积”就是战略物资的储备。诸葛亮则说：“粮谷，军之要最。”又说：“军以粮食为本。”兵书《百战奇略》专有《粮战》一篇，指出：“凡与敌对垒，胜负未决，有粮则胜。……法曰：‘军无粮食则亡’。”这些兵家有关后勤工作的论述，都是实战经验的总结，表明他们已经认识到粮草是军队战斗力的一个重要组成部分。在某种程度上来说，粮草还是一种综合战斗力，它不但关系到士卒体力消耗的补充，更重要的是还影响到全军将士的心理和士气，甚至还会对敌我双方的战略战术起一定的作用。

6 减灶、增灶·军旅“示形”

军旅行动必须保守秘密，而作战时又必须尽力侦知敌方军队的秘密，“知彼知己，百战不殆”，就是说只有将敌我双方的情况都摸清楚了，才能掌握战争的主动权。但是，有时候为了让敌人进行错误的判断，又要故意造成一些假象，让敌人上当受骗，从而调动敌人，造成对我军有利的形势，最后取得胜利。在兵法上，这叫作“示形”。《孙子兵法·势篇》说：“故善动敌者，形之，敌必从之；予之，敌必取之。以利动之，以卒待之。”意思是说：善于调动敌人的将帅，会用假象诱骗敌人，敌人就会上当；给敌以利，敌人必为其所诱。以小利引诱调动敌人，然后以伏兵待机消灭敌人。历史上这样的战例很多，最突出的莫过于战国时期的马陵之战。

公元前 341 年，魏国派大将庞涓攻打韩国，齐国起兵救韩，派田忌为大将，孙膑为军师，率 10 万大军直赴魏国国都大梁（今河南开封）。庞涓听到国都告急，连忙舍弃攻韩，回兵救魏。魏太子申率兵 10 万尾追齐军。孙膑得知情报以后，便对田忌说：“兵法认为：急行军赶百里路去争利的，会折损大将；急行军赶 50 里去争利的，只有半数的部队才能赶到。我们应该利用庞涓恃众轻敌的情绪，引诱他轻进，设法将其消灭。”于是，齐军根据孙膑的建议，采用示弱诱敌的方针，避免与魏军交战，并制造假象，命令进入魏境的齐军在第一天宿营时，挖可供 10 万人煮饭的灶；第二天宿营时，只挖 5 万人用的；到第三天，只挖 2 万人用的。尾随而进的魏军每天都调查齐军营垒的情况，发现齐军营灶日减，庞涓十分高兴，错误地认为齐军士兵厌战怕死，进入魏境才三天就逃亡大半。于是，庞涓命令抛下步兵辎重，只带轻装健儿，昼夜兼程，拼命追赶。孙膑计算着庞涓的行程，黄昏时会赶到马陵（今河南范县境）。马陵道路狭窄，适合设兵埋伏。于是，孙膑命士兵砍树木以阻塞道路，并将一棵大树的树皮剥去，露出树身，在上面写了“庞涓死于此树下”几个大字。接着又令万名弩弓手夹道埋伏，约定：“天黑时见有人在这里点火，就齐往火光处发射。”果然，庞涓在当夜赶到了那棵被剥去树皮的大树下，见光滑的树身上仿佛写有字，就打火照看。霎时，齐军万箭齐发，魏军溃乱。庞涓见大势已去，遂拔剑自刎（一说他被齐军活捉）。齐军乘胜追击，大破魏军，并俘虏了太子申。

马陵之战是以“示弱”诱敌轻进，然后以伏击的形式造成破敌之势。利用同样的原理，却有另一种战法，以“示强”威慑敌军，避免自己受到损失。这一招，东汉虞诩使用得颇为成功。

虞诩是颇有将略的人才。羌人侵扰武都郡（治所在今甘肃成县西），朝廷就派他去担任武都太守。于是，羌人首领率了几千名羌兵，在陈仓道、崤山山谷中拦截虞诩。虞诩寡不敌众，立即命令随行人马停止前进，并扬言已上奏请求增援，须等援军到后再进发。羌人闻知这些消息，便另行分头去邻近的县邑抢掠。虞诩趁他们兵力分散之际，就日夜行军，加倍赶路，一天走了 100 多里。他还命令将士们每人挖两个灶火坑，以后每天还要增挖两个。羌人见虞诩军营灶垒天天增加，便不敢逼近他们。有人问虞诩说：“过去孙膑用减灶之计而您却增灶；兵法上说每天行军不要超过 30 里，而现在一天快走 200 里了。为什么要采取这样的行动呢？”虞诩说：“敌军人多，我军兵少，走得慢就会被他们追上。急行军他们就猜不透我军的意图。敌人见我军的灶坑天天增加，必定认为是武都郡的部队来迎接我们了。部队又多，行动又快，因此他们不敢逼近我们。孙膑是向敌示弱，我们是向敌示强，都是根据形势的不同而采取的不同计谋而已。”

“示强”和“示弱”都是“示形”的具体表现，但运用起来并不是机械的。虞诩在兵少时示强是避敌，却也用示弱来杀敌。示强、示弱交替运用，虞诩破敌之策中，运用“示形”的方略可谓出神入化。

也就是虞诩到达武都太守任上以后，郡兵总共也不过3 000人，而羌兵有1万人，并且正在围攻赤亭城（故址在今甘肃陇西县东南）。虞诩让军中强弩弓手不要发射，使小弩弓先射。羌人见汉兵箭力很弱，射不远，就集中兵力加紧攻城。这时，虞诩马上让强弩手上阵，用20副弩弓同时射一个敌人，每发必中。羌人大为震惊，急忙退却。虞诩便带兵出城，奋力反击，羌兵大溃。第二天，虞诩又让全体将士列成队阵，从东城门出，从北城门入；然后又换上另一套军服，再如此周转，一连走了好几圈。羌人闹不清虞诩究竟有多少人马，更是惊恐动摇。虞诩预料羌兵要逃走，就在其退路中设埋伏，大破撤退的羌兵，使羌兵纷纷溃散出郡，武都才逐渐安定了下来。

从虞诩的用兵特点来看，主要是以假情惑敌，有时虚张声势，有时示弱痹敌，而后奇兵突发，以弱胜强。在用计的过程中，他非常注意以自己的部队调动敌人的部队。军旅行动虚虚实实，虚则“示形”，实则歼敌，创造了一个又一个的“示形”取胜的战例。

7 “木牛流马”与“因粮于敌”

“剑关险峻驱流马，斜谷崎岖架木牛。后世若能行此法，输

◎传说中的诸葛亮流马

将安得使人愁?"这是《三国演义》第102回《司马懿占北原渭桥 诸葛亮造木牛流马》中的一首赞诗。"木牛"、"流马"在蜀军北伐战争中,为军粮的运输发挥了重要的作用。这不是小说空穴来风的虚构,在正史中也确有记载。《三国志·蜀书·诸葛亮传》明确记载,建兴九年(231),"(诸葛)亮复出祁山,以木牛运";建兴十二年(234)春,诸葛亮率大众由斜谷出,"以流马运"。《三国演义》中造木牛流马之法也完全抄自《三国志》注引《诸葛亮集》。《南齐书·祖冲之传》说,祖冲之仿诸葛亮木牛流马,"乃造一器,不因风水,施机自运,不劳人力"。这种自动机械的原理当与木牛流马是一致的。后世研究、仿造诸葛亮木牛流马者颇多,据认为,它不过是一种比较省力而灵活的运载工具,这种工具对于古代的军事运输来说,当属先进,故在史籍中传为美谈。

其实,不管古代运输工具多么发达,战争运输困难始终是古代军队急需解决的问题。木牛流马之所以为人所称道,是因为它可以不吃不喝,远途运粮,节省消耗。而用普通的人力、畜力运输,代价是很大的。军旅出征最忌远途运粮,历代兵家对此都有论述。《孙子兵法·作战篇》说:"国之贫于师者远输。"意思是,国家因用兵而导致贫困的,远道运输是一个重要原因。远道运输不但人力、畜力要大量消耗粮食,而且辎重车辆的损坏更难计其数。《汉书·食货志》说,汉武帝用兵匈奴、西南夷时,"千里负担馈饟,率十余钟而致一石"。钟是古代容量单位,约为64斗,而10斗为1石。按此计算,运粮1 000里,路途消耗的粮食,是运抵目的地粮食的六七十倍之多。果真如此的话,一场大规模的持久战是难以负担的。好在边疆的戍守和征战的粮食供应都有其他形式加以补充，可缓解运粮之不足。

东汉武都太守虞诩，是历史上有名的将领。他率军驻守的地方，远道艰险，舟车不通，用驴马等畜力运输粮食，路上要损耗五分之四。为了节约开支，虞诩亲自率领军吏、士卒，沿着山谷顺河流考察地势，然后伐木、凿石，开辟了一条可以通船的漕运河道，有数十里之长。水道开通后，雇人以船运粮，“岁省四千余万”，每年节省了大量粮食和金钱，保障了当地驻军的后勤供应。以水道运粮是节约费用的一个有效途径。所以，为保障军事、国防运输的需要，古代统治者都非常重视天然河道的疏浚和人工渠道的开凿。春秋时吴王夫差为争霸中原，就在长江和淮河之间开凿了邗沟；秦始皇攻打南越时，“以卒凿渠而通粮道，以与越人战”，即为现在灵渠的前身。隋代开辟的大运河的军事功能也不容忽视。除了水运节省运费、运载量大可以弥补陆地运输之不足外，如果是长期驻守，当然还可采用士兵屯田的方式来解决军粮的不足，但在战争期间，屯田就难救一时之急。最便利的还是在战争中寻找办法。

《孙子兵法》说：“善用兵者，役不再籍，粮不三载；取用于国，因粮于敌，故军食可足也。”意思是说，善于用兵的人，从来不会一再征集兵员，粮秣也不多次运送。军队的武器装备等先可以从国内取用，军粮供应主要在敌国就地解决，这样军队的食用就会充足。《孙子兵法》还进一步分析说：“智将务食于敌。食敌一钟，当吾二十钟；萁秆一石，当吾二十石。”本国征集粮草，必须送到前线，而在前线因粮于敌，可以免去运输的花费，减轻本国人民的负担，还可以起到削弱敌人的作用，一举多利，事半而功倍。因此，古代军队作战，都十分注意断取敌人的粮道，寻找敌人后勤基地予以击破，而对自己的粮道、粮仓，都要十分仔细地保护，因为它是军队的生命线。

《晋书》记载了这么一个战例。苏峻和祖约起兵反晋，很快就攻占了建康（今南京）。东晋江州刺史温峤派参军毛宝率1 000人进驻茄子浦（今南京西南）御敌。起初，温峤觉得南方军士熟悉水战，而苏峻的部队惯于步战，就打算以己之长制服敌人，便下令军队，有擅自上岸者处斩。这时，苏峻给祖约送去1万斛军粮，祖约派司马桓抚等人前往迎接。毛宝知道这一情报后，对部下说："兵法云：军令在特殊情况下也可以变通。难道我们宁可失去这次战机，也要执行不上岸的军令吗？"于是，他改变了部署，主动带兵上岸出击，将敌人1万斛军粮全部截获，俘虏杀伤敌兵无数。祖约军队因缺粮而大饥。毛宝不但未因上岸违犯军令而受处罚，反而得到温峤的嘉奖。后来毛宝还在句容等地烧掉了苏峻的粮草仓库，为东晋平定苏峻、祖约之乱，作出了重要贡献。

可见，军粮的运输既是军队进行战争的关键，又是一个薄弱环节。如果毛宝恪守军令，不采取机动灵活的战法上岸袭敌粮草，也就失掉了破敌的良机。《三国演义》描写诸葛亮造木牛流马时，故意留了一手。魏军仿造木牛流马运粮，却不知道牛马之舌的机关转动，可使之停止不前，结果，反而让蜀军截去大批粮草。这样就利用巧妙的运输工具，达到了"因粮于敌"的目的。

8 "草人借箭"

《孙子兵法》说："兵者，诡道也。"在战争中运用谋略进行欺诈，乃兵家常事，目的只有一个，就是要达到预想的战略效果。

在具体的战术上也是如此，军事上的每一个行动，无不是尔虞我诈，在这个领域绝对没有任何道德作为评判标准。《三国演义》是一部历史小说，也可以当作一部权谋故事集来读。孔明草船借箭的故事，就是运用了权谋欺诈，既赢得了魏军许多箭枝，解决了东吴装备不足的急需，又巧妙地摆脱了周瑜的设计陷害。

按小说的故事情节，赤壁之战前夕，周瑜嫉恨诸葛亮的才华，蓄意除掉诸葛亮，便寻找借口，与诸葛亮订立军令状，要他在三日之内造就10万枝箭，否则，按军法从事。谁知诸葛孔明不慌不忙，请鲁肃私拨战船20只，用长索相连，在第三日晚趁长江上大雾弥漫，将船队驶向北岸曹营。战船上皆用青布为幔，各束草垛千余个，分布两舷。在夜间五更时候，草船迫近曹操水寨，船上士兵齐声呐喊，擂鼓作进攻之势。由于江面大雾弥漫，曹操水军不知有多少吴军来攻，不敢应战，只令弓弩手在江边放箭抵挡，霎时，箭如雨发，诸葛亮让船只两边调换，束草上俱受箭布满。待日高雾散，才让收船急回，顺水轻舟，曹军发现中计上当，欲追之，已经来不及了。这样，东吴军轻易地获得了无数箭枝，20只船上受箭各约五六千。计有10万余。船回到江岸吴军水寨，诸葛亮以箭复命，周瑜称赞道："先生神算，使人敬服。"诸葛亮谦虚地说："诡谲小计，何足为奇。"

这段描写，于史无征，当为罗贯中的虚构。赤壁一战在历史上主要是周瑜指挥的。周瑜出身于世代官僚家庭，自幼刻苦读书，尤喜兵法，稍长，注意研究治国用兵之道。少年时与孙策为友，相处甚密，论古道今，志同道合。所以，孙策在江东图谋立国，周瑜即起兵相助，被任命为建威中郎将，时年仅24岁，吴地人皆称他为"周郎"。按历史记载，赤壁之战，诸葛亮仅仅是出使江东以劝说孙权联刘抗曹，这就是小说中演绎的"舌战群儒"，而水战全过程都是由周瑜指挥的，诸葛亮并没有起多大的作用，更谈不上周瑜的嫉贤妒能了，况且，正值两军相交，岂有内部哄乱相斗之理，这远不是周瑜的大将风度。小说家为了突出刘备、诸葛亮继承汉室的正统地位，故意抬高孔明，贬抑周瑜，是带有一定思想倾向的。相反，赤壁之战的胜利，使周瑜名扬天下。宋代文豪苏轼在其《念奴娇·赤壁怀古》一词中写的“羽扇纶巾，谈笑间，强虏灰飞烟灭”，就是说的周瑜在赤壁鏖战中，手摇羽扇、头戴丝巾，胸有成竹而从容不迫的儒将风度。

当然，小说家的虚构、演绎也需要历史的真实和社会生活作为写作的基础和铺垫。所谓“草船借箭”虽然是子虚乌有，但在唐代却的确有张巡“草人借箭”并取得战争胜利的真实故事。

事情发生在安史之乱以后，雍丘（今河南杞县）县令令狐潮投降了安禄山，可是，附近的真源（今河南鹿邑）县令张巡不愿投降，募集了 1 000 多名壮士，占领了雍丘。令狐潮带了 4 万叛军前来攻城，张巡和雍丘将士坚守 60 多天，打退了叛军的 300 多次进攻。后来，长安失守，雍丘城里人心惶惶，有些将领主张投降，张巡将全县将士召集在厅堂前，当场将主降的 6 名将领斩首示众，以定军心。

但是，毕竟敌众我寡，叛军不断攻城，张巡组织士兵在城头上射乱箭把叛军逼回去，箭枝的消耗量很大，不久，城里的箭就用完了。这时，张巡就想出了“草人借箭”的办法。一天深夜，雍丘城头上黑魆魆的一片，城外的叛军发现，隐隐约约有成百上千个穿着黑衣服的兵士，沿着绳索爬下城墙。令狐潮断定是张巡派兵偷袭，就命令兵士向城头放箭，箭如飞蝗，一直放到天色发白，叛军仔细一看，才发现城墙上挂的全是草人。城里的士兵将草人拉起，上千个草人上密密麻麻插满了箭枝，足有几十万枝，解决了守军的“箭荒”。

过了几天，还是像那天夜里一样，城墙上又出现了“草人”，叛军认为张巡又来骗箭了，谁也不去理它。谁知这次城上吊下来的并不是草人，而是张巡派出的500名勇士，他们乘叛军不备，向令狐潮的大营发起突然袭击，令狐潮想要组织抵抗，已经来不及了，结果兵败如山倒，叛军四散奔逃。张巡只用1 000余人，却打败了数万人的围攻。从这个战例中可以充分看出张巡的指挥谋略，是采用虚虚实实、虚实结合的法则，用“障眼法”骗过了敌人，从而摆脱了困境，赢得了战机。

八 军旅通讯和指挥

战争瞬息万变,军情急如薪火。重要的情报或命令必须以最快的速度传送,军阵间的指挥信息不能全靠口耳相传来送达。古代军旅的通讯和指挥与今日相比,可谓天壤之别。古人的科学技术水平虽不能与当代同日而语,但为了战争的需要,也在军旅通讯和指挥上创获良多,颇具特色,成为古代军旅中的一大景观。

古代军旅通讯和指挥的特色,主要体现在其形式和手段上,比如烽火报警、飞鸽传书等等,有的甚至在近、现代战争中仍在使用。古代的邮驿制度虽然不仅仅是军队在使用,但毕竟属于国家军事制度的范围,宋元以后还出现了专门的通讯部队(邮驿专题已归入第三章,请读者参阅)。战场上的指挥通讯,古代和现代更加不同。古代作战主要为阵战,队形的变化十分重要。现代作战为散兵战,交战的空间范围要比古代大得多。现代用无线电通讯进行联络,古代则需要旌旗之动、金鼓之声,后来也有用号炮的,亦别具一格。

1 “烽火城西百尺楼”

《东周列国志》中周幽王“烽火戏诸侯”的故事，可谓妇孺皆知。烽火是中国古代为了解决从边境向中央迅速传送战争警报的问题而创造的一种举烟火报警的制度，它在国防上有着重要的作用。

烽燧，即烽火，古人根据目力所及的距离，从边防到国都，沿途于高处设立，并派人日夜守望，一旦发现敌人入侵，白天则放烟，谓之“烽”，夜间则举火，谓之“燧”，烟火相传，很快就将边境的军事警报传到中央。西周时的烽燧制度就很完备。《史记·周本纪》载：“幽王为烽燧、大鼓，有寇至则举烽火。”到战国时期，各国普遍使用烽燧传递军事信号，不仅边境使用，内地、城防也采用此法。如《墨子·号令》载：“城上烽火相望，昼则举烽，夜则举火。”但汉以后，烽燧就主要用于边境了。

烽燧一般置于高台，称烽火台。唐代诗人王昌龄《从军行》写道：“烽火城西百尺楼，黄昏独坐海风秋。”所谓“百尺楼”就是指置烽火的戍楼，但这是唐代的形制。早期的烽火台并非人工所筑，而是选自然形成的高处设置烽燧。到春秋时期，随着战争警报日益频繁，烽燧的设立也就更为普遍，于是，更多的是筑高台以举烽燧。尤其是战国以后，北方各诸侯国筑长城以御敌，长城上均置烽火台。秦始皇修筑万里长城，置烽火台更多，约 3~5 公里便有一座，全长城线上估约有 2 000 余座。烽火台一般设在长城内墙的里侧，即长城线以内，离城墙一般 8~10米，远者不超过 30 米。台均为圆形，直径一般为 15~30 米，高约 5 米。

台上有守望的房屋和一个桔槔。桔槔顶端悬一笼子，谓之“兜零”。兜零内装有干柴、枯草或狼粪等燃料。平时兜零垂下，有警报时，“即燃火，举之以相告”。白天一般是在专门的灶中点燃柴草或狼粪，使之冒出的烟直上天空，起到报警的效果。据说狼粪燃起的烟较直，故烽烟用之，又称“狼烟”。

汉代谓烽火台或为亭、烽候，后亦称为烽台、烟墩，主要用于防备西北的匈奴入侵。从长城沿线至今陕西、河南的主要交通干线上，大约每隔 10 里就建一座烽火台，并配之以障塞、堡壁等防御工事。据考古发现，汉代沿长城一线筑烽火台 2 000 余座，并形成了完整的烽燧制度，如居延汉简《塞上蓬火品约》载，汉初规定：若匈奴入侵人数不满 1 000 即燔一积薪，超过 1 000 即燔二积薪；若攻亭障即燔三积薪，同时配合蓬（烽）鼓等信号；若天气恶劣、大风大雨，昼不见烟，夜不见火，应立即派人以书面报告急送上司；若发现报警有误，应立即“下蓬灭火”，并派人檄驰都尉府说明真情。

◎新疆库车的古烽火台遗址

隋唐时期，烽火台比以前更为高大，一般 30 里置一座，台外周筑有城障，台上不再设桔槔，专置烟筒、火台各 4 个，烟筒用以放烟，火台插火炬，并规定每台置帅 1 人，副帅 1 人，烽子（士卒）5 人，战争期间另加卫兵 5 人；还规定根据敌情不同的特点，燃放不同数目的烽号，如《隋书·长孙晟传》载：“若贼少，举二烽；来多，举三烽；大逼，举四烽；”若遇气候恶劣，烟火不能举，则必须派烽子火速前往邻近烽火台报警。每遇敌情，除燃烟火外，还须向所在州县城堡报告；若无敌情，每早晚应放平安火，表示平安，也表明烽火台值勤人员正当职守。唐代还规定，以烽火传递信号的速度，一昼夜须行 2 000 里，这在古代通讯中是较快的。

明清烽燧制度的形式和内容发生了变化。台称墩台，虽然仍是 30 里一座，但根据需要而设，规模比隋唐更为庞大。据《明史·戚继光传》载，当时长城上的墩台，"台高五丈，虚中为三层，台宿百人，铠仗糗粮具备"。更为主要的变化是，由于火器日益盛行，明清的墩台不再以举烽燔燧为主要报警信号，而是以点"炮"放"铳"报信为多，或辅之以放火、悬灯、举旗等方式。据清代署名"惠麓酒民"（一作袁宫桂）的《洴澼百金方》载，旧的墩法多误事，因此，用点炮、悬旗、悬灯方式，"其法诚便"：白天放炮扯旗，"一炮青旗贼在东，南方连炮旗色红，白旗三炮贼西至，四炮玄旗北路逢"；夜间放炮悬灯，"一灯一炮贼从东，双灯双炮看南风，三灯三炮防西面，四灯四炮北方攻"。这一改进，比起过去单纯的燃放烽燧或点炮放铳，要迅速、准确得多，直到近、现代战争中，这一报警方式仍存有余绪，为某些战斗所使用。

古代的烽火报警，因为传递信号有限，有时也会报错。《史记·魏公子列传》载：一次魏公子无忌与魏王下棋，突然有人报告北部边境有烽烟，说是赵国入侵，而且已到边界。魏王一听惶恐万状，立即放下棋子，想召大臣谋划对策。而无忌却安然不动。他对魏王说："这是赵王在打猎，不是在入侵我国。"说罢又与魏王对弈如故。没过多久，北部边境又传来消息，说的确是赵王在打猎，并未入侵。魏王十分惊奇地问无忌："你怎么知道是赵王打猎？"无忌回答说："因为有人为我及时探听赵王的秘密，赵王所作所为，他们会马上来报告我，所以我知道是赵王打猎，而不是入侵。"从此以后，魏王害怕公子的贤能，不敢把国政交给公子。这则故事也说明，烽烟报警只是一种快速的传递简单军事信息的工具，要十分准确、详细地了解敌情，还需要靠间谍等手段来获取情报。

2 军旗原本是茅草

“名列前茅”这一句成语，现在是指考试或功绩位于前列。然而，在中国古代，前茅是特指军中的斥候，也就是军队前哨、侦察兵。在行军时，斥候以茅草为旌旗，在大部队前持旌而行，如遇变故或遭遇敌兵，就举旌警告后面的大部队。所以，这里的“茅”实际上是起着某种信号作用的军旗。军旗在古代军旅生活中有着十分重要的作用，它是作为一种军事标识和指挥信号的载体而存在的。古代的军旗也统称为旌旗，而就其形制、质地和功能来说，则五花八门，不胜枚举，以类相从，略述于下。

古代军旗大致分为两大类，一类为标识物，另一类为信号物。作为标识物的旗帜，在我国古代很早就产生了，但其质地与后世大不相同。早在殷商以前就有了旗，甲骨文中有“旗”字，并有了若干以“旗”字为偏旁的会意字。《周礼·春官·司常》中说：“全羽为旞，析羽为旌。”旌只是旗的一种，缀旄牛尾于杆头，下有五彩析羽为饰。而面上绘有熊虎等动物图案的，称为旗。无论是旌或是旗，下边都悬垂有装饰物“旒”，而杆头上用旄牛尾做的饰物则叫“旄”。原始的旗帜是为了狩猎作战的需要，用某种醒目的物体聚众、编阵，就在树枝上捆一大把茅草，或在树枝上悬系一条动物尾巴之类的东西，使人一看就明白，成语“名列前茅”的“茅”字就含有原始旗帜的意义。因此，尽管后世旗帜从质地到形制发生了很大的变化，但旗帜上仍保留着旒和旄之类的饰物，直到明清时期，还有将丝绢折曲裁制为兽尾形状以象征最高指挥所的“豹尾旗”。

旗帜起源于原始社会的狩猎和部落战争，因此，它一开始就是和军事生活紧密联系在一起的。按《周礼·春官·司常》记载，周代旗有九大类，并不都用于军旅，且《周礼》所反映的情况并不一定与当时的现实完全吻合，有些旗帜的用途我们还很难判断。战国秦汉以后，社会军事活动愈来愈复杂，旗帜由标识物而发展成为信号物，军队专用旗帜亦愈来愈多，以至新兵入伍后，必须专门进行熟悉各种旗帜的训练，称之为“教旗”。

作为标识物的军旗，从战国时开始，就有把军中主帅的名字或姓氏书于其上的。据《墨子·旗帜》记载：“建旗其署，令皆明白知之，曰某子旗。”此后军中主帅将名姓署于旗上，成为军中的一个传统。这当然也反映了中国古代军队中将兵之间的某种私属性质。属于这一类的军旗种类，有所谓“牙旗”，是立于军中主帅营帐、象征全军的大旗。牙旗之称先秦还未出现，诸侯在军中建旗，直呼其识，《左传·隐公十一年》所载“郑伯之旗”，其实就是郑军之牙旗。秦汉以后的牙旗也有直称为“牙”的，如《三国志·吴书·胡综传》说孙权作“黄龙大牙，常在中军，诸军进退视其所向”。之所以称为“牙旗”，历来有两种不同的解释。一种意见认为，主帅中军之旗是以象牙为装饰，如薛综注解张平子《东京赋》说：“兵书曰：牙旗者，将军之旌，谓古者天子书，建大牙旗，竿上以象牙饰之，故云牙旗。”另一种意见认为来自“爪牙”之意，指环卫中军为精锐之卒。《封氏闻见记》卷五曰：“《诗》曰：‘祈父，予王之爪牙。’祈父，司马，掌武备，象猛兽，以爪牙为卫，故军前大旗谓之牙旗。”

牙旗后世也称纛，纛常立于军营大门，所以别称“牙门旗”。

纛往往高大，以便全军识别，又有“坐纛”和“六纛”之称，其实都是根据军队编列不同而有所区别的主帅之旗。坐纛是古代右、中、左三军的中军主帅大旗，六纛则是六军主帅牙旗的统称。后来，唐代节度使军中竖有六纛，以示其军旅雄壮，相当于古代诸侯之军威。唐李筌的《神机制敌太白阴经》称：“古者天子六军，诸侯三军；今天子十二，诸侯六军；故纛有六以主之。”可见，坐纛、六纛都是同一类旗帜，即表明较高地位的军队主帅的牙旗。此外，作为军旅标识的旗帜还有大白、龟旗、云罕等，清代有八旗，均各有寓意。

作为信号物的军旗，种类就更多，这类旗帜用于军中，是指挥作战的重要工具。《管子·三官》曰：“旗，所以利兵也，所以偃兵也。”意思是说，旗帜是指挥军队排列阵势进攻和隐蔽撤退的重要信号。旌旗与金鼓相配合，可以迅速贯彻将领的指挥意图。正如《左传·成公二年》所说：“师之耳目，在我旗鼓，进退从之。”用于指挥信号的旗，又统称为“麾”。古人云：“望麾而进，听鼓而动。”今天我们说听从某人的调遣，愿为某人效力，还常用“甘为某人麾下”的俗语。“麾”，古代又作“旝”，《左传·桓公五年》曰：“旝动而鼓。”就是说看见指挥旗挥动，就擂鼓进攻。杜预注解这句话时说：“旝，旃也，通帛为之，盖为大将之麾也，执以为号令。”细分起来，作为指挥信号旗的麾，又有许多名称。例如，指挥行军的就有9种不同的旗帜，《管子·兵法》称之为“九章”。这9种旗章上分别绘有日、月、龙、虎、鸟、蛇、鹊、狼、韟9种图

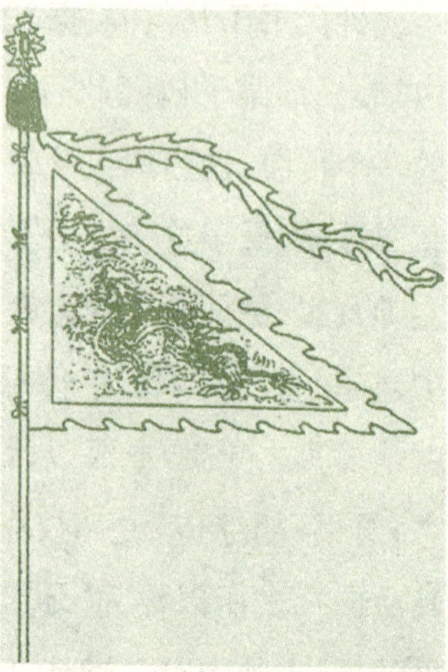

◎《大清会典》中的纛

案。不同的旗章表示不同的行军安排：举日章则白日行军，举月章则夜晚行军，举龙章则行水，举虎章则行林，举鸟章则行陂，举蛇章则行泽，举鹊章则行陆，举狼章则行山，举韔章则载食而驾。除了用图案来区分信号达到指挥目的外，还有以举旗的方式来表明信号的，即类似近代海军中的旗语，但古代的“旗语”还十分简单。

除了用于标识和信号之外，古代军旅中的旗帜还可以作为一种传递军令的信物。晋代就专门有一种用来传达帝王诏令的旗帜，上绘白虎或驺虞，分别叫作白虎幡和驺虞幡。因白虎威猛主杀，白虎幡即用于进兵督战，是代表帝王军前督军之旗，唐代因避唐高祖李渊父讳，改为“白兽幡”。驺虞是传说中的一种义兽，不食生物，凡有至信之德，辄响应之。所以驺虞幡是用于解兵罢战的一种军旗信号。在军中还有经常使用的令旗，也是传令的一种信物。这是一种小军旗，按清朝的规定，令旗以云缎为之，而旗面式样，大将军、督抚、提镇，均用三角旗；驻防将军、都统、副都统，均用方旗。旗杆如箭，有簇，铁制之，故俗称“令箭”。

军旅旗帜无论其功能如何，都能体现军队的面貌，反映出一定的战斗力。在战场上，旌旗严整，表明军势强盛，士气高昂；而旌旗混乱，则表明军容不整，士气低落。因此，善战者仅凭敌方阵中旌旗标识或指挥状况，就能判断敌我态势，决定战场上的进退。

3 鼓声壮军行

“渔阳鼙鼓动地来，惊破霓裳羽衣曲。”这是唐朝诗人白居易《长恨歌》中的著名诗句，反映的是安史之乱爆发，打破唐朝表面上的繁盛太平景象，叛军队伍正浩浩荡荡从渔阳经河北向长安杀来。诗句中的鼙鼓就是指行进中的军旅。“鼙鼓”也作“鞞鼓”，是古代军中常用的打击乐器，包括大鼓和小鼓，是进军时用来鼓舞士气的。它在《礼记·乐记》中就有记载，称“鼓鼙”：“鼓鼙之声讙，讙以立动，动以进众。君子听鼓鼙之声，则思将帅之臣。”意思是军中的大鼓和小鼓一齐奏响，是动员士众进军的信号，君子听到鼓鼙之声，就要服从将帅的指挥。后来，鼙鼓也成为军旅中战鼓的通称。

在中国，鼓的产生年代久远。据《礼记·明堂位》记载，上古伊耆氏时，即有“土鼓”，也就是陶制的鼓。但是，鼓的发明当在发明制陶以前，陶鼓的出现，反映了制鼓技术已十分成熟。鼓的声音激越雄壮而威远，故古人早就将其作为军阵的助威之器。然而，追溯鼓产生的根源，当是原始人狩猎御兽时用发声方法以惊吓、驱赶野兽之俗的演变。古人最初是敲击树干，继而以空心木蒙以兽皮敲击发声，逐渐形成鼓的形制。有人认为陶鼓产生于木鼓之前，恐怕未必是历史的事实。相传在黄帝征伐蚩尤的涿鹿之战中，“黄帝杀夔，以其皮为鼓，声闻五百”，表明原始社会后期的部落战争，已经使用军鼓，鼓的历史和军旅的历史是紧密联系在一起的，后来才由军中流行到社会的其他方面。

关于鼓的比较可靠的记载，自殷代就有了，甲骨文中不但有“鼓”字，而且还有象征鼓声的“彭”字。到西周，据说已专门设置了“鼓人”官职来管理制鼓、击鼓等事。《周礼·地官·鼓人》一篇中，记述了鼓人所管理的各种用途的鼓，如祭祀用的雷鼓、灵鼓，乐队中用的晋鼓等等。当时专用于军旅的称作“鼖鼓”，按周制长八尺，鼓面四尺，两面均蒙以皮革。击鼓之法，古今有别。今天人们击鼓多半将鼓面与地面平行，击鼓之人挥动鼓槌自上而下击鼓；而古代击鼓则是将鼓面按垂直于地面的方向，把鼓置于架上或安置于鼓车上，击鼓人与鼓相向而立，高举双手而击，其形象则更为威武。

周秦以后，鼓之形制变化不大，但种类很多。明代何良臣《阵纪·技用》记载鼓的类型有铜鼓、桡鼓、鼙鼓、杖鼓、鼗鼓、鼍鼓之类，其大小、材料、纹饰各不相同。在军旅中，战鼓除了可以起到鼓舞士气的作用之外，更主要的是和金、角相配合，起到指挥信号的作用。鼓声的不同表示军事行动的差别，但总的来讲，鼓声是进攻的信号。《管子·三官》曰："鼓，所以往也，所以起也，所以进也。"著名的"曹刿论战"也有"一鼓作气"的说法。"鼓"就是击鼓指挥士卒前进。不但在战场上击鼓指挥士兵前进，就是在平日里行军，鼓声也是表明行进的信号。古时行军，击鼓则进，鸣金则止，因而称行军为"鼓行"。如《周礼·夏官·大司马》曰："车徒皆作鼓行。"又如《尉缭子·经卒令》："鼓行交斗，则前行进为犯难，后行进为辱众。"鼓声的不同，也能体现军事行动的区别。例如，在春秋战国时期，进攻敌国有"伐"、"侵"、"袭"之别，一般而言，正义的战争称"伐"；非正义的战争称"侵"；乘人不备而突然进攻称"袭"。这三种情况不同的进攻，在战鼓的运用上是不一样的：大肆击鼓而进的是"伐"；鼙鼓无声的为"侵"；鼓声轻微的叫"袭"。当然，这种提法也是后世儒家的阐发或附会史传之言，实际战争并不一定有如此统一的击鼓规则，至少从汉以来并没有这些繁文缛节，当然，也不能就此排除军鼓声音强弱和敲击次数所起的不同作用。

在军队宿营时，鼓和角除了可以用来传号令以外，还可以用来报时、警众。马端临《文献通考·乐考》十一"警角"下引《卫公兵法》曰："军城及野营行军在外，日出没时挝鼓千槌，三百三十槌为一通；鼓音止，角音动，吹十二声为一迭；三角三鼓而昏明毕。”军营中的鼓角之声就是提醒将士戒备的信号，一旦鼓角声发生变化，就表明有异常情况发生，军中可以迅速作好应战准备。

总之，在古代军旅生活中，鼓扮演着十分重要的角色，以至于在古代文化中，凡与军旅有关的词语，都有鼓的形象出现，除了前文提到的“一鼓作气”、“鼓动”之外，还有“鼓舞”、“鼓励”、“旗鼓相当”、“偃旗息鼓”等。而鼓作为军事信号之源，又设于中军主帅之所，也象征着军权。凡军营中违犯军令当处死刑者，必于鼓下斩之，这与“辕门斩首”之说也是一致的。按李贤注《后汉书·岑彭传》的说法，中军将为最尊，自执旗鼓，若置营，则立旗以为军门，即辕门，并设鼓，戮人必于其下。也就是说，鼓和旗一样，是古代军旅和军中权威的象征。

4　金钟振旅

电视连续剧《三国演义》片尾主题歌中唱道：“暗淡了刀光剑影，远去了鼓角铮鸣……”演唱者用浑厚而又婉约的歌声，使人们的思绪仍停留在三国战场厮杀、格斗的烽烟尘埃画面之中。“刀光剑影”、“鼓角铮鸣”都是形容激烈的战斗气氛。其中的“铮”为何物，也许有不少年轻的读者朋友还不清楚。其实，这在古代军旅中，是一件非常重要的军乐器。“铮”也作“钲”，它和“铎”、“铙”、“錞”等金属乐器一起，成为古代军队的指挥信号用具，又统称为“金”或“钟”。金和鼓角相配合，常用于军事演练和作战，决行止，助军威，壮声势，是古代军旅生活中不可或缺的军乐器。

金作为古代军旅中的指挥信号用具，和鼓一样，起着统一全军行动的作用。《吕氏春秋·不二》云:“有金鼓,所以一耳。”高诱注疏曰:“金,钟也。击金则退,击鼓则进。”可见,总的来说,鸣金的作用,是指挥部队坚守、退却、免战,所以《管子·三官》说:“金所以坐也,所以退也,所以免也。”《荀子·议兵》也说:“闻金声而退。”这种闻鼓而进、闻金而退的规定,当是古人在长期的战争实践中约定俗成的,逐渐形成了指挥信号的传统模式,代代相传。直到今天,我们在日常生活中,还惯用“鸣金”或“鸣金收兵”来表示某个竞赛已经结束。

古代军中的金属乐器一般都为铜制,根据其形制或作用,又有不同的名称,通常使用的有所谓“四金”,也就是“金錞、金铙、金镯、金铎”。《周礼·地官·鼓人》记载了鼓人掌四金音声的职能,以及四金不同的用途。

錞,也称錞釪,形状呈椭圆筒形,肩围宽大,腰围以下收小,平顶有钮,其钮多作虎形或马形,可以悬挂起来敲击。錞以黄铜制之,呈金黄色,但表面多半无纹饰。其功能除了可以指挥士卒进退以外,还可用于奏乐,与鼓音相和,即《周礼》所谓“以金錞和鼓”。其实,錞在春秋时期才出现于中原,两汉时期盛行,到南北朝时又逐渐失传。所以,对錞的演奏形式,历代记载纷纭。所幸的是,在云南晋宁石寨西汉时期的古墓中,出土了一件铜贮贝器,上有两人合扛一木,下悬一錞一鼓,另有一人执锤敲击的画面,使我们得以认识当时演奏錞、鼓的生动场景。

铙的形状如铃,体短而宽,无舌,有中空的短柄,使用时,以手执柄,铙口朝上,另一手以槌敲击作响,一般以青铜制成。它的功能,按《周礼·地官·鼓人》的说法是“以金铙止鼓”,也就是在需要退军的时候,先鸣铙,让进攻信号鼓声停下来,再指挥士卒撤退。《周礼·夏官·司马》则说,“鸣铙且却,及表乃止。”郑玄注曰:“铙所以止鼓,军退,卒长鸣铙以和众鼓人,为止之也。”可见，铙是用于指挥鼓声的信号物。铙响鼓停，表明进攻暂停。

铎的形状和铙相似，但体积更大，有舌，其舌有木制和铜制两种，以木为舌的称为木铎，以铜为舌的称为金铎。使用时执其柄而摇之即可发声。从其功能来说，古时宣教政令时，用木铎以警众，所以文事用木铎，而武事则用金铎。逢军队作战之时，要击鼓以励士气，在击鼓之前，又必先振铎整军束众，振铎之后，诸鼓齐鸣。这就是《周礼》中所说的“以金铎通鼓”，其目的是使战鼓的节奏一致，利于统一士卒进攻的步伐，所以，铎的功能正好和铙相反。

镯其实就是钲，又名丁宁。《周礼·地官·鼓人》：“以金镯节鼓。”郑玄注：“镯，钲也，军行鸣之，以为鼓节。”它的形状也似铃，《说文解字》认为钲“柄中上下通”。清代学者段玉裁注解这句话的含义，以为钲像铃，但没有舌，靠柄的上下活动，撞击钲中心壳体发出声响。镯最初也是和鼓相配合，控制进军节奏的一种军乐器。后世镯的名称逐渐被钲所取代，金钲之声更多地用于指挥军队停止前进或停止进攻。如《汉书·李广传》附李陵传：“闻鼓声而纵，闻金声而止。”唐人颜师古注曰：“金，谓钲也。”可见，至迟到唐代，金与钲都是指挥军士停止行动的信号物，这与上古之世“四金”与鼓相配合而用于进攻行动的功能是不一样的。总起来说，金钲之类的打击乐器，在古代军旅活动中具有制约行动、调节行止的作用，金钲之声并不单纯是收兵、撤退的信号。

5　阴符和蜡书

符信是古代军中保密通讯的一种重要手段，包括合符、合节、阴符、阴书、隐语和暗号等。司马迁在《史记·五帝本纪》中说黄帝曾“合符釜山”，所谓合符，就是将刻有某种特殊意义符号的竹木，剖分为二，各执一半，作为信物，成为传达命令或调兵的凭证。周代的这类信物有的以玉制成，边缘形似牙齿，称“牙璋”。《周礼·春官·典瑞》云：“牙璋以起军旅，以治兵守。”后世多以铜为之，呈伏虎形，多用于调兵。与此相类的还有“合节为信”之制。《墨子·旗帜》云：“五兵各有旗，节各有办。”“办”通“判”，即剖开之意。合节多表明某种权力或受君主委托的特殊使命的到达。节，初为竹制，周以后，其名目则有玉节、角节、虎节、龙节、人节、玺节、旌节等等。不过，这些节到秦汉以后很少使用，只是大臣出使、大将统兵出征或权臣拥兵自重时，君主往往以“持节”、“假节”之类的名义，授予其一定的自专的权力，因此，节成为君权的象征。西汉苏武出使匈奴，被扣 19 年，杖汉节牧羊，卧起操持，节旄尽落而仍持之不懈，故称守节。后来的妇女“守节”一词，即源于此。

秦汉以后，在军事上使用更为广泛的符信主要是兵符。兵符也不仅限于调兵之用，既可用于机要通讯，又可以作为身份凭证、通行证使用，而且，也不限于合符。根据不同的用途，历代兵符的形制、质地和名称也有不同，诸如传、玺书、契、棨、传符、传信符、檄牌、木传信、过所、驿券、牌符、箭号、令箭、信牌、海东青牌、虎头牌、驿符、勘合火牌等等。宋元以后，铜铸虎符或鱼符已基本不用，代之以比较简单的图形兵符，而其功能则通过阴符、阴书、隐语、暗号的发展，更为全面。

阴符、阴书相传是西周太公望所发明的一种秘密军事通信的办法。据《六韬·龙韬》载，这种兵符实际上为一套尺寸不等、形状各异的花纹图案，其含义只有事先约定了的当事人才能理解，每个符都代表特定的意思，只为通信双方所知晓。在战争中，主将和将领间派人持选定的阴符互相传送，收符者根据其尺寸、形状便可明白对方的意思。这种隐含军机内容的兵符，即使被敌人所截获，也不会泄密，因为它本身“不著一字”而“阴通言语”。与阴符相配合，在“其事繁多，符不能明”的情况下，也使用秘密的军事文书通信。其办法是将一份完整的军事文书截为三份，分别写在三枚竹简上，派三个信使分不同的道路递发，到达目的地后，再将三枚竹简合而为一，就能清楚全文的内容。用这种“阴书”传递军事信息，即使信使被敌方捕获一两个，也不能确知文书中的内容，可以起到保密的作用。

阴符和阴书流行于先秦时期，秦汉以后发展为“蜡书”，即将秘密书信揉紧为小团，外面以蜡封裹，也称“蜡丸”。然后交信使密藏送出。由于蜡书可以制作得很小，故信使可将其藏于衣服夹层中、发髻中，必要时可将其塞入肛门，甚至植埋于皮下，只要信使不叛变，密信就不会落入敌人手中。这种办法在宋代广泛使用，《宋史》中《姜绶传》和《岳飞传》俱有“刲(割)股藏书”的记载，说明蜡书的运用已经到了非常娴熟的地步。

除了阴符、阴书和蜡书之外，为了使保密效果更好，在军事通信上还使用隐语和暗号，类似于后世的密码，当然，它的功能与符信已有所不同，但从广义上来说，仍然包含于符信之中。

6 古代的军事密码

军事机密须避人耳目，在古代军事通信中，保密的方法多种多样，除了使用阴符、阴书和蜡书等形式外，在传递内容上也设置一些不易为敌方所破译的符号，这实际上就是一种军事密码，称作隐语。《武经总要后集》卷四云："军政急难，不可使众知，因假物另隐语谕之。"也就是借助他物，或比喻、或暗示，用以传递隐含的、旁人不可猜度的军事情报。

严格来说，隐语并不是军旅通讯的"专利"。隐语，古代亦称作"廋语"或"廋辞"。廋就是隐藏、隐含的意思。廋辞出现得很早，《国语·晋语五》云："有秦客廋辞于朝，大夫莫之能对也。"元朝周密的《齐东野语》中说："古之所谓廋辞，即今之隐语，而俗所谓谜。"可见，隐语也就是谜语。用谜语来传递军事信息的办法，在先秦时即已有之。《左传》记载，宣公十二年（公元前597年）冬，楚庄王率军攻萧国时，大夫还无社和申叔展因为"军中不敢正言，故谬语"，因而以隐语对话。叔展说："有麦曲吗?"还无社说："没有。" 申叔展又问："有山鞠穷吗?" 还无社说："没有。"申叔展又问："假如河里的鱼得了肠胃病怎么办呢?"还无社说："等鱼游到枯井洞时再来救它们。" 申叔展又说："你要结茅草作记号对着井哭就可以了。" 这段隐语对话的真实含义今天已经很难弄明白，据杜预注解说，这是还无社被困在泥水之中，申叔展教他从井中逃走，对别人来说，真比猜谜还难些呢!

这种猜谜似的隐语，对于军事秘密通讯来说，毕竟需要通讯双方心有灵犀，方能较为准确地沟通，但也容易发生误会。为了使其既准确、明晰，又不让别人了解，古人在设计隐语方面逐渐形成一套术语，事先将要联络的事项，以术语的形式编排好次序，将领们平时均加以熟记，凡作战之前，主将与每个受命出战的偏将约定，双方以某一首没有重复用字的五言律诗为"字验"。若有事报告，就随意写成一封书信，将要报告的事的次序，对应于该诗中的第几字，然后在普通书信中的某字旁加一记号即可，主将回复亦如法炮制。如宋朝的《武经总要》卷十五所载军中联络事项的术语及次序是：（1）请弓；（2）请箭；（3）请刀;(4)请甲;(5)请枪旗;(6)请锅幕;(7)请马;(8)请衣赐;(9)请粮料;(10)请草料;(11)请车牛;(12)请船;(13)请攻城守具;(14)请添兵;(15)请移营;(16)请进军;(17)请退军;(18)请固守;(19)未见贼;(20)见贼讫;(21)贼多;(22)贼少;(23)贼相敌;(24)贼添兵;(25)贼移营;(26)贼进兵;(27)贼退军;(28)贼固守;(29)围得贼城;(30)解围城;(31)被贼围;(32)贼围解;(33)战不胜;(34)战大胜;(35)战大捷;(36)将士投降;(37)将士叛;(38)士卒病;(39)都将病;(40)战小胜,共40项。一旦出战,主将与某偏将约定以杜甫的《春望》一诗为"字验",诗云:"国破山河在,城春草木深。感时花溅泪,恨别鸟惊心。烽火连三月,家书抵万金。白头搔更短,浑欲不胜簪。"偏将若要将第28项和第40项军情"战获小胜,敌方仍在固守"报告给主将,只需要在一封普通的书信中设法写进"抵"字和"簪"字,并在其旁加一个小黑点。主将一看,"抵"、"簪"二字是诗中的第28与第40字,就明白了前方的军情是第28和第40项的含义。同样,主将在回信中,设法写进"春"字和"泪"字,并在其旁加一个小点,偏将就从该诗中第7和第15字的位置,得到了"给你增派马匹,立即移营"的指令。

据《宋史·舆服志六》所载,宋朝的40字"字验"是符彦卿在《军律》中制定的,后来李淑又将其省为28字,即将一首五言律诗改为七言绝句。"字验"有时还利用谐音或借用民间一些更为简便的隐语进行秘密联络。《宋史·夏国传上》载:北宋名将种世衡于庆历元年(1041)与西夏作战时,"遣王嵩以枣及画龟为书置腊丸中,遗旺荣,喻以'早归'之意"。这种谐音的军事联络办法,在今人看来,的确十分有趣,其实它反映了中国古代军事文化在民间社会中的深厚根基。

7　“鸡毛信”及其他

20 世纪 50 年代曾有一部电影名叫《鸡毛信》，说的是抗日战争时期，一个儿童团的孩子海娃为八路军递送紧急情报的故事。这封情报上贴有三根鸡毛，表明“十万火急”。“鸡毛信”古代早已有之，叫作“羽书”或“羽檄”。王维《老将行》中有“贺兰山下阵如云，羽檄交驰日夕闻”的描写。杜甫《秋兴》中也有“直北关山金鼓振，征西车马羽书驰”的诗句。“檄”就是发兵的军事文书。唐代颜师古说：“檄者，以木简为书，长尺二寸，用征召也。其有急事，则加以鸟羽插之，示速疾也。”可见，在檄书上插的是鸟的羽毛，取其军情急速若飞鸟之意。又如《后汉书·西羌传》说羌人“烧陵园，剽城市，伤败踵系，羽书日闻”，这里的“羽书”也就是告急的军事文书，插上羽毛作为紧急标志。后世以鸡毛取而代之，是因为鸡亦为鸟类，且鸡毛更易得到。

信鸽通讯直到近、现代战争中仍在使用。随着时代的发展，信鸽逐渐退出军役，而成为一种民间的宠爱之物。可是，在古代，利用信鸽传书则是一种较为可靠的通讯方式。据出土文物考证，汉代即有人饲养信鸽。但用信鸽传书，文献记载则始见于唐代。五代王仁裕《开元天宝遗事》载：唐代宰相张九龄年轻的时候，就在家里养了一大群信鸽。他与亲朋好友通讯往来的方式，就是将书信系于鸽脚上，信鸽便会依照他过去带往的地方，“飞往投之”。张九龄称这些信鸽为“飞奴”。到宋代，信鸽用于军事已较为普遍，而且有的信鸽被训练得极为娴熟。不论平时、战时，都有人使用信鸽传递信息。周密的《齐东野语》卷十五载：

南宋高宗时，川陕宣抚使张浚至前线视察名将曲端的部队。曲端素以“纪律极严”著称，可是，临视察时，只有曲端以军礼相见，并不见大军。张浚感到奇怪，就要亲自检阅，曲端拿出所辖的五军簿籍，张浚随意点了其中一支部队，曲端就在庭堂间打开鸽笼，放飞一只信鸽，顷刻间，所点的部队便即来到，令张浚惊讶万分。于是，他要求检阅所有的五支部队，曲端将5只信鸽全部放飞，而五军不一会也全来报到，“戈甲焕灿，旗帜精明”，可见信鸽在曲端军中的重要作用。

放风筝是人们所喜爱的一项娱乐活动。在古代，风筝也被用于军事通讯。风筝最早称“木鸢”，《韩非子·外储左上》云：“墨子为木鸢，三年而成，蜚(飞)一日而败。”据说春秋时公输般也作木鸢以窥宋城。汉代以后以纸制，称“纸鸢”，五代时又在纸鸢上系竹哨，风入竹哨，声如筝鸣，故称为“风筝”。后世的风筝多作玩具，而最早将其用于军事目的则是在春秋战国时期。《墨子》、《韩非子》等文献中都有用木鸢于守城战争的记载。宋人曾敏行认为，以纸鸢进行军事通讯，始于汉代的韩信。汉初，陈豨在代国(今河北蔚县东北)反叛，汉高祖刘邦亲自率大军征讨。韩信却与陈豨暗中勾结，“约从中应，作纸鸢以为期”(《独醒杂志》卷一)，结果阴谋败露，被杀。以后利用风筝作军事通讯的也不乏其例，但主要是围城中守将用之于告急求援。如南朝梁武帝时，侯景反叛，兵围建康(今南京)，城内乃“缚鸢飞空，告急于外”(李冗《独异志》)。《新唐书·田悦传》亦载：“唐德宗年间，魏博节度使田悦谋反，围攻临洺(今河北永年县)，守将张伾为了与城外援军马燧

◎木鸢

等取得联系，便“以纸为风鸢，高百余丈”，风筝飞过田悦的军营上空，终于降落在马燧军中，“燧营噪，迎之，得书”。这是用风筝进行军事联络的一个成功例子。

除了上述军事通讯形式之外，古代还有一种特殊的传递军事信息的方法，即利用河水自上而下、日夜不停的流动，从上游向下游传递军情。当然，这只能是一种公开的军事信息。隋高祖时，史万岁随杨素到江南平定高智慧叛乱。他带领2 000名将士从东阳(今浙江金华)绕道进兵，翻山跨海，沿途征战700余次，转战1 000余里，其中有一百多天外界都得不到他的消息。朝野上下都认为史万岁全军覆没了。因为信使无法和外界通讯联络，史万岁就将信装在竹筒里，放到河水中顺流漂放，下游打水的人捞得竹筒，将情况告诉了杨素，这才查明了史万岁这支部队的情况。这件事见于《隋书·史万岁传》。类似的又如《新唐书·太宗纪》载：隋大业十一年(615)，隋炀帝被突厥围于雁门(今山西代县西)，“炀帝从围中以木系诏书，投汾水而下，募兵赴援”，果然奏效，不久，援军大至，得以解围。又如《明史·傅友德传》载：洪武四年(1371)，朱元璋派傅友德从陕西由陆路南下，派汤和由湖广沿长江西上，合力攻取四川。傅友德入川后，为了让汤和了解军情，“削木为牌数千”，上书大军攻克四川各地的时间，投入嘉陵江，顺流漂下。沿江的“蜀守者见之皆解体”。不久，驻军三峡大溪口的汤和“于江流得木牌，乃进师，……乘胜捣重庆”。这种水漂通讯受地理条件限制不能常用，且为单向式，但因其传递的内容是公开的，故不怕敌方截获，又因所放木牌之类数量很多，敌人不可尽获，故传递情报也较安全可靠，在客观上，还可以起到瓦解敌军斗志的作用。

九　军旅生活之其他

军旅是个特殊的社会集团。俗语说："铁打的营盘，流水的兵。"军人本身就是社会的一分子，脱去戎衣就是普通社会成员。即使是在役军人，虽然在军旅中有诸多限制和约束，行动不似平常人那么随便，但是，他们也是有血有肉、有爱有恨的人，他们要吃饭、要穿衣，有关娶妻生子、抚养家庭、伤病丧葬等等社会问题，一如常人，不得不面对，更不用说他们也有各种各样的经济欲望或政治野心了。因此，古代军旅中同样有衣装饮食、婚丧嫁娶、典买质卖甚至娼妓游戏等社会活动，本书从中撷取数则，亦可一现军旅社会众生相。

古代军旅中的寻常琐事，看似不起眼，仔细琢磨，有的倒能反映出大的问题。例如：士卒的衣粮自备是与义务兵役制相适应的，募兵制下职业兵的衣粮就全由军旅供给，这实际上是社会经济关系在军旅中的折射。一言以蔽之，军旅生活系整个社会生活的一个缩影。

1 士卒尺素催衣装

唐朝女诗人陈玉兰有一首《寄夫》诗，诗中写道："夫戍边关妾在吴，西风吹妾妾忧夫。一行书信千行泪，寒到君边衣到无？"这首诗寄托了在南方的妻子对戍守边关的丈夫的思念之情，她关心地问道："寒冷的风雪已经来到你的身边，可是我寄出的棉衣你收到了吗？"诗中透露了这么一个信息，即唐代番上戍边的兵府军人，他的衣装是需要自己家里准备的。其实，在古代实行征兵制的情况下，当兵是有一定社会身份者的当然义务，就像要为国家服劳役、交租税一样，同样是一种经济负担。这个问题早在秦汉以前就有所反映。

◎秦简（湖北云梦睡虎地出土）

1976年，在湖北云梦县睡虎地的一座战国晚期秦国墓葬里发掘出两封古代家信。信用毛笔墨书在木简上，字迹清晰可读，是目前所见最早的家信实物。这两封信是由名叫黑夫和惊的兄弟俩所写的。他们在淮阳当兵，将信带给安陆（今湖北安陆、云梦一带）家里一位名叫衷的人。第一封信上说，他们从军到淮阳，前日黑夫与惊分别，现在又相会了。他们攻打反城，久攻不下，现仍在战斗之中，会不会伤亡，还无从知道。但信上要母亲务必把他们需要的东西捎来，不要少了。如果安陆的丝布贱的话，就买丝布做成衣服捎来；如果丝布贵，就捎钱来。这封信是他们俩合署名字的。大概是此信捎出后久等无音讯的缘故，于是惊又写了第二封信。惊在信上说，他和黑夫都住在反城中，很好，并要求母亲给他捎上钱五百、布二丈五尺（合今一丈七尺一寸）。据分析，黑夫和惊从军淮阳攻打反城，就是秦灭楚的战争，约在秦始皇二十四年（公元前 223 年）。他们是冬天出征的，穿的是冬衣，由于天气转热，亟待换夏装，所以信的最后加了“急急急”三个字。从这封催要衣装的家书可以看出，当时士卒从征时的衣装不仅要自备，在从军途中不足时，还需要自己家里补充解决。

在义务兵条件下，士卒的衣装是全部自己解决还是官方提供一部分?要掌握具体情况，材料并不太多，但也有可供说明问题的蛛丝马迹。这从居延汉简等材料中可找到一些线索。汉代驻屯在居延地区的边防军的衣装来源大概分为两类，一类是私衣，也就是完全由士卒自己家中准备的衣服；还有一类为官衣，也就是由官府统一制作的军服。不管是私衣还是官衣，都在军队官兵的衣装登记簿上注明。从黑夫和惊的家信内容来看，他们索要的丝布衣服，当属于私衣，也就是平日里穿的便服。因为这种衣装是由士卒各自家中制作，难以做到形制、颜色的完全统一，若作为军服，就会造成军容不整，显然是不太合适的。

官衣虽然是统一制作发放的，但对士卒来说并不是无偿的，而是要付钱购买。从这个有偿发放的意义上说，士卒衣装全部都是自备的。官衣制作以后统一存放在军队的官仓里，然后由士卒按时购买，一般一年两次，夏衣在四月至六月，冬衣在九月至十一月，其他时间则不予办理。当时官衣的价格，在军旅中出售的没有明确记载，而一般的官衣，冬装最多 110 钱，夏装 55 钱。军服的质量可能要好一些，价格可能会高于此数。黑夫和悰的家信里一次就要母亲捎钱五百，花费可能主要用于衣装。如果士卒一时不能以现金支付，也允许赊欠。

因为官衣也是士卒用钱自购的，所以他们对自己的官衣和私衣一样拥有所有权，还可以进行买卖，汉简中就有大量关于衣装买卖的材料。不过，衣装等物的买卖仅限于军人之间，并由管理买卖的军官将每笔买卖登记在册，定期汇总上报，买卖价格也受到一定的限制。从汉简上看，在进行这种买卖时，也可以不付现钱，而是订立由军吏认可的债务契约，规定兑付日期，并有人作担保。债务由军吏负责催还，如果到期不偿还，就有可能以诈骗罪处罚当事者，或者扣除其月俸钱、口粮来抵债。如果士兵病死，他的全部衣物都要登记入簿上报，并且把包括发放的官衣和私人衣物在内的全部财产，送往候官、都尉官等边兵的上级管理部门，然后转交给士兵的家属。

在义务兵役制下，士卒的衣装自备是一个普遍现象。唐代的府兵，不但衣装要自备，就连一些简单的武器装备也要自备。据欧阳修《新唐书·兵志》所说，每个府兵出征要自带 1 张弓、30 枝箭，还有喝水的葫芦、横刀、磨刀用的砺石、解绳结和凿洞用的一种锥子大觿，此外还有毡帽、毡衣、行縢（即绑腿布）等等各 1 件。至于甲胄等装备，由军官“藏于库，有所征行，则视其入而出给之”，也是要看府兵交纳了多少钱或实物才能颁给的。

募兵制兴起以后，职业兵终身服役，除了给一定的报酬以外，其衣装也由官府给包了下来，无偿提供。如北宋就经常给禁军和厢军颁赐军装，而且还很优厚。据《宋史·兵志》载，仁宗天圣七年（1029）正式规定诸军衣装发放标准，骑兵春冬衣各 7 套，步兵春衣 7 套，冬衣 6 套。因为是朝廷无偿发给的官军服装，所有权不再是士卒的，所以不能买卖，“敢质卖者，重置之法”。这就和府兵制以前的士卒衣装供给制度截然不同了。

2 军旅中的市场

汉文帝时期，匈奴扰边，文帝甚以为忧，曾叹曰："嗟呼！吾独不得廉颇、李牧时为吾将，吾岂忧匈奴哉！"廉颇和李牧都是战国时赵国的著名将领。文帝希望有这样的良将守边，对付匈奴的进攻。可是，身边有一位大臣叫冯唐的却说："陛下虽得廉颇、李牧，弗能用也。"文帝不高兴了，起身进殿，过了好久，单独召见冯唐说："公奈何众辱我，独无间处乎？"意思是：你怎么当面批评我，难道就不晓得照顾我一点面子吗？冯唐一边谢罪，一边把自己要说的话说完。他认为，现在不是没有像廉颇、李牧那样的良将，而是朝廷不懂得起用他们。他举云中太守魏尚为例。魏尚在边境治军有方，从军市中得到的租税，全都赏给士卒，每隔五天就杀牛置酒款待幕僚、裨将，深得将士之心，边疆巩固，匈奴不敢来犯。即使偶尔犯境，魏尚身先士卒，众将士也纷纷效死杀敌，使战功卓著。可是，魏尚也像李牧被人谗言陷害一样，因为在将军幕府言语不当，而被绳之以法，竟被免官，这是很不公平的。文帝了解情况以后，立即派冯唐持节到云中赦免了魏尚之罪，并恢复其太守之职。

这个故事提到的"军市"，是古代军旅中一个十分引人注目的话题。什么是军市？顾名思义，就是由军队组织设立的市场。从文献上看，大约存在于战国至五代时期，以秦汉三国时期较为盛行。军市的作用，主要是为满足军队吏卒日常生活的需要，而由军人之间或军人和其他社会成员之间进行交易买卖。但是，由于军队是一个为国家安全和战争需要建立的特殊社会集团,军中的市场管理,也就有其特殊的规定。

战国时的文献《商君书·垦令》说:“令军市无有女子,而命其商人自给甲兵,使视军兴;又使军市无得私输粮者,则奸谋无所于伏,盗输粮者不私稽,轻惰之民不游军市。”秦国在商鞅变法以后,素以法令严而著称。关于军市的管理规定,当然不只以上内容,但也可看出军市的特殊性。女人不能出入军市,是担心她们经常出入军营会影响士气。商贾到军市来主要是为军旅提供军需物资。军市中的粮食不得私自交易,这主要是因为军粮关系到军旅的命脉。军队是纪律严明的组织,游手好闲之徒不得随便来到军市。在和平时期或内地城邑,设立军市必须得到有关方面的批准,不能随意设立。战争时期则因为某种特殊需要,可以临时在某一地区设立军市,以供将士的急需。《三国志·吴书·潘璋传》说吴将潘璋“征伐止顿,便立军市,他军所无,皆仰取足”。因为行军征讨,驻屯不定,或村居荒稀,或正常的物品供应渠道不畅,而又必须让士兵日常生活用品能有补充,于是,军市的设置是必要之举,并可在战乱时减少士卒扰民事件的发生。

不过,军队通过军市和百姓之间进行交易时,往往也会因为军人是特殊阶层,有武力为后盾,强买强卖而导致军民之间发生矛盾。曹魏时,宣王司马懿率军驻屯长安,“立军市,而军中吏士多侵侮县民”,地方官颜斐找他告状,于是“宣王乃发怒,召军市侯,便于(颜)斐前杖一百。……宣王遂严持吏士,自是之后,军营郡县,各得其分”(《三国志·魏书·仓慈传》注)。可见,对军市如不严加管理,无论对军队还是对地方,都会造成不利的影响。

军市的主管官员,在秦汉三国时,一般都为军市令或军市侯。西汉的丙吉就担任过“车骑将军军市令”,东汉祭遵“从征河北,为军市令”,分别经管某一级部队的军内交易事宜。

除了满足将士日常生活需要之外,军市对朝廷的军队建设来说,也有重要的作用。朝廷视军市租税为军队收入的一项来源。军市交易需交租,市租即商业税,是调节市场交易的经济手段。有的学者估计,汉代的市租大约为交易额的百分之二。这种收入,按汉制“市肆租税之入为私奉养”的惯行作法,不纳入国家财政。郡县市租上交皇室享用,而军市租则作为军将的“小金库”来支用。魏尚把军市租尽飨士卒,说明他不贪财,为将廉洁,不独吞军中的“小金库”。战国时李牧也是这样,“为赵将居边,军市之租皆自用飨士”(《史记·冯唐列传》)。他们以军市租用于军中,鼓舞士气,巩固边防,所以被冯唐提出来,作为军将的楷模。

有时军市租的收入还十分可观,军将可以因此而获得不少的钱财,却也诱发将吏贪污,中饱私囊。汉代军旅中的腐败现象比比皆是。西汉张武“受赂金钱”,汉文帝为愧其心,反而多多赏赐;公孙敬声“擅用北军钱千九百万”;李广利西伐大宛,军用充足,士卒战死者不多,但因为将吏贪财,侵夺士卒,致使逃亡、病死者甚众。《后汉书·西羌传》说,在平定西羌的战争中,“诸将多断盗牢禀,私自润入,不恤军事,士卒不得其死者相望于野”。军将们连国家提供的军费、军粮尚且进行贪污,对利用军市收租盘剥士兵的机会,就更不会放过了。获取军市租显然也成为军市普遍设立的原因之一。

古代军市的规模、形制情况不一。除了战时临时设立的军市以外,平时的军市规模并不一定太大。唐代以前,城市商业区是与居民区互相隔离、分开管理的。市的周围有墙环绕,里面设肆室,即店面、摊位。市门按时闭启,实行严格的封闭管理。市吏负责评定物价,检验商品和衡器。交易者注籍登记,市吏为双方的交易契约加盖官印，收取市租。军中之市因涉及军事安全，在管理上必定更加集中、规整和严厉。《汉书·胡建传》中所说的北军"贾区"其实就是一个买卖东西的室屋。从《居延汉简》中也可以发现，古代军市有相对固定的场所，军人在其中交易，或物物交换，或现金支付，或契约赊买，但都要登记入簿，定期汇总上报，并按交易额抽取市租。这种簿籍有许多就在居延汉简中保留了下来。军市既为交易场所，也就是军中公共场地，有的范围就较大。正如朝廷处决罪犯有"弃市"一样，军中行刑有时也在军市。后周显德六年(959)，就曾在军市处决了被俘虏的契丹刺史李在钦。

军市在五代以后就不多见了，究其原因有二：一是北宋以后，城市商业区和居民区的划分已经不那么严格，商店可以沿街随处开设，营业时间不受限制。同时，城郊的草市和农村的集市星罗棋布，还出现了许多商品经济十分发达的市镇。这使得军队购物十分方便，军市也就没有了存在的基础。二是北宋大力推行国家养兵，兵士不但俸给优厚，而且衣装等日用所需都由朝廷包办，甚至还向军属发放衣粮。有的士卒因衣装穿不完就加以变卖，致使朝廷不得不加令禁止，军市也当在取消之列了。也就是说，军队基本走向职业化以后，军市也就没有存在的必要了。

3　贾将债帅　利往利来

三国魏明帝时，廷尉高柔曾经平反了这么一个冤案：护军营士窦礼外出未归，营官认为窦礼已经逃亡了，便按照规定，将窦礼的妻子盈及子女没为官奴婢。窦妻多次上州府喊冤，却难以明晰案情。后来，盈告到廷尉。高柔亲自审理。他问清了窦礼的为人以后，又察出窦礼曾借钱给同营军士焦子文，多次催他还钱，焦子文却拒不归还。高柔经过分析，认为是焦子文谋财害命，将窦礼给杀害了。经过仔细审讯，果然使焦子文服罪，并供出了杀害窦礼后埋尸之所。冤情大白，使窦妻及其子女复为平民身份。其事见《三国志·魏书·高柔传》。

无独有偶，在《宋史·刘谦传》中也有类似事例。有士卒因负债而杀人，将尸首埋在天武左厢都校高翰营中。过了些日子，挖土时掘出了尸首，高翰因失察被捕，多亏刘谦为他说情，才免获罪。从以上两例可以得知，古代军营中的放贷、负债是一个普遍现象，其他经济活动如市买、货卖、租赁和典当，也都屡见不鲜，成为古代军旅生活中的一大特色。

军事活动从其最终的意义来说是一种经济的行为。就士卒个人从军的动机来说，也多少离不开经济的联系，尽管有的只是间接地表现出来。所以，古代兵书《军谶》干脆就说："军无财，士不来。军无赏，士不往。"真是一针见血地指出了古代军队中的这种利益关系。一般来说，军队经费的来源，是由国家财政调拨，军事装备多由国家配置（有些衣粮或兵器则自备，如府兵制），对士兵实行实物供给制。但是，随着商品经济的发展，军旅也不可能成为商品货币关系的真空地带。由于利益的驱使和社会商品经济的影响，从汉代起，军旅中的经济活动就显得十分频繁，军市的设立即是明证。

《汉书·胡建传》记载，有一个监军御史为谋私利，竟然"穿北军垒垣以为贾区"。汉代的市场是有一定范围限制的，且不说在军营，就是在社会上，也有相当严格的管理制度。因此，对监军御史穿凿营垒墙壁私设军市的不法行为，胡建率军卒奋而斩之，并上奏历数其罪状："今监御史公穿军垣以求贾利，私买卖以与士市，不立刚毅之心，勇猛之节，亡以帅先士大夫，尤失理不公。"汉武帝下制书表彰胡建，使他一举名扬天下。

即使在城市以外，军旅从事商业、金融活动，为数也不少。研究汉简的学者认为，汉代居延地区存在着官府所设置的商业市场。投入市场的商品，种类相当丰富，有粮食、布帛、衣服、肉食、蔬菜、牲畜、农器、田宅，甚至还包括兵器。居延地区为当时河西地区与漠北往来的交通要道，是汉代控制西域的重要咽喉，所以驻有大量的边兵。市场的繁荣，反映了军旅的商业需要。在汉代整个商品货币经济的刺激下，居延边塞驻军有为数不少的官吏也兼营商业。甚至都尉属下的机构候官负责人候，也从事商业活动。因为居延地处边疆，所以，对市场的管理也有军将参与，到市场上从事买卖活动的人，必须持有符传，也就是一种通行证，带有准军事化管理的性质。

唐宋军将经商的事例，见于史籍记载的比比皆是。《新唐书》叛臣传中的陈少游，先后任宣、歙、池州观察使、浙东观察使和淮南节度使，是个权力颇大的藩帅。而驻地又都是天下富饶的去处。于是，他"贸易无虚日"，"积财宝巨亿万"。唐德宗初年曾下令所有观察使、节度使等军方大员，凡在扬州开店做生意的，一概关门大吉，说明军方经商不是一两个特殊事例。宋太祖赵匡胤时却定制，鼓励藩镇经商牟利，有的还免征商税。宋太宗赵光义即位后，为加强中央集权，废除此制，不许军将与百姓和中央争利，但军将私自经商的为数还不少，有的役使吏卒从事贩运，有的挪用军费公款从事贸易，还有的趁居丧期间经商，或假官舟载货，等等，形式各种各样，甚至还有利用军队进行手工制造商品的。例如杨崇勋，史称其"性贪鄙，久任军职"，"在藩镇日，尝役兵工作木偶戏人，涂以丹白，舟载鬻于京师"，真可谓生财有道了!南宋高宗时期，于绍兴十三年六月和绍兴二十九年四月，曾两次发布诏书，禁止各类官员（包括军将）经商，可见，军将的商业活动是屡禁不止的。

至于放贷、借贷之事，中唐以后极为普遍。上自宫廷贵族，下至平民百姓，都靠借贷救一时之急需，所以，军旅中早已存在借贷、放贷关系。唐代名将李晟之子李基任右龙武大将军，性豪侈，借债至数千万。又贷回纥钱一万多贯，无力偿还，被回纥人告到朝廷，文宗大为光火，将其贬官。唐代后期还有些将帅为升官而向宦官行贿，动辄巨万，其资金则来自向富户的借贷，得官后加倍酬息，故有"债帅"之称。宋代的货币金融关系更为发达，军将在上任以前，要通过借贷整备行装，士兵出征前也要靠借贷安顿家小。至于为谋取空缺而借贷、为安抚士兵而借贷等，更是贷中的大买卖。当然，放贷之人多为富室、军官，而借贷之人基本上遍及军旅各个阶层。

贸易金融等经济活动往往是军队的腐蚀剂，也是造成军营中作奸犯科现象的一大原因，前文所述焦子文等军士因欠债不还反而杀人逃债，就是一例。北宋初，泾州镇将张铎私自增加官卖马匹的售价，从中贪污 16 万贯，又"擅借公帑钱万余缗，侵用官麹六十四百饼"，事发后，宋太祖因其是宿旧部下，仅仅罢官改任了事。后来，他又借晋王赵光义 160 万缗钱，自然难以偿还，只有转而投靠晋王为其卖命了。赵光义在"烛光斧影"中杀兄篡位，成为宋朝第二代皇帝之后，也就不需要张铎还钱了，特地下诏免除了这笔债务，还对张铎委以重任，可见他们之间关系非同寻常。赵光义就是通过放贷收买人心、要挟军将，而张铎正是金钱奴役下的牺牲品之一，做军人的一切原则、精神和人格，在金钱面前统统丧失殆尽。

4 吏士娶妇将作主

《水浒传》中有一段故事“三打祝家庄”，其中有一个情节是矮脚虎王英见祝家庄的扈三娘美貌，便多次出阵挑战，不想武艺却不如扈三娘高强，反被其所获。后来祝家庄被攻下，宋江还是将扈三娘赏给王英为妻，尽管一朵鲜花插在牛粪上，扈三娘纵有一百个不愿意，也没有办法，因为，古代军旅中的婚姻多带有强制性，这比社会上的父母之命、媒妁之言要更露骨得多。

王英娶扈三娘虽说是小说家的虚构，但这毕竟来源于古代军旅婚姻生活的提炼，是当时军旅生活在文学中的反映。从历史上来看，在职业兵出现以前，军人的婚姻生活与军旅文化关系并不太大。因为，先秦的民军、秦汉的征兵和隋唐的府兵，实际上都不是由国家出钱长期豢养的，而是在需要时临时调集的。他们平时在家生产，需要集中训练或征战时，才过着军营的生活。这样，他们的婚姻与社会其他成员大体一样，但有些特殊身份的士兵就不同了。例如魏晋时期的士家、明代的卫所和清代的绿营，都是世代为兵，甚至兵户、军户之女也只能配与士兵为妻，统治者企图以此保证兵源的稳定性。中唐以后，社会上大规模实行募兵制度，士兵的职业化成为一大趋势。以当兵为生活出路，到宋代甚为流行。士兵靠俸钱月粮养家糊口，不像农民，多少有一些固定的资产。宋代在灾年募饥民为兵的“养兵”政策，使军队中搜罗了一大批无田产的农民，这是一个十分贫困的社会阶层，当然也就无力自办婚姻。加上他们处于特殊的社会圈子，其行动必须受制于封建国家和将领，因此，由上司给他们赐婚是一个普遍现象。

军旅赐婚，主要是将战争中抢掠来的妇女，由将领配予士兵为妻妾。抢掠在军法中是严格禁止的，但在古代实际的军旅生活中却是经常发生的。有的将领为了鼓励士兵效死，甚至会让士卒在攻城略地取得胜利之后，放抢数日。抢掠的对象除了财物之外，主要就是妇女。正史列女传中有相当一部分人是由于反抗这种婚姻而出名的。如《宋史·列女传》中的赵氏，就是反抗虎翼军叛卒王则的霸占，在成亲的当天自缢于花轿之内。因这类悲剧录入列女传的，当然只是少数，更多的妇女是屈从于对方的胁迫而草草成亲。

被赐给士卒为妻的妇女，有时并不一定就是敌方境内的战俘，为稳定军心，将一般平民家的妇女强行娶到军队中给士兵成亲之事也是有的。《资治通鉴》记载了一件大规模赐婚的事例。这是在隋炀帝大业十三年(617)，炀帝在江都(今江苏扬州)时，随行士兵大量逃亡，于是，根据大臣裴矩的建议，下令江都境内的寡妇、处女都到宫前集合，让将士们随意挑选，若是先有私情的，许其自首，立即准予结为夫妇。朝廷希望以此来安定军士之心。李肇的《唐国史补》还记载了在军中赐钱治婚的事例。韦皋治蜀时，军士将吏成婚嫁娶，各给钱一万予以置办，另外还给男方熟丝织成的彩衣、女方银泥衣各一件。薛兼训担任江东节制，有感于越人不善纺织，于是鼓励军中无妻室的年轻人到北方去娶亲，可以多给财物置办婚礼，但所娶之妻必须善纺能织。在这一政策的鼓励下，每年都有数百名巧妇南嫁江东，使东南风俗大变，“绫纱妙称江左矣”。这种给军士赐钱置婚的形式，虽然难逃“赐”的印痕，但比起赤裸裸地强制赐婚，多少要带一些人情味儿了。

如果将士立了战功，赐予妻妾就更是一件颇为荣耀的事了。据《宋史·王景传》记载，王景出身于卒伍，早年风流倜傥，善骑射，不事生业，又爱交结乡里的恶少，为群盗。五代时，他投奔后晋，立有战功，被石敬瑭所赏识。史书记载说："晋祖（石敬瑭）待之厚，赏赐万计，尝问（王）景所欲，对曰：'臣自归国受恩隆厚，诚无所欲。'固问之，景稽颡再拜曰：'臣昔为卒，尝负胡床从队长出入，屡过官妓侯小师家，意甚慕之。今妻被诛，诚得小师为妻足矣。'晋祖大笑，即以小师赐景。景甚宠嬖。之后累封楚国夫人。侯氏尝盗景金数百两，私遗旧人，景知而不责。"王景得了侯小师固然快乐，但侯小师未必钟情于他，仍旧和原来的相好勾搭。这种通过军事手段强制的婚配，受害者主要是各阶层的妇女，对军旅中的士卒来说，也未尝都有幸福可言。

当然，军旅中也有两厢情愿、情投意合的婚姻。宋代名将韩世忠、梁红玉夫妇与金兀术激战黄天荡成为军事史上的一段佳话。梁夫人本来是京口（今镇江）的一个妓女。据说她有一次在某月初一五更天入官府去伺候贺朔礼时，忽然看见廊柱下蹲卧着一只老虎，鼾声呼呼大作，把她吓得半死。后来仔细一看，原来不是老虎，而是一个值勤的大兵蹲坐在那儿睡觉。于是，梁红玉赶紧踢醒他，叫他快立起来站岗。见到这人勇武的相貌，她不禁有了爱慕之心，问他的姓名，原来叫韩世忠。梁红玉回去后就告诉鸨母，要和韩世忠结为夫妇。在黄天荡战役中，梁红玉曾亲自擂鼓助阵，战后还上疏朝廷，揭发韩世忠贻误战机，致使金兀术脱逃，请求对他进行处分，有情有义，甚为难得。在平时，韩世忠爱兵如子，训练或屯垦种地都身体力行，和士兵同甘共苦，而梁夫人则亲自动手编织苇箔建房屋，夫唱妇随，令世人敬重和钦佩。不过，在古代军旅中，这种比较圆满的婚姻还比较少见。高级将领大多数有三妻四妾，而对士卒来说，自然是非分之想。像韩世忠这样由一介大兵而成为将军，既不弃糟糠，且能互相提携，亦堪为古代军旅婚姻的典范了。

5 古代的军妓

以出卖色相为生的妓女产生得很早，对社会各阶层的影响也很深。在古代军旅中就有过各种各样的从军妓女，称作“营妓”或“军妓”。

营妓在春秋战国时期就已经开始萌芽。据《越绝书》、《吴越春秋》等书记载，在公元前470年左右，越王勾践就“输有过寡妇于山上，使士之忧思者游之，以娱其意”。所谓“有过寡妇”可能是指那些失偶后又不守妇道的女人，让她们为军士提供性服务，以解决士气低落的问题。这显然就带有某种营妓的色彩。有的人也认为，这一记载可以看作中国古代营妓制度的雏形。营妓的作用，就是古代国家或军将用某些特定身份的妇女为牺牲品，以使那些因长年征战在外的士卒的性压抑得到一定程度的释放，调节士卒的生理和精神，鼓舞士气。这种营妓在近代某些法西斯军队中仍然存在，如在日本侵略中国和东南亚等地的军队中，就有被欺骗、强迫和掠夺而来的“慰安妇”，组织管理营妓的机构，则称作“慰安所”。

◎薛涛牡丹图（国画）

在军中设立妓女，以供军士淫乐，是古代统治者愚弄士卒的一种手段，对妇女来说也是极不人道和残酷的。

但统治者为了自己的政治、军事利益的需要，却大力提倡，从汉代开始就正式出现了“营妓”的名目。《正字通》引《汉武帝外史》曰：“汉武始置营妓，以待军士之无妻室者。”至三国两晋南北朝，由于战争几乎无有宁日，将士长年征战，或无暇与家人团聚，或根本没有能力娶妻，于是，营妓得到很大的发展。如三国时，曹魏大将夏侯淳征讨孙权有功，曹操欣然赐他“妓乐名娼”于军中享乐。北魏时秦州刺史元琛征讨诸羌，军营中有一妓女名“朝云”，曾“假为贫妪，吹篪而乞”，引得诸羌“相率归降”。《南史·章昭达传》云：章昭达在奉命出征途中，“每饮食，必盛女伎杂乐，备羌胡之声，音律姿容，并一时之妙，虽临敌而弗之废”。可谓好声色至极了。《宋书·后废帝本纪》也记载，宋后废帝刘昱常与右卫营营妓私通，每次去持数千钱以作嫖资。《南史·齐废帝郁林王本纪》则说齐废帝郁林王常常微服至营署中淫乐。这说明，当时营妓的存在已是一个普遍现象，甚至形成了制度。在军旅中，营妓不但可以作为一种军功的赏赐物，而且仍旧保持了社会上的肉体买卖的商业性质。

唐代的营妓又称“营籍妓”，因她们所在的户籍隶属于军镇中的乐营，故又称“乐营妓人”、“乐营子女”等。她们一般集中居住在军镇的“营署”名“乐营”中，由营将、乐将（或称乐营将、乐营使）负责管理，不能随意外出，也不能随意接客，没有人身的自由，尤如长官、军将的私属，她们的行动往往听命于长官和军将。《闻见后录》载，有个营妓叫红儿，为郡将所专宠，“人不敢近”。而罗虬中进士后来到坊州为官，也看上了红儿，“郡将不能容，虬弃官去”。《资治通鉴》也记载，唐代名将李晟率领神策军戍守成都，离开时，竟把营妓高洪带走了，引得西川节度使张延赏大怒，“追求还之”，两人从此反目。当然，也有些营中名妓在长官的许可下，可以与军外人士交往，作为“社交”的工具。如唐朝最著名的营妓薛涛,15岁时就被镇守四川的韦皋召令侍酒赋诗,深得韦皋的赏识和厚爱。此外,她也曾与当时名士文人元稹、白居易、令狐楚、张祜、刘禹锡、裴度、牛僧孺、严绶等人往来酬唱,过从非同一般。

◎日军侵华时期在上海开办的杨家宅慰安所(资料照片)

唐代以后,营妓依然盛行不衰。两宋时期,随着城市经济的发达,驻扎在城里的军队受浮华之风影响,滋扰生事。军方笼络士卒,遂于繁华之地"创立瓦舍,招集妓乐,以为军卒暇日娱戏之地"(《梦粱录》卷十九)。据统计,南宋临安(今杭州)的瓦舍有20余处,其中的妓女也属于营妓性质。《宋史·明镐传》还记载了并州知州明镐整肃军队的一个故事。当时,并州边军中多纨袴子弟,明镐严惩那些违犯军纪的军士,吓得那些疲软无能的纷纷逃离军营。接着,明镐又挑选了一些可堪教习的子弟入军,加强训练。但是,"军行,娼妇多从之,镐欲驱逐,恶伤士卒心"。正在为难之时,有一个士兵因纠纷而杀了一个营妓。官司告到明镐那里,明镐却判士兵无罪,"纵去不治",反而还对营妓们说,"彼来军中何耶?"营妓们闻听,便纷纷离军散去。可见,营妓在某些情况下,虽然可一逞士卒的欢心,但总体而言是腐蚀军队战斗力的"毒瘤",并不为善于带兵治军的将领所提倡。从并州娼妇们尾随军营而行,而士卒也乐此不疲的情形来看,宋朝军队的腐化已是积重难返了。

直到明代,军妓仍然流行于边塞。沈德符《万历野获编》中说:"诸边营妓如云,大胜京师。"其中大同的营妓尤为繁多。大同本是明代长城一线重要军镇,据说"在花籍者尚二千人",这是有名册可数的营妓。她们不仅供应大同军镇的将士,还被转输到其他边镇供军人淫乐，甚至被推荐到了京师，以至于名声大噪，有谚语称北方边镇以“蓟镇城墙”、“宣府教场”和“大同婆娘”为“三绝”，可谓对明代边防制度的绝妙讽刺。清代虽然严格禁止官妓、军妓制度，但几千年的恶习，谬种流传，将士在军营外嫖妓，或在营内蓄养暗娼，则是难以禁绝的。军妓，这一古代军旅的畸形产物，对近代的反动军队也还有一定的影响，流毒既深又广。

6 军中戏乎 士卒可用

公元前225年，秦王政命老将王翦率60万大军攻楚，楚倾全国之兵前往抵抗，与王翦对垒。王翦坚壁而守，任楚军数次挑战也不进攻，整日休整军队，抚慰士卒。过了很久，王翦派人了解军营中的情况：“军中戏乎？” 回来的人报告说：“方投石超距。”此时王翦才说：“士卒可用矣。”立即率兵出战，迅速打败了楚军，灭了楚国。王翦所了解到的军中之戏“投石超距”，是古代军队中配合军事训练的一种娱乐项目。投石就是用石块或土块投击目标，练习臂力和瞄准。大概在上古时代，弓箭未发明之前，人们狩猎就以这种方法来打击飞禽走兽，后来才演变为一种娱乐，也称“击壤”、“抛堶”。超距又作“拔距”，是练习跳跃的一种运动，类似今日之跳远、跳高。这些游戏在古代军队中是常常进行的。此外如射箭、角抵、蹴毬、拔河等，有的本来就是军中的训练项目，在平时进行游戏比赛，又带有博彩娱乐的性质。

射箭是一项军事技艺，在古代广泛用于攻战与射礼，不但军人需要练习，在西周时，要取得“士”的身份，也必须掌握它，射箭成为学校教育中的礼、乐、射、御、书、数六艺之一。平时的射术竞赛有强烈的娱乐性，《诗经·宾之初筵》写道："射夫既同，献尔发功，发彼有的，以祈尔爵。"意思是：比赛的射手会集，献出自己的射艺。争相射中目标，以便罚对手喝酒。这种带有娱乐性的射艺比赛，在军旅中也是允许的。《史记·李将军传》说飞将军李广善射，"讷口少言，与人居，则画地为军阵，射阔狭以饮，专以射为戏。"《夷坚志》卷三五就记载了临安守军幕官王椿和蕲王韩世忠之兄韩世旺赌射的故事。王椿奉调要离开军营时，韩世旺为他在教场饯行，席间，王椿以多年积蓄与韩世旺作孤注一掷，他连发 12 箭，箭箭中靶，还有 4 箭命中靶心。而韩世旺以一枚铜钱贴于靶心处，夸口只发 2 箭，不中钱孔便算落靶。果然，韩世旺弯弓搭箭，发毕，第一箭恰中钱孔，第二箭将第一箭的箭杆分作两半，两个箭镞重叠在一起。王椿只好认输，被韩世旺赢了 100 两白金。军中本有赌禁，但因为赌的是射术，可以增强武艺，于军事有利，所以，也就不大理会了。

角抵是古代一项较量臂力、演练搏斗技巧的娱乐。它产生于原始社会的武舞。这种武舞模仿战斗场面，具有训练武艺、颂扬武功和交流战斗经验的功能。《述异记》说："轩辕氏之初立

◎山东济南汉墓出土的『百戏』陶俑

◎日本的相扑据说是由中国古代的角抵沿袭下来

也，有蚩尤氏兄弟七十二人，……与轩辕斗，以角抵人，人不能向。”“汉造角抵戏，盖其遗制也。”大约在春秋时期，在武舞的基础上形成了演练搏斗、摔跤、擒拿等技巧的“相搏”比赛。秦汉相搏除了用于比试武功之外，表演娱乐的成分大大增加，称为“角抵”，常常与百戏杂技一起进行。到南北朝和隋唐时，角抵与百戏杂技相分离，成为角力取胜的摔跤运动，也称作“相扑”，尤其在军旅中流行，甚至成立有专门从事这项运动的专门部队。如唐代神策军左右两军中均有从事角抵的力士。据宋代署名“调露子撰”的《角力记》一书介绍，唐末，军中有一蒙姓角抵力士，“累累供奉”于懿宗、僖宗、昭宗三朝，从事这一专业达数十年之久，因在竞赛中屡屡获胜，被呼为“蒙万赢”。唐亡以后，蒙万赢离开长安，仍积极传授角抵技艺，“五陵年少，幽燕任侠，相从诣教者数百”，俨然成为一代宗师。满族人入主中原以后，也在八旗京营专门设有“善扑营”，人员都是从八旗中选拔的精悍勇士，他们的主要任务就是在举行盛大宴会时献演技艺。

拔河比赛也源于军旅，在唐以前称作“钩强”、“牵钩”或“施钩”，本来是一种水战军事技能。《墨子·鲁问》记载，楚人与越人舟战于江上，楚人进攻时是顺流，退却时是逆流，一旦战败，撤退困难。越人则处于相反位置，所以楚人老是吃亏。这时，巧匠公输班(鲁班)从鲁国游历至楚，帮助楚人制造了一种叫做“钩距”的舟战之器，它能“退者钩之，进者距之”，可能是以长竹竿和弯刀相连的兵器，进攻时可钩住敌船，不让其逃跑，以便进行接舷战；防御时可拒敌靠近。因为起源于水上，称之为拔河也是有道理的。《隋书·地理志》记载：楚地的南郡、襄阳"又有牵钩之戏，云从讲武所出，楚将伐吴，以为教战，流迁不改，习以相传"。南朝宗懔的《荆楚岁时记》则云：楚地有"施钩之戏，以作篾缆，相罥绵亘数里，鸣鼓牵之"，这已经非常类似于后世的拔河了。由此可见，拔河在古代军旅中曾经是水军的一个训练项目，后来移至陆地，由军中推广至全民，成为一个大众喜爱的体育比赛项目。

蹴毬就是古代的踢球运动，《水浒传》中浮浪破落户子弟高俅，就是因为踢得一脚好球，受到端王(后来的宋徽宗)赏识，从而发迹，竟然做了太尉。但在秦汉，这种运动不仅仅是一种娱乐活动，还被正式列入兵家，当作军事训练的辅助手段。汉代的踢球叫作"蹴鞠"，一作"蹋鞠"。所谓"鞠"，是一种外包皮革、内实毛发的实心球，和唐代以后才有的"气毬"不同。《汉书·艺文志·兵家》就著录了《蹴鞠二十五篇》，可惜该书没有流传下来。刘向的《别录》说："蹴鞠者，传言黄帝所作，或曰起战国之时。蹋鞠，兵势也，所以讲武知有材也。"之所以用它来训练武士，是因为当时的步骑联合作战方式，对士兵的运动速度、耐力、灵敏反应等身体素质提出了综合要求，而蹴鞠恰恰能满足这种需要，故而军中常常展开这种带有娱乐性的训练，以提高士兵的作战能力。据《史记·卫将军骠骑列传》记载，名将霍去病出征塞外时，部队困乏异常，霍去病还要"穿域蹋鞠"，一则可调节精神状态，二则也起到训练的作用，比单纯的比武要有趣得多，易为将士们所接受。所以，唐朝韦应物《寒食后北楼作》诗中即称："遥闻击鼓声，蹴鞠军中乐。"

7　骡肝堪为士卒药

在上古之世，对士卒生病、负伤的医疗照顾，多是军队将领之事，甚至主帅还亲自过问，以此作为感化士卒效死的一种手段。吴起为士卒吮吸脓血的故事即是一例。《吕氏春秋·爱士》篇还记述了另一件事：晋国的权臣赵简子有两匹漂亮的白骡，他十分珍爱，专门请了一位养骡行家董安于替他喂养。有一天晚上，突然有个广门城中的下级军官跑来找赵简子，说有个士卒叫胥渠，生病求医，可医生说只有吃了白骡的肝才能痊愈，否则必死无疑。为此，特地来请求白骡肝为胥渠治病。董安于在旁听了，鄙视地说："为了一个士卒，竟敢冒犯权贵、觊觎宝物，真该抓起来治罪。"可是，赵简子却说："白骡再珍贵，也不过是牲畜。爱牲畜而见死不救，算什么仁人君子？"立即命人将白骡杀了，取肝交给那人去为胥渠治病。过了不久，赵简子领兵攻打翟城，久攻不下。正感为难之时，突然有一支劲旅攀城附郭，捷如猿猴，冒着滚木箭矢冲上城去，然后打开了城门，使赵简子取得了胜利。事后一了解，这支破城的军队，就是胥渠所在的那支部队。

在义务兵役制为主的时代，士卒服役期较短，平时散在家乡务农，有事才征调出征。军中医疗事务显然也不可能专业化。由军中大将亲自过问普通士卒的伤病，从一个侧面也反映了这个事实。当然，上古之世军旅中医疗条件非常简陋。总的来说，将领的医疗条件应该比士卒好一些，军中治不了的，还可以聘请社会上的名医来诊治。《三国演义》说华佗替关羽刮骨疗伤，当然是小说家言。然而,按《三国志·蜀书·关羽传》,刮骨疗伤时,“羽割炙引酒,言笑自若”,除了不是华佗为其作手术外,其他情节大体差不多,可见医术之高。这样的手术显然不可能普遍施行于军中。但到募兵制成为主要兵役制度以后,士卒出现了职业化,不但口粮、衣装等等全部供给,甚至有的连家属也给赡养,士卒的伤病就更要由军旅关照了。所以,唐宋以后,兵书中有关军事医疗的著述内容日渐增多。

唐玄宗时期,是府兵制废弛、募兵制大兴的时期。而这时李筌的《神机制敌太白阴经》卷七就专门有“治人药方”一篇,所列俱为军旅急备之伤病处方,治疗流行热病、瘟疫、疟疾、霍乱、痢疾及金疮、坠马、脚转筋、骨折等伤痛杂病。还有治马的药方,以供医治战马伤痛之用。北宋许洞作兵书《虎钤经》,其中卷十涉及军队的体检、伤病救治等等内容。如谈到将士在战阵中受伤时说:“人为兵器所伤,出血者甚渴,不可即与饮食,恐簇毛在吻,须干食,食肥腻食物,无所妨害,贵解渴而已,不可多。食粥则血出,人心死矣。”谈到避疫气时,着重论述结营时须选择合适的地形,并根据季节、气候注意预防。将士常年征战,涉水蹈冰,蒙受霜雪寒风,手皲足冻也是常疾。《虎钤经》专门开列猪胰、川椒、羊猪脑、菱叶等验方,提醒带兵的将领施用于军旅。

军队是众人聚集之所,尤其是古代,结队而行,列阵而战,无论是驻扎、行军还是作战,人员密度都比较大,容易发生疾病的流行。如果没有良好的卫生环境,要保证军心的稳定和军人的身体健康,就是一大问题。史载诸葛亮治军除了“法令明、赏罚信”以外,也特别重视营务卫生。“所至营垒,井灶、圊溷、藩篱、障塞皆应绳墨。一月之行,去之如始至。”(《三国志·蜀书·诸葛亮传》注)圊溷,就是茅坑、厕所。在军营中这些卫生设施是不能不考虑的。宋代的《武经总要》还专门有一篇《养病法》,说行军时士卒有疾病，或作战受伤，每军都要有专门的官员负责治疗调养，并配备军中护理人员，用牲口驮负伤病员行走。如果在安全地带，也可以交给地方，责成医治，但也要留下医护人员照料。在军中的伤病员，本队的将校每天必须将其伤病状况上报，还要亲自察看伤势。大将也要不时地到队伍中检查伤病员的情况。如果伤病士卒很快得以痊愈，则对医官和护理人员进行嘉奖。

当然，古代军队中也有不恤士卒的庸将。他们在战争紧急时往往遗弃伤病士卒，甚至有将其活埋者。这在唐宋以后兵书中也多次提到，并严加禁止。《武经总要》说："如弃掷病人并养饲失所，主者皆量事决罚。气未绝而埋瘗者斩。庸将多不恤士，即被弃掷生埋，以此求士死力不可得也。"为了防止这种情况发生，到明清时期，有关伤病员的照看进一步制度化了。如明制，士兵有病在营，队总要时时看视，旗总 1 日一看，百总 3 日一看，把总 5 日一看，千总 10 日一看，哨将每半月一看，主将则只探视病重者，等等。

士卒病死阵亡，将领则应吊唁并给以安葬。中国古代非常重视丧葬，已成为一个传统习俗。对死者的态度如何，被认为是对其生前功过得失的评判，同时，也是给活着的人作个样子。因此，古代军旅一般都比较注意为自己的死难将士安排后事，这也是激励士气的一种形式。从唐宋时期来看，对死亡的士兵，实行丧葬之礼。若在战场上死亡，也不能抛弃荒野，而要穴地 4 尺为墓深埋，并以荤醪祭酹，将校亲临哭之，然后竖立标记，准备在战争结束以后再取尸骨还葬。如果不在敌境，士卒身亡以后，可以立即送归其乡里，并发给钱帛，以充安葬抚恤之用。这些制度的规定，无疑会使将士产生感激之情，也多少可免其后顾之忧。但是，在实际生活中，这些未必能完全做到。尤其是在封建军队腐朽时期，将官常克扣兵饷、盘剥士卒，根本不顾士卒的死活。士卒逃亡或战死，将官反可坐吃空额。这些情形，又不是制度本身所能反映的了。

8 羽林孤儿 军旅优恤

羽林军是汉武帝时期创设的一种近卫亲军，取其“为国羽翼，如林之盛”寓意，召选陇西、天水、安定、上郡、西河等6郡良家子宿卫建章宫。“良家子”也就是清白人家子弟的意思。羽林军中有所谓“羽林孤儿”。据《汉书·宣帝纪》注引如淳曰：“《百官表》：取从军死事者之子养羽林，官教以五兵，号曰羽林孤儿，少壮令从军。”《汉旧仪》说得更详细，说这些孤儿的父亲都已战死在沙场，子孙无法自活，才由朝廷养于羽林，待遇相当于郎从官。平时扈驾随从，衣装同羽林骑，只是不许戴官帽，由令1人统领，军名也作“羽林骑孤儿”。这样做有两个好处，首先是可以保证羽林军有稳定的后备兵，其次对战死将士的家庭实行优恤，以激励

建章宫图(原载《关中胜迹图志》)

1 璧门　2 神明台　3 凤阙　4 九室　5 井轩楼　6 圆阙　7 别凤阙　8 鼓簧宫　9 嶕峣阙　10 玉堂　11 奇宝宫　12 铜柱殿　13 疏圃殿　14 神明堂　15 鸣銮殿　16 承华殿　17 承光宫　18 枍栺宫　19 建章前殿　20 奇华殿　21 涵德殿　22 承华殿　23 娑娑宫　24 天梁宫　25 骀荡宫　26 飞阁相属　27 凉风台　28 复道　29 鼓簧台　30 蓬莱山　31 太液池　32 瀛洲山　33 渐台　34 方壶山　35 曝衣阁　36 唐中庭　37 承露盘　38 唐中池

◎《关中盛迹图志》中所绘汉建章宫图

他们效死，无后顾之忧。虽然这并不是一种正式的优抚制度，但是对古代军队的发展来说，还是起到了积极作用，对后世产生了一定的影响。

在征兵制的条件下，对将士的优抚并不太普遍，实行的是以赏代恤，即用优厚的赏赐作为有功将士的报酬，以此养育妻儿父母。先秦时作战前夕总是要颁布赏格，以动员、鼓励将士。如《左传·哀公二年》记载赵简子袭击护送粮饷给范氏的郑兵时，誓师说："克敌者，上大夫受县，下大夫受郡，士田十万，庶人工商遂，人臣隶圉免。"意思是，如能战败敌人的将士，原有爵位的上大夫和下大夫分别可以受封县邑和郡邑，一般贵族战士可受封良田10万亩，庶民百姓包括工商业者都给官做，奴隶则可以免为良人。这种赏格是相当高的，可以弥补对将士养老恤孤之不足。

汉代以羽林孤儿作为对战死将士的优恤，待遇也是很高的，因为郎官在当时是个令人羡慕的阶层。古乐府诗有一首《相逢狭路间》歌，描述一个郎和他的家庭说："黄金为君门，白玉为君堂。堂上置樽酒，使作邯郸倡。中庭生桂树，华灯何煌煌。兄弟两三人，中子为侍郎。五日一来归，道上自生光。黄金络马头，观者满路旁。"(《玉台新咏》卷一)还有一首《日出东南隅行》，描述一个采桑女子罗敷，为了摆脱一个恶棍官员的纠缠，谎称自己的丈夫是个"三十侍中郎"、"四十专城居"的"大人物"："东方千余骑，夫婿居上头。何以识夫婿?白马从骊驹。青丝系马尾，黄金络马头。腰间鹿卢剑，可值千万余。""坐中数千人，皆言夫婿殊。"郎官出来，骑着戴黄金辔头的高头大马，使满路生辉，引得路人翘首观看，赞叹不绝。将士之子弟将来能有此出身，自然是很放心了。

在唐中期府兵制瓦解之前，兵役制度系以征兵为主，辅之以募兵，另有世袭之兵，羽林孤儿也可谓世兵制之滥觞。在这种情况下，朝廷更多的是注意兵源的补充问题。北宋以后，募兵制大规模推行，而且职业化了，军旅庞大，社会无业游民也纷纷充军，加上强制性的管理，使兵源比之过去更为充足。朝廷进一步考虑如何提高将士的素质，办法之一就是将优恤制度化。北宋规定，凡营伍子弟，都可在本军当兵。仁宗庆历二年(1042)十月，又诏命阵亡将校妻女无依无靠者，由宫中收养；次年正月，又下令录用无子孙的阵亡将校的亲属；又过一年，将优恤范围由将校扩大到一般士兵，凡阵亡者，家中孤老每人每月给米3斗；宋神宗熙宁七年(1074)四月，诏命边兵阵亡又无子孙者，其亲属终身支给廪米。元丰二年(1079)，由于京南雄略军的十二营士兵到岭南戍守，许多人死于烟瘴，诏命优加抚恤：将校死者，子孙降级授职；子孙有病不能任职或者虽无疾病而不愿为兵者，也可退出军籍，加赐缗钱予以赡养；士兵父母年70岁以上，无其他子孙奉养者，按死者衣粮的半数支给终身。

明代卫所和八旗的优养抚恤制度较之宋代有了新的发展，优恤待遇大为提高，管理制度也更为规范。明太祖洪武七年(1374)七月，“诏命军士阵殁，父母妻子不能自存者，官为存养”。洪武十九年十月，又定制：士兵不论战死或病亡，其子女幼、父母老者，都支给全俸。并且著为令，使历代遵行，不再更变。八旗的优恤条件就更多了，据《八旗通志》卷三十三所总结的：“国家敦尚忠勇，凡有捐躯殉难者，优恤备至。其行间被伤，也分别等第，给赏有差。至于病故，尚念其勤劳，妻子并加以养赡。其有预借公帑者，亦得均邀豁免。”因为，满清将八旗视作从龙之士，为国家根本，其对将士的优恤制度也是历代最为优渥的。然而，承平日久，过分的优恤安排，又日益使八旗子弟骄纵腐化，走向没落，反而失去了军旅优恤的实际意义。

新版后记

谷霁光先生曾有一句名言:“八小时以外奋斗终身!”这是他在20世纪五六十年代担任行政工作以后,利用休息时间搞研究、出成果的真实感言。1962年他在任省教育厅副厅长期间出版了《府兵制度考释》。这部书后来多次再版,至今仍是研究兵制史的必读书之一。尽管从事行政工作会耽误学业,但是,对照谷老的孜孜以求的治学精神,真令人汗颜不已。五年前,因工作变动的关系,我就再没有写过专业论著。我从来不敢自称是谷老的学生,是因为辜负了谷老的教诲而唯恐辱没了老师的名声。本书也只是我以前研究工作的一个副产品。这次新版,结构上没有作大的改动,对个别子目的标题和内容作了一些调整,在文字上也作了一些订正,配了几十幅相关的图片。需要说明的是,因为时间关系,我采取了走捷径的办法,通过互联网截取了这些图片,如果涉及所有权,请图片所有者予以谅解并直接与出版社联系。

赵　明

2007年9月15日

图书在版编目(CIP)数据

古代军旅/赵明著. —2版. —上海:东方出版中心,
2008.1

(中国古代社会百态)

ISBN 978-7-80627-246-6

Ⅰ.古… Ⅱ.赵… Ⅲ.军事史—中国—古代 Ⅳ.E292

中国版本图书馆CIP数据核字(2007)第192266号

古代军旅

出版发行:东方出版中心

地　　址:上海市仙霞路345号

电　　话:021-62417400

邮政编码:200336

经　　销:全国新华书店

印　　刷:上海锦佳装璜印刷发展公司

开　　本:889×1194毫米 1/32

字　　数:174千字

印　　张:7.75

插　　页:2

印　　数:0,001—3,100

版　　次:2008年1月第2版第1次印刷

ISBN 978-7-80627-246-6

定　　价:20.00元
